中国近代人物日记丛书

张廷银 刘应梅 整理

王伯祥日记

第十四册

中华书局

第十四册目录

1957 年

元旦^①(丙申岁　十二月大　建辛丑　癸酉朔)**星期二**

阴,偶见飘雪,气仍不寒。

晨六时起。八时三刻,与润儿往东四八条访墨林,兼省叶老伯母。老伯母已九十三岁,而鹤发童颜,尚能端坐,惟言语略感颠倒耳。墨林亦尚好,说话精神似较前强,岂常服高丽参之效乎?坐至十一时始辞返。晤至善、至美、至诚、满子等,惟有温慰而已(来去俱挤十路车)。

近午,往赴雪村之约。盖其内侄女吴淑苏结婚,今日在其家会亲兼宴新婿王可厚也。雪舟、诗圣、雨岩辈携眷俱集,并孩提计之,凡四席,殊热闹。一时半,余先行,乘三轮径往北京剧场,登楼觅见趾华,已二时,《雁门关》已赚开矣。(票为趾华所赠,昨晚亲自送来,至可感。)四时三刻散,与趾华偕出,余乘三轮返家。

五时半小饮,六时半复乘三轮往北京剧场,仍坐西楼一排六号(日场趾华赠票亦为此号,可谓巧合)。七时开,剧为全部《穆桂英》,此剧为徐东来、关韵华拿手戏,演来逸趣横生,竟不觉倦。十时三刻散,仍乘三轮归。

湜儿傍晚归来,蒙被大睡,发热二度许,又脱力感冒矣。社会

---

①底本为:"澹安日志第二卷"。原注:"丙申冬杪苏亭自署。"

活动太多,亦势所必致之事也。奈何?

十一时就寝。与湜同榻。

昨日潜、清等俱已看到滋儿,据云,体重增加,一切良好,只待手术确期矣。今日佩华亦往探视,惟时晏不及回报耳。

1月2日（十二月初二日　甲戌）星期三

晴,时昙,气尚和暖。

晨六时起。湜儿昨霄发烧,颇烈,今晨仍未减退,虽服羚翘解毒丸,未甚见效。元孙痧子已回好,惟仍有咳嗽,下午延中医刘伯衡来诊。湜儿因得附诊。元孙服成药除痰清热,保幼化风丹,用川贝三钱、薄荷叶一钱作引。湜儿则方用疏表退热润便法,主药苏叶(三钱)、全薄荷(一钱)等,当晚煎服,势已略平。

余午后二时出,乘十路往官马司访农祥、亦秀,适伯恳亦在,看亦秀,亦秀尚未起坐也。谈至四时许,伯恳先行。五时一刻,余乃偕农祥乘电车赴珠市口,又步至煤市街南口丰泽园,坐待季龙、佳生,盖为季龙饯行也。六时三刻,季龙与佳生同至,乃点菜小酌。肴品虽无多,而俱甚精。(一醋椒桂鱼、一糟蒸鸭肝、一糟溜鱼片、一酱焢鸡丁、一拼盘而已。)啖葱油饼各一。八时三刻即罢,伊等三人乘电车各归。余乘三轮行,佳生临别约后日下午六时在东四牌楼大同酒家(森春阳旧址)再叙云。

到家,湜等药已服过,润则出看《茶花女》剧矣。余乃洗足濯身,易衷衣,十时后就寝。润亦旋归。

1月3日（十二月初三日　乙亥）星期四

阴,雪,近午转晴,午后杲杲日出矣。

晨六时起。湜儿晨尚有浮热五分。元孙则退净矣。雪窗独坐,看《再论无产阶级专政的历史经验》,下午湜起,寒热仅一分,想痊可乎?

接滋儿昨日信,知澅、清、权、佩等俱见到,且已接到业熊信。余与琴珠、湜儿各写一信,复慰之。

夜饭后,澅儿来省,谈至九时后,去。即以寄滋之信属带去投邮。

十时半就寝。

1 月 4 日（十二月初四日　丙子）星期五

晴,寒。窗冰又如织锦矣。

晨六时起。湜儿热虽退,强起小坐,头仍岑岑云。琴珠以元孙热已退净,今日销假上班,讵晚归自发寒热,想照顾孩子过于辛苦,及致自身感冒耳。

余日来头痛时作,偶有怔忡之象,竟无心绪可以摊书工作,仅取新插架之《明会要》(永新龙文彬纂)翻阅之,遂尔遣日。

午后填上月工作汇报表寄积贤。

傍晚六时赴佳生之约(佳生午后特来速驾),乘三轮诣东四大同酒楼,晤绍华、佳生两对伉俪及振甫、季龙与佳生之女洁。惟农祥则未至。肴核确有广州风,惟口味已略重,询之服务者,据云,北人提意见,指为太淡,故稍稍迁就之。余乃叹美种移植之匪易,真橘逾淮而为枳矣。即欲保存地方特色,便绝不当迁就也。未知当事者能听受否耳? 谈至九时许散,仍乘三轮归。知季龙日内南还矣。

十时半就寝。

睡至二时,起如厕,即不能入睡,直至五时后乃复睡。

1月5日(十二月初五日　丁丑　小寒)星期六

晴,寒。

晨七时起。湜儿九时辞家返校。琴珠则病假在家矣。余胸次时时作恶上泛,亦不自知何以颓唐至是也。

佩华十一时许归来,饭后去。

午后三时半,湜儿挟书归,谓下星六应考,只索在家温课矣。询其体恙,则云已大好。

傍晚接漱儿三日来信,告工作确定在妇联宣传部,并询家下状况,盖又将匝月无信矣。湜儿当即复一书与之。

夜饭后,听广播,十时就寝。

1月6日(十二月初六日　戊寅)星期

晴,寒。

晨六时起。九时,汉儿来省,十一时,润偕汉往看潏、权。十二时同来午饭。澄儿本与汉约今午亦来会,乃抵暮未至,未识何故,颇念之。潏、权、汉午后三时十分去。佩华午前归,饭后二时半先去。说今日不往通州看滋矣。润、湜一时同往文化部看电影,三时四十分归。

夜小饮。九时半就寝。

1月7日(十二月初七日　己卯)星期一

晴,寒。昨霄临睡失照,忘添煤,五时半起溲,炉火全熄。六时起,开灯坐冷熬待而已。家无主宰,往往失误,此其适例矣。老去孤寂,自在意中,不图见之之速,有如此耳。

昨日午后,又接顾咏屺铜官山来信,仍恳写字相寄,并云,有字另寄来政也。姑俟收到后再复之。今日午后便接到寄来之字,为书写毛主席解放前所作三词,坚请留作纪念云。

夜饭时,润归,以韩世昌观摩演出票献(在实验剧场,文化部发),余以已购北京市京剧团票(饭后湜儿买来,兼及明晚之票),即令湜儿送与潘儿,余则独往北京剧场矣。先为郝庆海、慈永胜之《白良关》,继为杨盛春、马崇仁、张韵斌、翟韵奎等之《恶虎村》。休息后为谭富英、张君秋、刘雪涛等全部《御碑亭》。十时三刻散,仍乘三轮遄返。

湜儿犹未睡也,少坐,同就寝。

1 月 8 日 (十二月初八日　庚辰) 星期二

阴,寒。上午飞雪,下午止,但彤云迄未开,想尚须续雪也。

晨六时起。

琴媳以感冒休假在家。八时,达先见过,携来中国青年出版社赠书多种,并告星五之晚,清儿有同事数人要来请我讲《诗经》云。移时始辞去上班。适今晨许妈煮腊八粥应景,遂分饷之。

午前后翻阅朱熹《诗经集传》、梁启超《中国近三百年学术史》、余冠英《诗经选》。五时半夜饭。六时一刻与湜儿同出,余乘三轮,伊御骑车,诣赴北京剧场,登东楼,坐一排七、八两号座。七时开演,先为马崇年、张文英之《小放牛》,继为杨盛春、陆洪瑞等之《铁龙山》,又继为马富禄之《请医》。休息后,为谭富英与裴盛戎等之《除三害》。十时四十分散。又见飘雪,仍乘三轮与湜偕归。

少憩,就寝已将十二时。

1 月 9 日（十二月初九日　辛巳）星期三

晴,寒。

晨六时半起。上午闲翻架书。午后与湜儿偕出,先乘十路到天安门,转电车出正阳门,在大栅栏下,闲逛观音寺寄售商店及廊房头条劝业场,在三楼购得杜近芳、赵文奎《霸王别姬》唱片一页。旋出后门,由西河沿走至东车站,复乘电车到东四牌楼下,往南大街中国书店一看。晤子实夫妇亦在择书,略谈。以伊等先行,余亦于架上择取石印小书如《赋海大全》等三四种,中有巾箱小本《渔洋精华录》,共斥币十元另八分,人弃我取,亦可笑也。书店应市者多外行,包扎亦不成样,挟以归,几致沿途散失。公私合营以后,人手调配往往力不任职,此亦显例矣。

到家已将晚,未几即小饮。

夜饭后,清儿来省,长谈至九时半乃去。

十时就卧。

1 月 10 日（十二月初十日　壬午）星期四

晴,时昙,寒不甚烈,以无风故。

晨七时乃起。（昨夜数起视炉添煤,四时后复睡。）精神殊不爽。午后,与湜儿出,乘十路到六部口下,走访农祥,兼晤亦秀。知尚未全愈也。三时后,偕农祥同出,乘八路电车,径达天坛北门,诣长廊参观北京市重要出土文物展览。大都在城郊各处工地发现,或发掘所得,有已见到者不少。概称出土,名实未安也。略览一周出,已四时半。循七星石穿高甬道之下,出西天门至电车站。农祥

ร

乘往西直门电车归去。余父子则乘北新桥电车到青年会下,由无量大人胡同、什方院等处走归。

夜饭后,润儿往阜成门外甘家口访廖君,取回松仁一匣。(昨日接笙伯书,告托廖君带京,属去取回。)昨夜已去过,未值,今复往,仍未晤面,但事先电话联系故得顺利带回也。

十时就寝。三时又起视炉,四时后始复入睡。

1 月 11 日 (十二月十一日　癸未) 星期五

晴,寒,有风。

晨七时起。九时写信复顾咏屺,并录吴枚庵《玉楼春》词于花笺寄之,塞其望也。又写信寄漱儿及笙伯,告松仁已取到,兼报家下近况。

上午命湜儿往稻香春买到荤油酥糖十包,猪油年糕四块,属带与介泉伉俪。午后二时许,湜即返校。

濬儿饭后来省,二时上班去。天气难测,午前后又阴矣。未审下雪否? 入却转晴。

傍晚,汉儿来,谓顷自通州医院归,详告滋儿已于九日(星三)施行手术,经过良好,今已三日,无寒热,佩华今住院陪护云云。余骤聆心惊,旋稍平复,但求日趋顺利,则于愿足矣。遂与汉同饭。饭后,青年出版社同人陈建良、朱玉英等六人来谒,请余讲《诗经》,余为讲《诗经》来源及体制等大概,并为解说《关雎》及《氓》两篇,近九时散去。(汉已于此前归去。)适清儿踵至,又谈滋儿事,少坐,伊便去外交部街告濬儿。余亦旋睡,不免时时念及滋儿也。

1 月 12 日（十二月十二日　甲申）星期六

晴,寒,窗冰又呈浮雕晶花矣。

晨六时半起。八时,濬儿来省,携鸡汤一锅,谓将往通州看滋儿。余本可同往,以畏见创伤未行。十时许,佩华自院来,详告一切。未几,仍去新华上班。谓今晚或由清去或仍由伊自去,待联系决定,请放心,必不缺人陪侍云。

下午写信告漱儿,并书一缄与滋儿,慰之。将于明日交润儿带往通州传达焉。

澄、汉两儿晚俱来省,濬儿则五时回报。据告,清儿到院接班,一切正常,惟略有寒热,为一般手术后必有之现象云。遂同夜饭。饭后,达先、芷芬来省,九时许,澄、达先去,而文权来,又谈至十时半,濬、权、汉、芷乃去。余亦就寝。

1 月 13 日（十二月十三日　乙酉）星期

晴昙间作,加寒。

晨五时即起。

八时,润儿部署诸物,前往猪市大街候车去通州。昨已约定澄儿在彼相候偕往也。十时,余乘三轮往八条访圣陶、墨林,兼晤至善、至美、至诚及蟟生。见墨林神色略清,似有可延之状,亦致足慰也。长谈许久,午饭其家。饭后又谈至下午三时半,乃行。仍乘三轮返。

傍晚,濬儿、文权、小同来。有顷,澄、汉、润三儿亦至。盖澄、润自通回,抵京适与汉遇,遂同归耳。

询悉滋儿经过良好,惟创处仍感痛楚,佩华则已到彼接替。据云,昨晚院中已谢绝家属陪侍,今夜即使通融,明日便不能不遵守院规,仅许星二、星五之下午及星日之全日可容探望也。

清儿上午见到澄、润后即归休,曾来家禀告,适余往八条未见,仅由琴媳代达安好。今日家中大扫除,未备多菜,只得令润儿再出赶购熟肴应付。九人乃得共饭。颇窘矣。

夜饭后,潀、汉、澄、权、小同俱过清家即谈。

十时就寝。夜大雪覆被庭除。

1 月 14 日(十二月十四日　丙戌)**星期一**

阴,仍见微雪,寒威未增。

晨七时起。十时后,为圣陶录告关于《陶渊明集》版本诸项,受昨所托也。午后,作书寄之。即交琴媳带人民教育出版社转递。

日昃雪花霏微,冻日斜照,盼佩华带滋儿消息,未至,不免悬悬,因属琴媳电话一询佩音。琴媳晚归,言已电询佩华,新华云尚未销假,恐尚在院中陪滋耳。不得要领,纳闷而已。

润儿归言,汉儿有电话告伊,明日下午汉必前往通州探视,请余不要多念云。十时就寝。

1 月 15 日(十二月十五日　丁亥)**星期二**

晴,寒。

晨六时起。十时,佩华自通州医院归,报伊连陪两宵,滋儿仍有微热,且昨检得胸腔有水,又抽去之。历时三刻许,创处仍感痛,惟精神尚佳,昨起已迁入一号房(二人合住),可望日见起色,请勿悬虑云云。有顷,伊即去新华上班。余心本志忑,纵勉自抑制,此心如何宁贴,真落得绕室旋行而已。午后强自摊书,将所草《李白年谱》初稿复看一遍,补加若干仍未能周匝也。

晚七时,汉儿来告,甫自通州医院归,滋儿情况为一般病人所应有,坚请勿念。星五去看时须带少量之盐,调味云。遂共进夜饭。饭后,汉、润偕过清,以清于晚饭前亦曾来省,伊二人未值,故往访之耳。

九时许,润归言,汉已径返其家矣。

余洗足濯身,易衷衣而寝,已十时半,月明满庭,积雪相映。

1 月 16 日（十二月十六日　戊子）星期三

晴,较暖,积雪都融,夜月烂然。

晨六时半起。翻《曲江集》、《右丞集》、《少陵集》,略有补充《李谱》处。傍晚,清儿来,因共饭。

饭后,久安、玉英、来英、钟嵘、佩珍、建良、士铮、启德等八人来,续听讲《诗》。为讲《王风·黍离》、《魏风·伐檀》、《秦风·蒹葭》、《无衣》四篇。九时许始毕。久安等先去,清则待至近十时乃归。余亦就寝。

1 月 17 日（十二月十七日　己丑）星期四

晴,暖如昨。夜月如昼。

晨六时半起。续翻杜、王集。

午后,乘三轮往官马司访农祥、亦秀,见亦秀已起坐谈笑矣。询知车票已购得,后日即须偕还南中,为农祥之父治葬。余具奠敬十金,属带陈灵几云。谈至四时行。乘电车到王府井南口下,走过浦五房,购得野鸭半只,复过东安市场购得《秦会要订补》一册,并龙井二两。在金鱼胡同乘三轮归,已五时半,将曛矣。

夜小饮,进粥一大瓯,九时即就寝。

1 月 18 日 (十二月十八日　庚寅) 星期五

晴,较寒,夜月仍好。

晨六时起。闲翻架书。近午,濬儿来共饭。饭已,即部署诸物,与之同出,乘三轮到猪市大街,转乘四十二路公共汽车,前往通州看滋儿。将出门即接滋昨午所写信,知昨已拆线,痛苦渐减。为之一慰。到汽车站即登车,开车一小时馀,到通县电信局下,再转乘三轮往马厂村第二结核病院,时为二时半,院例须三时始可入探病人,只得在接待室坐等。届时入更衣室更上罩衣,乃径至三楼一层一号房,见滋儿正倚床憩息,神色已好转,说话亦有劲。据云,现在痛苦大减,惟尚有寒热九分,胸腔渗水再抽一二次亦可无问题。心为大安。陪同说话至五时,居然可以起行陪余同上厕所,且送余等至更衣室始别。只求顺利进步,再过月馀,定可安然出院矣。余等出院后仍乘原雇三轮,径送至东门车站。未几,即登上四十二路车,开驶已五时三刻,一路晚霞西照,渐入昏冥。到朝阳门下车,已漆黑矣,乃乘三轮径返,已七时许。

夜饭后,文权、达先、芷芬、清儿、澄儿、汉儿、建昌俱至,听取滋儿消息,余备告之。佩华亦归。九时许,佩华先去。澄继去,权、濬、达、清、芷、汉、建昌则近十时乃去。达、汉约得余明晚在菜市口美味斋吃夜饭云。

收拾就寝,已将十一时。

1 月 19 日 (十二月十九日　辛卯) 星期六

晴,寒。

　　晨六时起。八时，本须去所中听报告，以累，先于昨日属润儿电话辞之。遂未来接。

　　上午，处分杂事，备明日属带通州之物。午后三时出，步往东安市场，在吉祥购到明晚明来剧团票（楼下一排第九号）及廿二晚广和京剧界会串票（楼上一排二十七号）各一纸。顺过百货大楼一逛，无所需，即行。乘三路公共汽车往崇文门（上车时人挤，左胫磕痛）下，走至崇外新华书店访雨岩家，在彼进点，谈至五时半行。托其代购书籍数种而别。在店门首乘电车往菜市口上海菜饭店，赴达先、汉儿之约。六时一刻到，清儿、建昌已在。有顷，芷芬、文权、潘儿来。最后达先、汉儿乃至。菜饭确保地方风味，肴汤诸品亦不恶，惟配到原料不少，今日又值周末，食客云集，竟十缺八九，殊不能餍吾欲望耳。

　　八时许，散出，余与芷芬仍乘电车回崇文门，伊转三路归去。余则乘三轮径返。余人亦各就归途矣。

　　十时半就寝。

1 月 20 日（十二月二十日　壬辰　大寒）星期

　　晴，寒。夜月好。

　　晨六时起。佩华九时归，取鸡汤诸物去通州望滋儿。

　　十时，汉儿、鉴孙来省，知芷芬一早已与文权、达先先往通州矣。十一时偕汉、鉴同出，径诣东单三条鑫记南饭馆午饭。人挤犹电车，几无立足地，久待始勉得与人并桌。生涯之盛，至堪惊人也。余等点腌肉川糟、青冬笋肉丝、酱汁肉三味，色色可口，较昨晚美味斋远胜矣。十二时一刻行，过百货大楼少憩。

　　一时与汉儿赶到王府大街文协大楼，参加北京市昆曲研习社

《琵琶记》公期。(鉴孙则回家温课。)在场晤平伯、宝驯、宝骎、西谛、万里、昂若、元善、允和、敏宣、剑侯诸人。一时半开唱，一、俞平伯、许宝驯、范崇实、华传浩之《称庆》。二、樊书培、陆剑霞之《南浦》。三、苏锡龄、许寿孙、俞平伯、庞敦敏、许宝骎之《赏荷》。有顷，远村、钱一羽、许时珍、王剑侯、汪健君、陆剑霞、伊克贤、张允和、周铨庵、许宝驯等作众和之。四、吴南青之《描容》。五、钱一羽、苏锡龄之《扫松》。六、袁敏宣、周铨庵、吴南青、苏靖之《书馆》。沈盘生、徐惠如、李金寿、许雨香、吴南青、谢锡恩、樊书培、王剑侯、钱一羽、苏靖并先后合奏音乐也。四时三刻散。声歌之盛，一时无两，惜地主太惜费，暖气不开放，致坐客皆感瑟缩耳。

离文协大楼，汉送余登三轮后径归去。余车到家门，适权、达、芷三婿联翩来谒。遂同入，询悉滋儿情况，甚好，并云，在途中晤及佩华。回城后，又访墨林，病正在剧发导溺，势已危殆云云。聆后深不愉快。琴珠见告，谓至善顷来访，欲求前此所剩导溺胶管一用(以药房一时买不到)，润儿即为出外代觅。(以我家剩下之药物，儿辈恐余伤心，俱丢弃无存。)有顷，润归，依然空空，乃属琴珠亟往八条一为探视，或可帮忙一二。谈至五时，权等三人去。琴珠亦旋返，据云，北京医院已接洽，当可派人来导云。亦只得安之矣。

六时夜饭。饭后，余独乘三轮径赴吉祥。入坐时第一出徐东祥、张永全之《钓金龟》已演过半矣。第二出为关韵华、常鸣晋等之《白门楼》。休息后为徐东明、徐东来、朱玉良之《大保国》、《探皇陵》、《二进宫》。十时三刻散。仍乘三轮归。

小坐，饮茶于案上，得佩华留言，详告看望滋儿后情形，知已在家夜饭归新华宿舍矣。十一时就寝。

1 月 21 日（十二月廿一日　癸巳）星期一

晴，寒。

晨七时起。竟日翻书，于《李白年谱》略有增订，终难惬心也。

傍晚写信与滋儿，慰之。润儿归饭，饭后属送廿金与澄儿，资其度岁。寄滋书即令投邮。

余坐听广播，且逗孙为乐，且等待润归报。九时三刻，润归言，澄家尚安，澄坚不肯受，强而后收云。十时半就寝。

咳喘仍剧，睡至翌晨四时，即不能宁枕，拥被强持过五时，不得不起矣。

1 月 22 日（十二月廿二日　甲午）星期二

晴，寒。夜深月朗。

晨五时半起。八时，拟草《李谱序》，心思不属，竟无所成。恚甚。

晚接漱儿二十日信，内附致滋信。夜饭后，独往广和看戏。登楼入坐，志公夫妇亦至，适与余联坐，不约而集，亦奇缘矣。第一出为《挑滑车》，由杨盛春、张宝华、江世升、姜铁麟先后饰高宠。第二出为《梅龙镇》，奚啸伯饰正德帝，吴素秋饰李凤姐。休息后为《得意缘》，叶盛兰饰卢昆杰，荀慧生饰狄灵鸾，尚小云饰郎霞玉，马富禄饰狄母。此戏紧张轻松兼而有之，盛兰、慧生都是重头，余于叶本无闲言，于荀则今日始领略其独到之处耳。十一时散。仍乘三轮归。湜儿今日自校放假归，约在家候门。同榻闲谈，入睡已十二时后矣。

1 月 23 日（十二月廿三日　乙未）星期三

晴，寒威稍衰。

晨七时起。十时许，浞同学管生来访浞，遂与之同出。未几，锴、镇两孙来省，告阴历元旦，杜近芳票未买，以近芳病，改李慧芳，而且排队拥挤故（二十日交汉儿转属伊等代办者）。只索作罢。未几，即辞去。有顷，建昌来，将其母命，属作灯迷若干条。下午三时，浞儿归。谓核桃已买到三斤，交管生还沪时携与漱儿云。又购归旧书三种，内有残本《天方尔雅》两册，仅三卷，全帙究有多少未详也。

夜小饮，饭后，浞儿往政协礼堂看电影，十时归。余及其归后乃就寝。

1 月 24 日（十二月廿四日　丙申）星期四

晴，寒如昨。

晨六时起。拂拭整理，遂尔及午。饭后偕浞儿出，先乘十路到南樱桃园下，转五路到陶然亭，由北门入，即由东门出，荒瑟无可恋也。再乘五路到大栅栏下，诣月盛斋购酱羊肉（备明日带与滋儿），空无可应，遂乘电车入城，在王府井下，走至浦五房买野鸭亦无，乃改购酱鸭半只，携以过东安市场。在旧书摊购得石印《汇刻书目正续编》十六册，《太平广记》二十册，费二十二元。近日书价之贵，可见物资缺乏，一切受影响矣。在金鱼胡同西口乘三轮归，已五时许，清儿适在，告余明日青年出版社将派人往通州医院探视病员，特开轿车前往，每一病员可附家属一人同去云。经商量后决定，明日由浞儿一人附车去。遂同夜饭。饭后，以张无垢将去清家访问,润、琴乃随清诣其家。九时许,润等归言,无垢未往会也。坐甫定,叩门声急,启视则清偕沛霖、无垢踵至矣。盖无垢往会稍迟,遂致差池耳。谈至十一时乃去。

明日无垢即须返宁,不见近十年矣。就寝已十二时。

1 月 25 日(十二月廿五日　丁酉)星期五

阴沉欲雪。

晨五时半起。炉火已熄,及许妈购肉归(排队多时),生火复燃,烟涨满室,良久乃得定坐也。(通烟筒已早叫过,无一应者,诸物皆然,一切失灵,不免愤愤,何日始得明朗转好耶?)

八时半,湜儿即出访友,谓必于一时前赶到青年出版社附车往探乃兄云。

十时,锴孙来,本拟同往通州看乃舅,以湜儿已定附车往探,遂改迟于下星二再去。午饭后,余偕锴孙步往泡子河观象台一游,陟降之际,颇感吃力,出台后,由建国门外北行,过日坛公园,迤逦入大雅宝豁口而还。

六时半,湜归,谓晤及二哥,又有起色,热度只有两三分矣。说话亦挺有神,请放心,并云,幸亏未同去,否则车中受挤不堪也。

夜饭后,文权来省,谈至九时,权、锴先后去。

十时就寝。

1 月 26 日(十二月廿六日　戊戌)星期六

晴,寒。

晨七时起。湜儿、许妈排队买肉,良久皆空手返,似此年景生平第一次遇到,一时难想通,终切遗憾而已。湜儿九时出访友,顺催通烟筒,十时来匠,又大加糟蹋,烟尘满室,触处皆不如意事,真堪痛愤也。十二时始了。内添配材料竟费去五元,匠去,湜始归。

下午看《金壶字考》,颇有前所未知者。开卷有益,老耄不能废也。

傍晚,绍华见过,谈古籍出版社近事,知与中华尚未会师,恐须时日,始能合拢耳。并知颉刚仍留桂未回,殊以为念。绍华临行赠我请柬二纸,属余下星一往政协礼堂参加春节晚会。

汉儿来饭,饭后,先偕湜往原出版总署礼堂参加春节晚会,余后去,润儿陪送前往。观众甚挤,幸潏儿先在看坐,始得坐在第三排。在场遇晓先、树春、志公夫妇、雪村夫人、达先、清儿等。是会为北昆演出,先为侯永奎《刀会》,继为丛兆桓《夜奔》,继为白云生、韩世昌、张凤翔等之《游园惊梦》,又继为白云生之《拾画叫画》。休息后为侯玉山等之《钟馗嫁妹》,都见造诣,不但唱做老到,即武功亦无减京剧,较之南方所谓文班戏,诚有出蓝之誉矣。十一时始散,满意而归。汉儿即宿于家。

余到家后,洗足濯身,易衷衣,十二时始就寝。

佩华归省,未见,留条告明日往通。

1 月 27 日（十二月廿七日　己亥）星期

晴,寒。午后阴,夜深雪下。

晨五时半起。润与许、李二妈俱破晓出外排队,八时后归,居然各买到猪肉三斤,年景勉可点缀矣。汉儿携元孙过清儿。湜儿则在家擦窗,并起早为我购得阴历元旦至初五日戏票(约锴、鉴同排队)。十一时,汉挈元回,遂与汉偕出,乘十路至西单,换四路到菜市口,诣美味斋吃菜饭。

　　饭后,缓步至虎坊桥北京市工人俱乐部,看中国京剧院一团演出。入场已开幕(坐楼下十二排十六、十七两号),黄玉华、冯玉增正上演《小放牛》也。第二出为李盛藻(刘备)、王玉让(张飞)、苏维明(督邮)《打督邮》。休息后为李金鸿(玉鼠精)、李元瑞(悟空)、何金海(八戒)等之《无底洞》。此剧特别开打,且有灯光布景,颇受一般观众欢迎。五时散。散出后,二人步至胭脂胡同北口,始得上电车,而此车又只开至珠市口前门大街。以此,再换电车北行入城,直抵米市大街下,又乘三轮以归,到家已漆黑矣。汉儿于夜饭后归去。湜儿则饭后返校取物,据琴媳转述,须明日乃归云。

　　九时半就寝。

1 月 28 日 (十二月廿八日　庚子) 星期一

　　雪连绵不止,向晚始霁。气却不见酷冷。

　　晨六时起。八时,试写《李谱说略》,抵午仅成数百言。

　　午后二时半,湜儿自校归。

　　三时,颉刚来访,谓昨甫自桂返京也。此行在桂两月馀,左右江俱去过,可谓饱游。遂畅谈游踪及别绪,至五时乃去。

　　余与湜儿今晚俱有人民剧场北京京剧团演出票。(芷芬、琴珠所购,一为四排廿号,一为同排廿九号。)五时半即进晚餐,餐后偕行至米市大街,乘环行电车径赴平安里,再走至护国寺街人民剧场,已将七时。入坐未久,即开幕。首出为闵兆华、孙元喜之《罗成叫关》。二出为翟韵奎、谭元寿、陆洪瑞之《三岔口》。休息后为马连良、李世济、马富禄之《桑园会》。压轴为全本《奇冤报》。谭富英饰刘世昌,慈少泉饰张别古,张洪祥饰钟馗,各显所长,真能表见

传统剧目之美处者。人人有戏,节节有神。非历年修订精炼,何以
臻此? 乃轻易以迷信斥抑之,使六七年来不上演,岂不可笑? 十时
五十分散。仍附环行电车回米市大街,步行归家,已十二时。饮茶
小坐,略进点心,比就寝,已一时矣。

1 月 29 日（十二月廿九日　辛丑）星期二

晴,积雪渐融,气转寒冽。

晨六时起。八时,鉴孙来,旋去。

九时,基、垲两孙来省。浞儿往市场购物,十一时回。午饭后
独出,乘三轮至猪市大街汽车站,转乘四十二路车往通县。二时三
刻到电信局站下,再换三轮,直诣第二结核病院,探视滋儿。晤时
已三时十分矣。见其气色尚好,清癯依然,询悉寒热已两日退净,
大便亦两日正常矣。为之大慰。并晤杨大夫,亦云经过甚好。谈
至五时行。仍乘原三轮送至通县东门,即乘四十二路车回北京。
抵朝阳门下,换乘三轮归。抵家已将七时,基、垲尚在。浞则早饭
已讫,偕其同学往东单练歌唱去矣。

夜饭后,属基、垲归去。而文权来谈,九时后去。

十时就卧,浞乃偕其同学归来,遂移床南屋己室中同宿。

1 月 30 日（十二月三十日　壬寅　大除夕）星期三

晴,寒,下午风作。

晨六时起。处分家事。午小饮。下午三时,圣陶使来约明日
上午八时同访介泉。余以诸儿均约来拜年,不便恝置,遂书条答以
初二去。未识行否? 且俟后日去后再说。四时后,琴、佩、润陆续
归来,协同料理吃年夜饭,忙至七时后,始围坐合食。滋儿远处院

中,未与,心中不免欧然也,况又思及珏人乎? 勉持杯筋,强颜慰人而已。十一时就寝。

是夕,佩华宿于家,未回新华宿舍也。

1 月 31 日（丁酉岁　正月大　建壬寅　癸卯朔　元旦）星期四

晴,寒。

晨七时起。八时后,陆续有人来,雪村见过,谈有顷,即去。以家有客人也。文权、潏儿、预、颉、硕三孙,达先、清儿、昌、新二孙,澄儿、埙、基、墢、埙、垲、培、增七孙,芷芬、汉儿、锴、镇、鉴三孙及大璐俱来拜年,吃中饭。趾华午间来,未肯饭而去。下午,均正、祖璋、诗圣、雨岩来,谈移时去。

夜饭后,独往吉祥看京剧四团演出,坐楼上特座第一排卅三号,先为姜铁麟、张龙华之《三岔口》,继为奚啸伯、奚延宏之《打严嵩》。休息后为吴素秋、李德彬之《红娘》。近十一时始散,仍乘三轮归。佩华在,告我到通州看滋情形,返京寻骑车不见,历两小时,始由人民市场管理处找到,故归家亦未久云。不及回宿舍,仍宿家中。

十一时三刻就寝。

久安、建良、钟嵘晨来拜年。

2 月 1 日（正月初二日　甲辰）星期五

晴,寒,夜深大雪。

晨六时半起。八时赶到圣陶家,即与圣陶同车出城,径诣北大东大地介泉家,晤其伉俪,畅谈达午,即饭焉。在饭前,晤缪朗山夫妇(以来介泉家贺年)。饭后,又谈至三时一刻,始乘原车返城。圣陶赴北京医院看墨林,余以院中已先有至善等在,未能同去,即归家。

归后知积贤、调孚、佳生、履善、韵锵、静庐俱来访未值。之刚来则晤及之。

夜饭后,独往长安看北京京剧团演出。先为杨盛春、刘庆义等之《状元印》,继为马盛龙、李世济之《三击掌》。休息后为谭富英、周和桐、慈少泉、张洪祥等之《问樵》、《闹府》、《打棍》、《出箱》。十时半散。(坐北楼一排六号。)出场遇雪,三轮拿翘,直走至六部口,始得以八角代价乘之以归。

时湜儿未睡,少坐即就寝。

振甫夜见过,未值,翌日,琴珠见告云。

2月2日(正月初三日 乙巳)星期六

雪飞竟日,沍寒。

晨六时半起。九时后润儿同事邱、吴、欧、储、杨诸君来访,芝九、尔松亦见过。近午,芝九、尔松去。邱等留。有顷,小文、家梅挈其二女至,遂共饭。饭后小文等去。润亦偕众过杨家去。四时后,寿白来访,谈至五时半去。六时,余应雪村之招,过饮其家。瀽儿一家俱在。琴珠及元、宜二孙亦随往。云瑞、继曾都至,七时就席。今晚本有中和戏票,以路滑及时晏,即将票给与昌预,属饭毕前往观赏。余竟畅谈达九时三刻乃归。

湜儿练歌即宿练所。据告明后日亦未必便回也。

十时半就寝。

2月3日(正月初四日 丙午)星期

阴,午后微晴,气不甚寒,时有飞雪。盖积徐之六英,随风飘散耳。

晨六时半起。八时，雪村来，振甫来，谈至九时，振甫去。余与雪村往大雅宝访伏园、静庐，遇潏儿、文权亦至。有顷，晓先至，谓甫自我家来，知在此处，乃踵至一晤。并知调孚又来我家云，谈至近十一时，余三人辞出，同过小椿树胡同访调孚，晤卧云及其女儿、女婿，知调孚尚未返，余等料伊往八条圣陶所，乃雇三轮同趋叶家。至则调孚未往，圣陶去医院未归，仅晤至善、满子，待至十二时半，圣陶归，遂共饭。询悉墨林，日趋危殆矣，为之叹息久之。饭后，复谈至三时半始辞出。晓先往锣鼓巷访友，余与雪村往隆福寺闲逛，无可购者，即转至四牌楼，各雇三轮归家。

到家知联棠夫妇曾来看我，未及晤。

夜小饮，饭后听广播。十时就寝。

是日，本有广和日戏票，以在叶家饭，未克往观，只得废置之。

2 月 4 日（正月初五日　丁未　立春）星期一

晴，寒。融雪垂冰箸。

晨六时半起。上午拂拭整理，颇见累坠。午后调孚见过，谈移时去。

三时后，余独出，乘十路到王府井南口下，步至百货公司儿童服务部，为元孙购得朱色银箍、大号皮球、五色中号皮球各一颗，顺道穿市场，再乘三轮返家。盖今日为元孙七岁初度之辰，特购此以赐之也。许妈持面粉往面坊打面条，备合家吃面之需。乃新正休业，竟无应者，幸琴媳早归（今日已照常上班），自己试作之。

湜儿四时后归。六时同吃面。食后即行。仍云宿练歌之所。大约十一日径返学校矣。适其同学于生自沪来书与湜，颇致箴规，想见湜平日对本业功课不甚用功,余为此敦戒之,不识能勉自孟晋否,至为虑念也。

夜七时赶到吉祥,已开演。登楼入座(特二排廿七号),适遇达婿奉其母先在,恰为邻座(廿九号、卅一号),不约而同,亦新年佳话矣。是夕为中国京剧院一团演出,第一出为徐志良、董鹤春等之《四杰村》,第二出为李盛藻、王玉让、苏维明之《打督邮》。休息后为叶盛兰、李慧芳、李洪春、李金鸿等之《奇双会》。十时三刻散。三轮甚少,走至金鱼胡同东口,始雇得一乘归。

抵家润儿尚未睡,以李妈元旦请假回顺义,约今夜返来,以是待门耳。待至十一时四十分,李妈始到,因各归卧就寝。

2 月 5 日 (正月初六日　戊申) 星期二

晴,寒,多云。

晨七时起。本想往看滋儿,午间琴珠归告,得佩华电话,伊今日前往探视,余遂未行。看《太平广记》及闲翻《万首唐人绝句》,欲属思,竟不能也。下午三时,接滋儿昨发信,知近况日佳,只寂寞及胃口不开耳。为滋事,伯衡亲家曾来书慰问,今日上午,余作复详报,以谢之。叔道却未通一音,可怪也。傍晚,清儿来省,略谈即行。

夜饭后,振甫见过,长谈至九时三刻去。

振甫行后,余洗足、濯身、易衷衣,又伛偻己躯剪脚爪,直忙到十一时半,始就寝。

2 月 6 日 (正月初七日　己酉) 星期三

阴,寒。

晨六时半起。以榻上所堆衣物积尘可拂，发愤整拭，次第入笥，历二小时始得盥洗进食。大累！大累！老鳏之苦良然！良然！如之何可以宁静对事乎？

禺中日出，午后放晴。然积雪渐融，地多泥泞耳。

湜儿归家午饭，雪英亦前至，比琴珠归乃屏当盘餐始得享客。

午后二时，雪英去。余偕湜儿出逛厂甸，先乘十路到六部口，转四路乃达。游人甚挤，余父子只走书摊，陈陈相因，无多动人者，仅购得刻本《书人辑略》、《桐阴论画》及《成都诗婢家笺谱》等四五种。已花去十五元馀，足见书价之贵。湜儿挟以从，缓步循东路出杨梅竹斜街、大栅栏，迤逦至前门车站，在月盛斋购得酱羊肉一小方，乘三轮遄返。到家已五时半，匆匆夜饭讫，湜儿又辞家练歌去矣。

振甫见过，携来杨家骆《唐诗初笺简编》及另一《唐诗八百首》稿本，供余参考，可感也。

午前作书复滋儿，适所中有通知来，谓后日下午在冠英家开小组会，讨论《唐诗选》具体工作，遂顺手填好上月工作汇报表，作书寄答王积贤。

夜十时后始就寝。

2 月 7 日（正月初八日　庚戌）星期四

晴，寒。

晨七时起。拟《唐诗选》工作计画初草，抵暮始定，亦匪易易也。

夜小饮，所中行政处职员康淑珍送本月薪水至，掣收条与之。据康云，九月始来所办事，故余未之见也。带到图书资料室编印之目录第七期(一月卅一日编印),略为翻阅,谬讹颇多,诚不足为外人道矣。(题曰内部参考,一若可以随便者然。)终觉歉然。

午饭后,潜儿来,带到调孚转交苏州王乘六信,此人十年不见,满腹牢骚,正不易措辞复之耳。

黄昏风作,夜深益甚,撼户震窗,势如崩摧。余九时半就寝,枕上听之,良久乃得入睡。

2 月 8 日(正月初九日　辛亥)星期五

晴,奇寒。窗冻结花,拭去随凝,日中稍化,昃便复结,不但去岁入冬以来所未见,且为余旅京以来所仅见。风号稍戢,冻日无力,夜乃见月。

晨五时即起。灯下缮正昨拟工作计画,至十时始毕。午后二时,所中派赁车来接,以不识门牌,停车在里口,寻至我门乃随司机往里口乘之,径往北大镜春园,亦访问良久,始遇佩璋于途,遂共诣冠英。坐有顷,友琴至,同商《唐诗选》工作计画,大旨以余所拟为主,先决定初选三千首,于十月底,各出选目,会商定夺。然后广征古今选本参酌比量,勒定一千首,于年底斗合意见,作出最后决定。五时二十分散,待至三刻,老赵车至,遂辞别冠英等,乘以入城,径送归家。

润儿以参加民进开会未归夜饭,九时半始返。余以积倦,亦于是时就寝矣。

2 月 9 日(正月初十日　壬子)星期六

晴,寒,冱冻,风势稍杀。

晨七时起。勤拭窗冰,旋消旋结。看邓文如《骨董琐记》,昨夜润儿购得部中处理斥卖之复本样书也。随手翻览,亦颇自得,故不觉移日耳。

　　湜儿午归,余因写信与积贤,缄去旧工会证托代缴(新证已于昨日由佩璋交余),即交湜带去面致之。四时三刻,湜辞去,今晚仍须练歌,明晨即车送回校云。

　　夜小饮,润儿又从处理样本杂书中居然将所缺一九五三年九月《人民画报》补到,尤快! 因于《骨董琐记》末简题记,以志欣感焉。

　　十时就寝。

2月10日(正月十一日　癸丑)星期

　　晴,寒,有风。

　　晨七时起。八时半,与润儿、琴媳、元孙出,同到东四大同酒家茶点,颇有特殊风味,坐至十时。离此,润、琴先往汉家,余挈元孙入蟾宫影院看新片《恭贺新禧》及《游园惊梦》。前片为电影业宣传一九五六年成绩,插游艺节目不少,后片为侯宝林主演之相声电影,因游动物园不守规则,闹成种种笑话。松灵多趣,尤为少年所喜爱。休息时,遇芷芬,告余途遇润、琴,今日伊家往徐荫祥家午饭,家中无人,润、琴已折回矣。余因于散戏时挈元孙乘三轮径归。出院时人挤一门,几倾跌,此等处诚非老稚所宜往也。

　　到家知晓先曾来,未晤为歉。午后,澄儿来,谓甫自通州医院看滋归。详告情况,知滋日益转好为慰。(佩华以走不动,今日未去。)三时半,汉、芷、鉴来,澄、汉曾往视清,知忙迫,未能出也。入夜,与澄、汉、芷、润、琴、鉴、元小饮。

　　夜饭后,文权来,共谈至九时半,偕澄、汉、芷、鉴同辞去。

十时就寝。

接漱儿八日与湜儿信,而湜儿已去校,只得转去矣。

2 月 11 日（正月十二日　甲寅）星期一

晴,寒。

晨七时起。看报、拭拂等竟费多时。十时后,写信三通,一复王乘六,一复漱儿,一转信与湜儿。午饭后,自出投邮,藉以散步。即在禄米仓口乘十路,到王府井南口下,信步北行,折西循东安门大街西行,至北京剧场门首折回,北走八面槽,至灯市口,觉疲乏难行,即雇三轮遄归。近来腰脚衰退,于此可征。甚矣,老之催人也。坐久乃起盥洗,始稍苏舒。未免为之一叹。

夜小饮。饭后,佩华属其同事带来煮熟咸肉一器,附信一函,说明星日未去通州之故,并言下星日当去看视云云。

听广播至十时,就寝。以寒加被焉。

2 月 12 日（正月十三日　乙卯）星期二

晴,寒。

晨六时半起。翻阅《全唐诗》及杨家骆《唐诗初笺简编》序目。午饭后,独乘三轮往猪市大街候四十二路车,一时半开往通县,二时四十分到电信局下,再转三轮,径赴马厂村结核病院看滋儿。十分钟即达,待刻许,始得入。滋儿又迁回原住之十七号,仍四人同室。见其气色精神都好,创口亦结好,仅寸许尚未揭去纱布,胸腔犹未长满,仍有少量水分耳。今日起,已迁入大饭厅进食,且已作过体育疗法,拍过乒乓球云。大抵出院之期不远矣。谈至五时出,仍乘原雇三轮径送东门车站,转乘四十二路车西还北京。六时半入朝阳门,下车复换三轮归于家。

七时小饮,夜饭。十时就寝。

2月13日（正月十四日　丙辰）星期三

晴,寒。

晨六时起。续写《李谱》序,午饭粗毕,改题曰《增订李太白年谱初稿说略》,仅二千馀言耳。

潏儿晨来,以手制糯米水磨粉汤圆为献。傍晚,汉儿来省,旋去潏所夜饭。夜饭后,清儿、达婿及建昌、建新两外孙来省,未几,汉儿复来,因共谈至九时半乃去。

元孙今日开学,十一时即回,明日即正式开课云。

夜月甚姣,十时就寝。

2月14日（正月十五日　丁巳　元宵）星期四

晴,寒,大风,午后尤剧。

晨六时起。午前接湜儿复禀,附来复漱儿书,请阅后附去。又接所中通知,后日上午九时,其芳召开全所工作人员大会,将作一九五六年度工作总结报告。是必一往听之。

傍晚,过雪村夜饮,坐客有冯都良、仲足昆仲、张静庐、汪北平、侯岱麟等。谈至近十时,始散,润儿来接,遂与踏月而归。时已风止,冰轮高悬,莹澈尘寰,不孤元宵佳节矣。

到家少坐,便就寝。以兴到,不觉多饮,胸次未免沉重云。

2月15日（正月十六日　戊午）星期五

破晓黄云四塞,禺中开霁,仍有微风,寒威未见大退也。

晨六时起。九时半,颉刚之女洪、湲二人来,谓其父小病在床,思与余谈,盍一往。余遂偕过其家,晤颉刚,于榻前长谈。渠为重感冒,正服中药,大概不久即可告瘥也。至十一时半,辞归。

午后,写信寄漱儿,详告滋儿近状以慰之。

夜饭后,与润儿同往王府大街首都剧场,看话剧《虎符》,票为昨日所中所赠,坐楼下副十三排,卅三、卅五两号。在场晤逸群、蔡仪、象钟、健吾、积贤、妙中诸同人。剧本乃沫若旧作,抗战时在渝中所演,今加工重演,演员、服装、灯光、布景等等,俱为第一流,煊烂之甚。朱琳饰如姬,于是之饰信陵君,戴涯饰魏王。十一时始散,仍偕润乘三轮归。比就卧,已十二时矣。

2 月 16 日(正月十七日 己未)星期六

晴,寒,夜深大雪。

晨六时起。八时,所中车来,乘以过接平伯,谓别有事不去,再过东厂胡同内太平胡同五号,接叶水夫,偕乘西行,过端王府夹道,接李荒芜,已行。再出阜成门接王淑民,以感冒亦辞不往。结果仅余与水夫二人到所耳。

九时,径达北大俄文楼二〇一教室,参加一九五六年工作总结报告会。西谛主席,继由其芳报告,历二时半,尚有王平凡动员节约报告,以时晏,未及,临时撤销。十二时一刻,乘原车入城,平凡附行,至西四又送水夫到家,然后归,已将一时。湜儿正亦自校归省(上午九时),乃共饭。

西谛谈话中知《全唐诗》本为钱牧斋所辑,其稿用各种刻本剪贴排比而成,后归季沧苇,复誊清一过。及季书入内府,即就季钞清本录付扬州刻之。今所传之《全唐诗》也。钱、季两稿同贮内府,今为蒋帮盗入台湾,伊犹及见之云。是一珍闻矣,记之。

自午饭后,颇觉胸闷头眩,且时作恶心。傍晚汉儿来饭,本约与之同往文协大楼参加昆剧演唱晚会,以此令汉过邀清儿同往。余止未行。

湜儿夜出练歌,十时乃归。余已就寝矣。

2月17日(正月十八日　庚申)星期

拂晓雪止,皑皑在望,旋日出,晶莹畅晴矣。夜月色甚好,气亦较前昨略和。

晨六时起。八时偕湜儿、元孙出,乘十路到朝阳门大街,又踏雪西行,诣大同酒家进点。大概以星期,顾客过多,托辞不饮茶(谓炉坏无开水),殊扫兴,只得坐待各种点心之应市。先后择取供食耳。九时半,润儿、琴媳并至,再坐半时许,俟伊等食后乃起行。余偕湜儿、元孙乘三轮径赴景山东街人民教育出版社宿舍汉儿家。其后,润、琴、清、达、雪村夫人、建昌、建新、升埮先后来集,唐立庵亦至,遂共饮。饭后,湜先行,谓练歌后径返北大矣。佩华来取看具,即赴通州看滋儿去。雪村夫人、清、达等亦去。余偕芷、汉、润遍访心如、文叔、剑华、芝九、诗圣,晤谈达暮。惟允和则未之见也。五时三刻偕润及元归。

夜饭后,琴珠往小经厂实验剧场看话剧,润在家开留声机自娱。余洗足、涤身、易衷衣,十时就寝。琴归余已入睡,竟未闻门响也。

午前,君宙女公子虹来访,带到宙信及沪物。未晤甚怅。

2月18日(正月十九日　辛酉)星期一

晴,有风,又转寒,夜深月色仍佳。

晨六时起。八时,复看《李谱》稿,有所增益。十一时,写信复君宙,谢赠新雅腊肠,并告近况。

午后,润归,以人民文学出版社托交《史记选》校样一批(自《平原君传》以下五篇附原稿)呈阅。余以前日司机老赵言,或须出城开会,未及开视,待至二时三刻,不见车来,乃阅视校样,甫看毕《平原君虞卿列传》,已四时。适刚主来访,遂与长谈,知伊近已调来历史研究二所,目前方报到也。移时行。假四金去。

晚饭时,琴媳言,已电话询佩华,昨日往见滋,一切都好,仅胸腔尚未满长耳。

其实主要之点即在此,是一时并不能离院也,为之怅念不置。九时半就寝。

2 月 19 日 (正月二十日　壬戌　雨水) 星期二

晴,寒。

晨五时三刻起。八时校《史记选》排样,至午看毕《魏公子列传》全篇及《范睢蔡泽列传》正文,又校释三之一。午饭后,乘三轮到猪市大街转四十二路车赴通州,二时半抵电信局站,再换三轮径诣马厂村结核病院看滋儿,以时尚未至,坐待一刻钟,始易衣入视。一切都好,只右肺上部膨胀尚未满长,据今日透视,知已大见好,空隙仅二指许矣。现在医嘱吹水瓶,以渐扩大肺量云。谈至五时,滋送我至院门口,伊尚初次到露天也。

三轮仍回东门,即乘四十二路车西行回北京。到朝阳门内下车,路灯始明,天尚未全黑也。复乘三轮返家。

夜饭后,小坐,九时半就寝。

元孙昨晚发热,今天未退净,在家休息。

2月20日（正月廿一日　癸亥）星期三

晴，寒。

晨五时半起。七时，续看《史记选》校样，至午后四时，第一批全毕，计《平原君虞卿列传》、《魏公子列传》、《范睢蔡泽列传》、《廉颇蔺相如列传》、《田单列传》、《刺客列传》六篇排样，自一七七页至三四〇页，明日可交润儿转去矣。

接所中通知，明日上午九时，举行先秦至宋文学组例会，是组名又有改动，不知究寓何意耳？

滋儿昨日上午所发信亦同时收到。此信所言，昨晤时已了然矣，留与诸姊兄弟看，省我再说。

傍晚，清儿来省，因共饭。饭后，士铮、建良、启德、久安、钟嵘、佩珍、玉英来听课，为讲《春秋左氏传》晋公子重耳出亡，九时始止，未毕也。下星三或将续讲耳。清儿后去。

十时就寝。

2月21日（正月廿二日　甲子）星期四

晴，寒。晨有雾，午后曾上云。

晨五时半起。七时车来，匆匆早餐，即乘以过平伯，又略待，及平伯登车始悉，渠有事须与其芳商谈，特电知所中早放车来者。八时一刻，到文研所，平伯乃偕佩璋同车往其芳家，以为时尚早，来者寥寥，仅晤曹道衡，与谈耳。比九时，余冠英、钱默存、力扬、陈友琴、王佩璋、胡念贻、濮良沛、乔象钟、蒋荷生、俞平伯乃陆续到，凡十二人，即所谓先秦至宋文学组之全体同人也。道衡为组秘书，冠英任组长。开会讨论时，余以组名不妥，提出改正，将再商决定之。

继肯定唐诗选工作计画草案,并决定余提出之"唐诗选本叙录"及"唐代诗人征略"两试作计画。十二时散,仍由司机老赵送还。佩璋、象钟附焉。

到家已将一时,农祥在,盖前日自沪返京,今特来访也。询悉已饭,余遂匆匆进食。午后二时,偕农祥出,乘十路车往中山公园,茶憩于西偏服务部。四时起行,涉历园内一周,尤流连于唐花坞久之。五时半离园,农祥送余上十路车而别。

夜饭后,润出看电影,余略翻《史记选》校样第二批。(今日润儿带去第一批,带回第二批耳。)

伯恳来访,(午前已来过,未晤。)托书奠幛。幛光两副,盖墨林已危笃,祖璋等托戚谊,不得不早为预备云。余笑诺之,谈移时始去。

听广播,吴素秋、李德彬《张羽煮海》,十时半乃寝。

2 月 22 日(正月廿三日 乙丑)星期五

晴,寒。

晨五时半起。八时为伯恳所属大书幛光两副,古有豫置凶器以术禳解者,今乃豫书吊词以备用,亦可哂可哀也已。

九时,续看《史记选》校样《淮阴侯列传》、《季布栾布列传》、《张释之冯唐列传》、《魏其武安侯列传》。抵晚乃毕,凡四篇,九十七页(三四一至四三七)。

伯恳下午四时来取幛光去。

夜饭后,与润儿出散步,在里口寄售商店购得一粉底红蓝双彩流云百蝠葫芦瓶,高二尺许,以上口有损,截去磨平(未损形),故贬值,仅二元五角,即属润儿抱以归。置斋中,植鸡毛帚甚适也。

九时半就寝。以炉火未起，不敢揭盖，睡至四时，乃为炉上水壶沸声所醒，遂起视安置，然后复睡。

2月23日（正月廿四日　丙寅）星期六

七时起，霏雪舞空，细乃如米粉，亦此间仅见者，旋止。十时许，日出矣。然多云以蔽之，午后显昼，乃雪飘如团絮，嗣后时阴时晴，雪亦时止时作，入晚始止。真所谓晴雪矣。气初不甚寒，及雪止，风作，遂陡寒。

晨五时半起。七时续校《史记选》排样，直至五时半垂黑始止，全部末批毕。凡九十七页（五三四逆推至四三八），《李将军列传》、《汲郑列传》、《游侠列传》、《滑稽列传》四篇尽矣。

傍晚润归，又携到序例及选注一至一七六页，谓全书校样都在，毕此出版可待云。

夜小饮，今日试煮汽锅鸡，（无锅，日前自汉儿所假来者）颇隽，后当时一试之也。

十时就寝。

十一时许，湜儿归来，盖入城练歌事毕，返家就宿耳。润起开门纳之。当与余同榻。

2月24日（正月廿五日　丁卯）星期

阴，时飘微雪，寒气顾不烈，午后又大雪，旋又放晴。

晨五时半起。七时半，润儿、琴媳往通县看滋儿。九时，湜儿辞去，谓竟日练歌，傍晚径返北大云。

续校《史记选》序例十六页。

澄儿来省，因留午饭，待润、琴午后一时伊等归乃共饭。询悉一切好转,胸腔亦已涨满,只待细检出院矣。为之大慰。饭后,澄去,余乃续看校样,将《项羽本纪》本文校毕,并校过校释之文六之一。(此篇校释凡六百廿二条,今仅校过一百五十八条。)时已五时,即罢手。偕润儿出散步,出大雅宝城豁口,东过日坛,迤逦至建国门外头道街,附十一路车西行,至东单牌楼下,顺道过菜场,已修建一新,楚楚可观,在场购到马鲛鱼(本地称马哈鱼)一段(甚贵)及鲜笋两枚,复过祥泰义,买得虾子鲞两块,及熏鸡肝、鸭腰等,又在附近店中买得元宵二十枚,乃徐步而归(以十路挤不上)。到家已将七时,天犹未全黑也,可见日来昼长不少矣。

夜小饮,佩华归饭,亦甫自通州来,知汉儿亦往通看滋,同车返京,已先归去云。夜饭后,潜儿来省,谈至九时许去。有顷,佩华亦返新华宿舍去,比余就寝,已十时半矣。

2 月 25 日 (正月廿六日　戊辰) 星期一

晴,寒。

晨七时起。昨夜为猫窃食所觉,四时后复入睡。乃致晏起耳。

元孙休息又一星期,今日乃上学。

八时半,余即续校《项纪》校释。九时半,韵启见过,盖自沪来京出席会议,顷甫安顿行李于新侨饭店(住四百十一号),特来访晤也。带到漱儿所托硝蹄一件。有顷,平伯见过,还余《李集》,坐谈半小时去。韵启则留午饭,并小饮焉。午后二时,韵启辞去。余乃续校《史记选》,抵暮校毕《项纪》校释及《陈涉世家》。

夜饭后,续校《留侯世家》及《陈丞相世家》,至十时止,凡校阅九十二页。(止一百廿五页。)倦极,欲眠矣,遂就寝。

写信寄滋儿,告星二不去通。

2 月 26 日（正月廿七日　己巳）星期二

晴，较和，

晨五时起。盥漱毕，挑灯赶校《史记选》，至十时半毕之。凡校《陈丞相世家》、《孙子吴起列传》、《商君列传》三篇，自一百廿五页起，至一百七十六页，共五十二页，并先校之后部在内，全书完成。因前途急催，今日下午须交到出版部也（本年第一季度宜可出书）。午饭后，润儿归取之，即令交去。

丝棉被今日易一床，原用者自去年初冬服用以来，未尝一经洗涤，今乃令许妈拆洗之，亦可见一切无人关心矣！于此安得不念及地下人哉！惟有心痛噙泪而已。下午三时独出散步，信行至无量大人胡同东口，攀登十路车，往西单下，走至西单商场，闲逛旧书摊，无可欲者，在特种工艺公司商场门市部购得库朱一锭，价五元（足见此类旧物价格日益高也）。怀以行，复返西单，乘电车东达王府井南口，在新华购得本年《旅行家》杂志二月号，再过东安市场，就摊头吃馄饨一碗，徘徊旧书摊头，亦无所得，即出北门，乘三轮径归。时已五时半，元孙亦甫自幼儿园归来也。

夜饭后，听广播，至九时半就寝。

2 月 27 日（正月廿八日　庚午）星期三

晴，和如昨。

晨六时起。元孙上学后，翻架书自遣。午后，所中有传呼电话来，谓明日开会，去不去，公债买不买，余即前往打回电，乃屡叫不得通，遂归，作书与张慧珠（办公室总务）告开会不去，公债认一百六十元。（自三月至十月，月扣廿元。）书讫，亲出投邮。适十路车至,乃登之南行,径抵南樱桃园,转五路而东,到陶然亭,见窑台已改清真食堂,乃迤逦至于慈悲院,茶焉。四时起行,出园乘五路北返天安门,再转十路归家。

汉儿来开门,潗儿亦在,盖同听报告,同返视家也。因共夜饭。饭前,清儿至(已饭)。饭后,久安、钟嵘、佩珍、启德、季和、士铮、玉珍来,为讲完晋公子重耳周游返国事。已九时,久安等去。(潗、汉已先去。)清与士铮又谈至十时乃行。

润儿夜出,亦甫归。余遂就寝。

2 月 28 日 (正月廿九日　辛未) 星期四

阴霾竟日,时见微雪,入夜霏屑加浓,傅地如霜,气温如昨,宵来稍寒。

晨六时起。九时出,乘十路到六部口下,走访农祥于官马司,晤之。因同出游,先乘电车到西直门,转三路达动物园,在象房、狮虎山、熊猫馆等一巡而出,已十二时,乃就西郊市场广东食堂午餐。食客仍极挤,勉与人并座,始得食。食已,已一时五十分,即偕农祥往苏联展览馆东首路北排队,历二十馀分钟,乃得随次入门,参观全国农业展览会,以拥挤过甚,草草涉历一过,即走马看花,亦说不上也,但记第一作物馆(粮食生产)、第二作物馆(经济作物,如油料、茶麻、烟叶等)、畜牧馆、水利馆、气象馆、林业馆等名色而已。三时半出馆,坐憩于市场茶水部,再乘三路回西直门,转电车到西单商场,徘徊于旧书店,得朱偰《明清两代宫苑建置沿革图考》,商务旧印本也。登楼于小食部饮牛奶红茶,然后复返农祥家,已将六时。有顷,亦秀归,遂共夜饭。饭后长谈,孙孝丞亦来,谈至九时辞归。乘三轮径回,到家润儿亦甫归未久也。

小坐就寝,已将十一时。

3月1日（正月三十日　壬申）星期五

轻雪霏微,有类搓粉飘盐,竟日不止,积地亦不甚厚,气则寒于昨前矣。

晨六时起。昨夕饮农祥所,不免过醨,中夜胸腹感不舒,晓来稍松,遂亟披衣盥漱,则亦释然。

八时续阅《全唐诗》,前日曾看过些许,今乃赓为之。至午饭,唐帝诸诗俱阅毕。

接漱儿二月廿七日信,告程韵启来,托带物,并请买栗子糕携回云。余正写信与伊,遂允其请叙入之,许于程君之归带沪焉。

夜饭后,伯恳见过,承以明日雍和宫看打鬼门票相赠,余以已由润儿购来谢之。伊将持赠振甫云。盛谊可感,谨识之。谈片时即去。

润儿夜往北京剧场看张君秋演出《望江亭》,十一时归。余洗足濯身,易衷衣,比其归,余亦就寝不多时也。

3月2日（二月小　建癸卯　癸酉朔）星期六

阴,雪。午后转晴,泥泞载途,檐滴满街,气复回和。

晨五时半起。宜孙脸患湿症,右眼皮肿胀出脓。九时许,琴媳与李妈抱往干面胡同门诊部诊治,据云,无妨,注射盘尼西林而归。挂号须预先往挂,而临诊却草草了事,余真未能满意也。然而格于成例,又为之奈何哉!

八时续阅《全唐诗》,抵午毕诸王后妃之部,约两卷馀。

十二时先饭,饭已,匆匆出,乘三轮径赴北新桥雍和宫看打鬼。

时距开始尚有半小时,而观众已挤满二三十排矣。初尚坐下,继皆起立,秩序大乱,站立不稳,几致倾跌受踹,不得已,突围出,至牌坊下遥望之,印象固模糊。其实,音乐单调,动作可笑,并无悚人之处也。亦惟有存其仪式,尊其习俗捧其所谓跳布扎克耳。

余以泥泞难驻足,即离寺南行,乘三轮到东安市场,在万胜德糖果摊购得羊羹(即栗子粉糕)、果脯六元馀,备带沪与漱家及程家。出市场北门,即乘三轮遄返。到家甫二时半,足见此行之匆匆矣。

三时又点读《全唐诗》,至晚毕三卷。终《乐章》之二。

绍华见过,谈至傍晚乃行。

夜饭后,与润儿往新侨饭店访韵启,晤之。即以所写信一,及食物与笙伯股息等交托带与漱儿,谈至八时半,行。顺道过祥泰义购糕饵等物,仍乘三轮归。

到家知芷芬来报,墨林于今日下午五时逝世矣。时晏,不及往唁圣陶,中心悲悼久之。明晨当走慰一切也。

十时就寝。

十一时,湜儿叩门归,又在和平里练歌顺归,致惊起启内之耳。

3 月 3 日 (二月初二日   甲戌) 星期

晴,寒。

晨五时起。七时,汉儿至,谓文叔将与伯箫车过此间接余同赴圣陶所,属少候。余俟至八时半,未见来,即偕润儿出,乘三轮径往八条叶家。时圣陶正在写挽诗词,时作悲泣,而客来唁者纷至,多教育部、人民教育同人。心如、文叔亦旋至,晓先亦来,雪村后至。于是,扯谈至十一时,客皆去,惟余独留饭。饭后,至善等往北京医院迎遗灵,余与至诚伴圣陶,同车径赴嘉兴寺。一时许,迎灵至,客亦大集,雁冰、西谛、乔峰、晓先、昌群、调孚、芝九、元善、颉刚、空了诸伉俪,雪村夫人及余家濬、清、澄、汉四女,润、湜二子、文权、达先、芷芬三婿,与琴媳等俱到。三时,同视大殓后,诸客渐散,余应达婿之招,过饮其家。因附圣陶车送余到遂安伯胡同章家。晤雪村。时未及五时也。有顷,达婿先归。又有顷,雪村夫人及清儿亦归。入暮,达轩来,盖来京开会,今晚请其同饭。因邀余共饮也。七时半罢。雪村以达轩前年所寄《丛书集成》七期馀书六十七册见交。(忘阁年馀,以今晤达轩始想起之云。)适许妈来言佩华甫自通州返家,速余归,有所禀述云。乃辞出,即由许妈挟书同归。

佩告滋一切正常,现已重摄照片,由院中大夫协商后,当可决定何日出院,请余不必垂念。晚饭后,仍返新华宿舍去。

润、琴晚饭后往外看电影,未值佩。及九时半,伊等始归。知湜儿今夜在文化部试演歌咏,润曾一往见之,演毕即出城返北大矣。(余亦有票可参加,因饮章家,失之。)

余挟书归后,查对目录,并一一记上书号,直至十时三刻,乃了。按全目所载,缺书尚不少,惟商务书馆对此事早作了结,获此已足称全帙矣。十一时就寝。

3 月 4 日(二月初三日　乙亥)星期一

晴,寒。

晨七时起,家中遂形慌乱,足征早起三光之说与率先躬行之道之有味也。

宜孙今日又往门诊部诊治,仍打针而已,未曾说出什么道理也。

看昨夜携归之书,以次排列上架,俟稍延再插入书橱中。

下午六时二十分出,乘三轮往长安戏院看川剧《谭记儿》(即《望江亭》)。至场已开演,坐十二排十九号,戏票系人教社代买,故场中多社中同人。文叔、心如都在,惟人挤未及攀谈耳。

十时十分即散,仍乘三轮归。十一时就寝。

剧中饰记儿之杨淑英,确如人言,殊堪欣赏,可见名下无虚,大非诬也。

3 月 5 日(二月初四日 丙子)星期二

晴,较昨略和。

晨六时起。八时出,走至米市大街,乘环行电车,北去到厂桥下,步往嘉兴寺,在门口遇元善伉俪,偕入吊墨林。晓先、芷芬等已在。客渐集,十时举行公祭,吊客较前日尤多,除前日已晤各人外,又晤莘田、祖文及叔湘、介泉两伉俪等。十一时,偕圣陶、元善、介泉等同车往西四同和居午饭,与介泉、元善两伉俪、允和、芷芬及圣陶与其诸孙辈同席。十二时半车还嘉兴寺,潽、清、汉、润、达先、亦秀等俱来。一时,叶宅发行出西直门,枢车外用两大客车,分载送葬诸客,凡数十人,余与介泉附圣陶车行。二时许,即到福田公墓,墨林墓穴在珏人墓同一行列上,西去仅隔三穴。下葬后,会葬者各持一锸土,置其上,然后行礼。礼毕,同至礼堂休息,四时许,回城,余与介泉、晓先两伉俪、潽、汉、润、达、芷、芝九、思原、亦秀诸人附大车行。车由卧佛寺、颐和园等处过,经北大,介泉伉俪下,余等径达景山东街人教社,余与潽、润、达、秀、晓、雪皆晚饭于汉家。饭后,文叔过谈,至九时始散。余与润走至王府大街,始得两三轮,遂附以归。

十时半就寝。颇倦矣。

3月6日（二月初五日　丁丑　惊蛰）星期三

晴，时昙，气仍与昨同。

晨六时起。宜孙昨夜以湿气作痒，啼哭多时，今晨八时，又抱往门诊部诊治，取药敷治，未识见效否耳？

午饭后，韵启见过，告下午五时即须登车南迈，特来辞行。长谈至三时半，去。

余续阅《全唐诗》，至五时半，尽《乐章》三卷。殊无佳趣。

接业熊四日沈阳来书，慰问滋复康。

夜小饮，十时就寝。

3月7日（二月初六日　戊寅）星期四

阴，有雪，顷刻堆积二寸许，向午转晴，檐头屋角又融滴淋漓矣。夜深又见飞雪。

晨六时起。填写二月工作汇报表，书寄积贤，备所中有人来时带回去。

午饭后，农祥来访，约共出赏雪，余以须候所中人来，未能应，即长谈至三时半而去。去后，余续阅《全唐诗》，尽两卷。《乐章》毕矣。

五时半，所中犹无人来，而至诚叩门入，谓乃翁乘车来接我同饮其家，并看川剧《拉郎配》。余即应之。披衣同登，晤圣陶，径如其家。

寄积贤之信即于途中投邮。六时，在圣所小饮，四十分，与圣陶、至诚、满子同驱车往东安门大街北京剧场看川剧，同坐楼下第五排,(圣陶坐十九号,余坐二十号,满子坐廿一号,至诚坐二十二号,司机田姓坐廿二号添座。)七时开,先演《思凡》一出,继乃演《拉郎配》。罗玉中饰李玉,颜树饰张彩凤,赵永康饰王夏,一笑饰钱塘县,静环饰董妈,唐云峰饰董代,晏惜君饰李母,邓仕元饰张宣,蓉瑛饰县夫人。全剧九场,极深刻松灵。十时即散,仍由圣陶车送归。

十时四十分就寝。

3 月 8 日(二月初七日　己卯)星期五

阴、昙、晴间作,下午雪时飘时止,有风不大。

晨六时起。午前续阅《全唐诗·乐府》一卷。饭后,乘三轮往猪市大街,附四十二路车东发通县,二时卅五分到电信局站下,换三轮径诣结核病院看滋儿。在待客室候一刻钟,乃入更衣,步抵三楼一层十七号,见到滋儿正午睡方醒,旋即披衣起谈。知一切正常,只待医师讨论后便可出院,甚以为慰。时大雪飞扬,滋屡促早归,乃于四时廿分行。过访王业康于五楼一层七号。盖三日前来此,亦须施手术也。把谈至四三刻,即出院,滋仍送至门口而别。余雪中车还通县东门,便登上四十二路车。衣未沾湿也。六时许,即到朝阳门,下车转三轮以归。时夜饭尚未具,佩华适在家为滋理衣服,准备星期送往通县,因共晚饭。饭后,佩华去。未几,汉儿、芷芬来省,谈至十时许,乃去。越半小时,余亦就寝。

3 月 9 日(二月初八日　庚辰)星期六

晴,风劲转寒。

晨六时起。九时,走访平伯,谈自学事。十一时许乃归。午饭后,填报入所以来工作,应本所学术秘书室之需。但彼来表格我却以书面答之。盖表中所定行格实无从强就耳。又书告学委会樊骏说明只能唯力是视,不敢妄定进程,按月写出具体计画也。

潗儿四时许来省,因与共饭。饭后,琴珠应佩华之招,同在吉祥看越剧,潗八时乃去。潗去后,余又作书与冠英,备送《李谱》初稿。将并前写诸件俱属湜儿返校时带与积贤分致之。

十时半,琴媳、湜儿同时归。

十一时就寝,与湜同榻。

3月10日（二月初九日　辛巳）星期

晴,寒,午前后偶见微雪。

晨七时起。颉刚即见过。谓陈调甫将来访我,属在家少待,俾同访圣陶一谈云。略坐便去。余坐待至十时,不见来,乃走颉刚寓探之。颉刚云已电询圣陶,知伊今日上午参加会议,径电调甫辞之矣。余遂读颉所拟政协发言稿及提案三件,并晤适来访谈之乡人祝叔平。至十二时,不见调来,想访圣之举作罢矣,乃辞颉出。走金鱼胡同森隆会儿辈聚餐。盖今日为余六十八岁初度,在京诸儿为余祝嘏也。潗、清、澄、汉四女,润、湜两儿,琴、佩两媳,文权、达先、芷芬三婿俱集,适共坐一圆桌,又元、宜两孙,昌、新两外孙及保姆、志华则别具一几焉。惟滋在院,未得与,终感歉然耳。一时半食毕,佩华即往通县视滋。诸儿辈分头各归。余乘三轮径往八条访圣陶,（湜儿先行,即以《李谱》初稿及致函三件俱交带去。）见其正在亲书墨墓题字也。未几,元善至。有顷,亦秀至。又有顷,文叔、芷芬至,畅谈达暮。元善行,余与亦秀、文叔、芷芬即留饮焉。夜饭后,又谈至九时三刻,乃各辞归。余偕亦秀、文叔、芷芬、至美同步至八条西口,乃先乘三轮归于家。

小坐,看报,十一时始就寝。

3 月 11 日(二月初十日　壬午)星期一

晴,有风,又感剧寒。

晨五时醒,即起开灯,穿衣坐待天明。八时后,填写民进申请入会表格,绍华屡以为言,不好再拖延不填矣。但格小字细,老眼几为之突出,殊可笑也。

午饭后一时半,即续阅《全唐诗》,至傍晚六时止,点毕《乐府》三卷,天垂黑矣。

入夜小饮。午饭后,佩华曾归来,告余滋儿已得医院通知,本星期内可以出院,极为欣慰。

文研所本月薪水亦于今日午后始送到。(一二两月俱七日送达,今延后又为人力不足云。)

夜听广播,九时后,洗足、濯身,易衷衣就寝。

3 月 12 日(二月十一日　癸未)星期二

晴,春寒砭骨,不啻料峭而已也。夜月亦饶冻色。

昨霄半醒来,觉右胁刺痛,每隔分钟必激动一二秒许,至难受,大约伏案较久,神经牵掣耳。

八时,仍看《全唐诗》,随以振甫前存黄士菁选目参考之,至傍晚五时止,仅及选目之半。更见神疲眼花矣。

夜饭后,与润儿出散步,在南小街购零物,八时归。芷芬在,为言与圣陶偕游事大致已谈过,曾访西谛未值,拟再往一谈云。闲话至十时许去。余亦就寝。虽用热水袋温罨右胁,其抽疼仍不稍减也。以是数醒,甚惫。

3月13日(二月十二日　甲申)星期三

晴,寒。

晨六时起。胁痛仍未戢,午后渐见稀作,则亦听之。八时,仍续参黄选目,遍检《全唐诗》,至下午五时始毕。

润儿归言,圣陶正待余晚饮,面商南下旅行事,因即乘三轮赴之。坐有顷,芷芬、晓风皆至,谓一切手续都已办妥,只待成行。余以滋儿日内即将出院返家,拟推迟一星期行。饭后并电话与西谛联系,大致所中无甚问题也。

九时半离叶家,仍乘三轮归。到家则潗、清、汉、权、达俱在,一则闻余胁痛来省,一则为余旅行事有所禀白怂惥云。谈至十时半,潗等皆去。汉独留家,以时晏,社中大门已闭也。

3月14日(二月十三日　乙酉)星期四

晴,较和。

晨六时起。看报讫。八时,汉儿上班去。九时后,走访振甫,以黄稿还之,未晤,顺访伯恳,则已假满上班矣,亦未晤。即走至禄米仓口乘十路车到六部口走访农祥。时为十时半,据王妈言,伊出购物,即将归,乃坐待之,至十一时三刻,始见返,遂共饭其家。饭后二时,偕出,同访圣陶,晤之。因约游陶然亭,驱车径造园东门,步上慈悲院,即茶于西轩中。四时许,离园,又车过荣宝斋,小憩看画,见到摹本原稿及木印成品多种。五时三刻乃出,圣陶车归。余与农祥则步往菜市口美味斋吃菜饭。近七时,亦秀、继文来会。共饭完毕,已八时许,农祥、亦秀乘四路环行车归去。余则与继文乘电车到崇文门,然后转乘三轮归家。

十时半就寝。

3 月 15 日（二月十四日　丙戌）星期五

阴曇间作,气较暖。夜月略晕。

晨六时起。八时,点阅《全唐诗》,至午正完《乐章》五六两卷。

午饭时,晓先见过,以余将有远行,特来攀话。琴媳适归饭,为言得佩媳电话,知滋儿须下星期始出院云云。余饭毕,即行,与晓先偕出,晓往古籍出版社上班,余则乘三轮往猪市大街,转乘四十二路车东赴通县,仍在电信局下,换乘三轮,径往结核病院。三时五分到院,更衣径入。滋儿方穿衣将出,谓得大夫批准,告假两小时,往通县城内配眼镜架(顷拭擦折断),遂与俱出。设迟一步,两不相值矣。二人欣然共行,各乘三轮到通县万寿宫大街,在吉兴配到眼镜架。余亦在其橱窗中发见旧陈放大镜,为纪念滋出院,出价二元二角购以归。徐步至东门车站,坐谈良久,滋决定下星期内出院径归矣。四时半,余即令滋速乘三轮返院,余亦登四十二路车西驶返京。五时一刻即到朝阳门,换乘三轮归家。元孙方自幼儿园归来也。

夜小饮,饭后,润、琴俱出看电影,十时后始归。余听广播新闻,十时便寝。

3 月 16 日（二月十五日　丁亥）星期六

初阴,后晴,气暖于昨。

晨六时起。八时,续点《全唐诗》,至下午四时半,完《乐府》七、八、九卷。

饭后,绍华见过,谈移时去。即将所填民进申请书取去。

夜饭时,琴珠归言,据芷芬属告,去广州车票已购到,定下星期三八时发轫云。

饭后,润、琴皆出看电影。振甫来访,谈至近九时。达先至,谓清华方自出版社归,为言滋华即将于下星期一上午出院返家。由社中派车往接云。闻之不胜欣慰,是余离家旅行之前大得叙谈一切也。

九时一刻,振甫、达先去。十时就寝。

十二时,湜儿归,(昨已信至,谓滋已返,将深夜赶归一晤云。)仍与余同榻

3月17日(二月十六日　戊子)星期

阴,地湿润,积雪融化,气渐转暖矣。

晨六时起。

八时,晓先、雪村先后来谈,以余将有远行故。承走访耳。九时三刻去。余即与润、湜两儿出购买旅中用物,在同升和买到布鞋一双,在盛锡福买到哔叽帽一顶,在百货大楼买到皮面活页记事册一具。余无所购。十一时,湜儿辞去,即往练歌返校矣。余与润则乘三轮归。

佩华来家午饭。饭后,往通州看滋儿,并添送衣服去,备明日出院用。余乘三轮往东皇城根九号民革总部参加昆曲研习社同期。清儿已先在,晤圣陶、至善、元善、亦秀、平伯、宝驯、宝骙、万里、敏宣、妙中、铨庵、南青等,饱听雅奏直至六时。曲终始散,余偕亦秀、清儿乘三轮径归我家,共进晚餐。佩华亦自通县归,谓一切准备,只待出院矣。为之大慰。有顷,佩华先返宿舍。亦秀、清儿

则谈至近十时乃辞去。余亦就寝。

3 月 18 日（二月十七日　己丑）星期一

晴，和。

晨六时起。知滋儿今日上午当归。十时即盼望之，十二时，濬儿来省，亦为兼看滋。佩亦十时许即归准备。乃盼至近下午一时，始由青年出版社保健员接送到家，合门大喜，共进午餐。据悉，此次医疗费用达七百馀元。设非公费治疗，诚难乎应付矣。

下午，滋儿小睡，余乃整治行装，备后日登程。

五时后，农祥见过，澄亦来，遂共饭。饭后，雪村、濬、权、清、达、汉、昌、新俱至，长谈欢笑达十时。农祥先去。雪村等继去。余遂与滋同榻而卧，佩华则早已返新华宿舍矣。

3 月 19 日（二月十八日　庚寅）星期二

晴，和。

晨六时起。九时许，偕滋儿往谒雪村，以赴社开会未晤。遂与雪村夫人闲谈，十一时前归。十二时，湜儿自校归。有顷，晓先夫人来，因同饭。饭后晓先来谈，二时后去上班。其夫人留谈至四时，晓来接之同去。昌预饭后来省，兼看其二舅，一时半上学去。

芷芬五时半来，谓明日上午七时二十分，圣陶车过接余，同登程云。余亦以旅费五百元（先付，俟后总结）及通用粮票交渠转付晓风，遂留晚饮。汉儿、元鉴亦至同饭。饭后，濬、权、清、达皆来。谈至十时，濬、权、清、达、芷、鉴等皆去。独汉留家，备明晨送余登车。

是夕，余支床中屋，独睡。汉、滋、湜即同住东室中。余睡至夜三时即醒，四时，遂起，准备长途旅行焉。

5月15日①（丁酉岁　四月小　建乙巳　壬申朔　十六日　丁亥）星期三

晴，入夜阴，未果雨，气暖须单衣矣。

晨五时起。七时许，晓先来访，谈至八时去。约午刻来饭。

九时后，正在整理案头积件，濮文彬来访，盖八日先自沪至，前日已来过，未晤，今复见访也。纵谈达午，俟晓先至，乃共饭。饭后，文彬即去。以须陪其夫人出游也。二时许，晓先亦去。余乃写信两封，一致积贤，托向所中销假（明日交湜儿带去）。一寄漱儿，告安抵家中。并属遍谢送行诸亲友。书尚未毕，清儿至，挈小逸、新新同来，与湜儿共谈，时滋儿午睡，及其起，又谈至五时半，清等辞去。余即将寄漱之信交清付邮。

夜饭后，雪村见过，长谈。于近日整风运动中，所感所言，倾告一切，知当前问题至为严重矣。谈次，潏儿、文权至，又谈，润、湜亦参听之。滋、佩与琴却在房未出也。欢叙至十时半，始散。雪村、潏、权同去。余洗身濯足，易衷衣就寝。仍与湜儿同榻。

余出外时，家中又修屋，南屋已基本完工，正在修厨房，大约再须三五天乃了。灰石纵横，年年受累，真大包袱矣。

5月16日（四月十七日　戊子）星期四

晴阴兼施，气仍暖，夜有雨意未果。

晨五时起，已大明。七时，湜儿赴校，即属带信与积贤。九时许，有滋友申君（同在院中治疗之病友）来访，滋因与同出，顺至中

---

①底本为："一九五七年五月十五日至八月十日日记。容翁。"

国青年出版社报到,十时回。

余此次南游过沪,遇六姨葆珍,七年未见,容光焕发,端凝娴雅,宛然珏人当年。余触景回肠,顿生爱慕。虽同游数四,终无由一申衷曲,今日作书,与之直抒我心,不识伊人回响如何,我则心已醉矣。午饭后,琴媳去上班,即属伊付邮也。下午,处理赠送《史记选》,一一题识,凡三十馀册,亦费半日程。

夜小饮自遣。润、琴则往车站接其小姨蕙英,九时即偕归矣。知蕙婿明道甫于十五日赶到上海退票不及,只得先行返京耳。

十时就寝,润儿与余同榻。

5 月 17 日 (四月十八日　己丑) 星期五

阴,时晴,气仍如昨。

晨五时起。拂拭整理,又化去时间不少,盖离家已久,自有许多积件待理也。十时,文彬见过,谈至十一时一刻去。近午,所中送本月薪水来,顺约明晨开会,云有车来接,余亦久思去所一晤诸友矣。午后,润儿归,带到人民文学出版社《史记选》版税五千馀元,盖已印达两个定额矣(四万册)。

三时许,平凡见访,表达所中关怀,甚感之。

夜小饮。饭后,润儿往访汉儿,未遇,偕锴孙来谒,谈至九时半,锴辞去。

十时就寝。仍与润儿同榻。

5 月 18 日 (四月十九日　庚寅) 星期六

晴,暖。

晨五时起。八时半,所中车来,平伯与晓铃夫妇已在车中。乃

同驰出西直门,径赴中关村哲学研究所三楼,出席文研所座谈会,
盖已第三次展开整风运动矣。在场晤西谛、其芳、冠英、默存、季
康、介泉、朗山诸人。十二时十分散,仍由所中赁车送归。先过
纳福胡同二十一号送晓铃夫妇,再过南河沿文化俱乐部送平伯,
然后送余归小雅宝,已将一时矣。晓先夫妇在。饭后,晓先上班
去,其夫人亦行。余小坐至二时三刻,乘三轮往八条访圣陶。盖
知其昨夕已自宁返京矣。至则正出浴于松竹园,坐待有顷即返,
晤。纵谈达晚,与圣陶、至善、至美、蠖生同饮。夜饭后,复谈,九
时乃乘三轮归。抵家潜、权、澄、汉、芷及基、垲在,又谈至十时
半,始各辞归。

《史记选》分赠已将四十册,所中诸友者今日亲带去,初拟属
积贤代分,未晤之,即转托逸群携交焉。汉行时,乃属带款与达先,
添买二十册云。

十一时就寝。仍与润同榻。

5 月 19 日(四月二十日　辛卯)星期

晴,暖。

晨四时即醒,唤起润儿,盖伊今日约锴、镇两孙同游静宜园,六
时须在西直门会齐也。五时许,润即出。余亦于八时后出,乘三轮
径赴中山公园来今雨轩,雪村、文叔、心如、晓先、芷芬已先在,其
后,圣陶、至善、永和、力子陆续至,谈甚畅。最后,汉儿偕允和、有
光、吉金来,已十一时许矣。复谈至近十二时,起行过唐花坞,一看
月季展览会,然后与众别,即偕芷、汉、允、光同出园西门,允乘三轮
先行,余等三人则徐步至北长街口,乘无轨电车(余在京乘此乃初
试驰也)到北池子口下,复由沙滩走入景山东街,过菜根香饭焉(有

光则坚不入)。饭后,同往汉家小憩,因与芷芬长谈,不觉移日。五时许,锴、镇归言,大舅已先归矣。余欲即行,而汉家坚留,遂晚饭而后归。仍乘三轮行。到家已八时后矣。知文字改革委员会昨今两日俱有人来邀(其人名李华),坚请明日下午三时在南河沿政协文化俱乐部出席座谈会,于是,不得不准备发言。润儿遂为余草大纲,至十一时始就寝。仍与润同榻。

5 月 20 日（四月廿一日　壬辰）星期一

晴,暖。

晨五时起。八时草发言稿,备下午用,至十二时一刻乃毕,凡二千言。

饭后二时半,出乘三轮径赴南河沿政协文化俱乐部,晤愈之、东华、杨晦、长之、有光等。三时一刻开座谈会,愈之致辞后,翁文灏、江某(临时插入者,闽人,工程师)、高名凯、胡庶华、袁翰青、李长之、杨晦七人先后发言,已六时半,愈之谓余只得下次屈驾再请发言矣。遂与握别,由李华车送余归。

夜饭后,明道、蕙英偕来,盖明道已于今晨到京,故同来告归耳。

十时就寝,挈元孙同睡,

5 月 21 日（四月廿二日　癸巳　小满）星期二

晴,暖,

晨六时起。八时后,滋儿为余理书,余乃顺笔记录之。屋已修竣,玻璃亦配好,仅漆工尚未了,较之去年,见情多矣。不经艰难,不觉坦宽之为好也。

饭后,澄儿来省,二时前上班去。润儿午后亦归,带到《史记选》标点稿费四百七十六元。三时,湜儿自校归,余适写好两信(一寄潄儿,一寄翼之),即令投邮。比其返,滋儿亦午睡初回矣。父子三人乃同出散步,走至朝内大街乘二路车到东四,复自东四缓步往王府井,在盛锡福购得一阔边纱帽,继在吉祥购得明晚毛世来演出票,复在稻香春购得熏鱼、虾子鲞。遂由金鱼胡同走到米市大街,过上海小吃商店小坐(新自八面槽移至此处)进点。食毕,即由无量大人胡同(店门正对胡同)走还家中。

夜饭时,泗原见过,饭后与纵谈。八时许,清儿亦来省。九时半,泗原辞去。清、润、滋、湜、琴又聚谈,直至十时三刻,乃各归寝。清亦去,余与湜儿同榻。

5 月 22 日（四月廿三日　甲午）星期三

阴,午后有雨意,气稍凉于昨。

晨四时半即起。湜儿七时去,昨约与清等同出,清等游颐和园,湜则顺道返校也。八时后,滋儿为余往青年出版社及东四人民银行取款。余续阅《全唐诗》第十卷,抵午仅及其半。饭后小睡,屡为门铃所惊,三时半即起,神思转恍惚,无聊又预计今日当有葆珍复书,垂暮未见,亦至萦念耳。

六时夜饭。饭后一人独出,乘三轮往吉祥,看和平京剧团演出,坐楼下第一排第廿一号。七时半开,先为毛庆来、常长升等所演《走麦城》。休息后为毛世来、万啸甫、刘鸣才等所演《坐楼》、《杀媳》、《活捉三郎》,世来复用踩跷,风格顿变,亦近日鸣放之结果也。十一时廿分散,仍乘三轮归。

润儿犹未睡,元孙则先卧余榻熟睡矣。十二时,余始就寝。

5 月 23 日（四月廿四日　乙未）星期四

晴，暖。

晨五时半起。八时一刻，平伯乘所中派车来接，因共谈片晌，然后同驱出城，径诣北大哲学楼文研所所长室，参加本组工作例会，晤冠英、默存、友琴、象钟、佩璋、道衡、念贻、良沛等。首先谈余所撰《李白年谱》，承平伯、冠英、默存、友琴、象钟等提出若干意见，俱中肯，当据以修正。继谈各人工作情况，休息时晤积贤，知新生一女云。十一时半散，余与平伯同车入城，其芳附以过中关村，余等车由城外南行入复兴门后，径放至前门外大栅栏下，二人相将入正兴馆午饭（上海大西洋搬来改设，开张甫两月）。吃冰糖甲鱼，甚好，鲜肉烧卖亦佳（竟比都益处好）。饭后，握别，乘三轮返家。

下午二时，正念葆珍，乃写信与之，而颉刚至，长谈移时去，遂续写，足成亲缄，出门投邮已五时矣。归来即小饮，饮后饭罢，七时复出，独乘三轮往东安门大街北京剧场看北京京剧四团演出。坐楼下第二排第二十号（戏票昨日午后琴为我买）。剧目为《杨乃武与小白菜》。（演清季四大冤狱之一。魏喜奎已编演为曲艺剧，曾轰动一时，现尚未弃歇也。）七时半开，十一时半始散，大为认真，但于清代官场体衔及日饮习用、称呼颇有舛错耳。（如职衔次序任便知县称大人之类。）姜铁麟饰杨乃武，吴素秋饰小白菜，俱佳，京控后在刑部狱室相会痛诉一场尤能感人，尚不失为好戏也。散出，仍乘三轮，归家已十二时矣。

小坐进点，然后就寝。元孙已早入睡，竟无闻知。

5 月 24 日（四月廿五日　丙申）星期五

晴，暖。

晨四时半起，濯身洗足，易衷衣。八时，续阅选《唐诗》，至午完《乐府》第十卷及十一卷。午饭后，小睡至四时始起，仍续阅《唐诗》，抵暮尽十二卷半卷。

六时半小饮。夜饭后，正欲偕滋儿挈元孙出散步，雪村至，遂与纵谈至七时许，复与滋、元联步偕过其家，晤雪村夫人，谈至九时乃归。

元孙即令就卧。宜孙以昨夕发热，今晨往南小街联合诊所诊治，打针后仍未退热，夜又请张静容大夫来诊，余等自章家归，静容正在诊察中，移时去。亦只云扁桃腺有细微白点，无大碍，仍注射药液而去。想明日当能告痊乎？

卧室自归京以来，迭有改设，逐加布置，今日滋又为余在北墙东偏挂一长条，遂使壁饰调和，弥缺不少。午前，复为余购得床头柜一具，将原有收音机安放其上，益增便美矣。

十时就寝。

5 月 25 日（四月廿六日　丁酉）星期六

晴，暖。

晨五时起。七时，续阅《唐诗》，至九时，完《乐府》第十二及十三卷，凡八页。滋儿在苏所摄照片今已晒出，伊即写信寄与漱儿，余遂检取葆珍像二帧，另作书寄去，顺询前书到未。赶十二时半前属滋出外投邮。

余又续阅王珪、陈叔达、袁朗、窦威、长孙无忌、颜师古、杜淹诗,凡一卷。

午饭后,东华及其女娟娟来访,谈至二时一刻去。以余须出城开会,故甚歉怅也。

二时四十分,所中始派车到,已接晓铃夫妇及平伯在,乃亟登车,共驰出城,比到科学院哲学所三楼,已迟到一刻矣。正由游国恩发言,其后,王瑶及北大中文系、西语系诸人发言,多不满本所宗派作风。六时散,仍乘原车归。

七时夜饭,汉儿适来同饭。饭已,云瑞、芷芬、镇孙、清儿、达先、建昌、建新、濬儿、文权陆续至,热闹异常。而伯恳亦来,谈至九时,伯恳先去。及十时后,濬、清、汉等乃同去。十时三刻就寝。

5 月 26 日(四月廿七日　戊戌)星期

凌晨微雨,渐开霁,禺中日出矣。气仍暖。

六时起。八时许,调孚见过,谓予同在京开会,住北京饭(店)五二八号,遂与同出,往访,行至禄米仓,适遇农祥来访我,因邀同齐去。乘十路车径达王府井下,走北京饭店,登楼晤予同,畅谈至十一时半。邀之同饭,以事却,乃辞出,调孚归去,余偕农祥过其家饭。晤其子强强、婿文奎及亦秀之弟。午后三时,与农祥往中山公园,茶于来今雨轩。坐至四时三刻,亦秀至。(盖在平伯处开会,未归饭,电话约来者。)复坐至五时半,始起行散步,从社稷坛南门入西门出,经唐花坞出园门而别。余乃乘三轮径归。

少坐即夜饭。饭后通如、振甫见过,谈移时去。

十时就寝。十一时半,湜儿叩门归,盖临时去天桥听音乐也,因移元孙归润房,仍与湜同榻。

晨未门前接潄儿廿四日来信,盖复余十五、廿一两信者。附笙伯信。

5月27日（四月廿八日　己亥）星期一

晴，暖，有风。

晨五时起。湜亦起，未及盥漱进食，即去。盖须赶七时半上课也。八时后，写信复漱儿、笙伯。又写信与君宙。并属润儿带出送与力子、刚主、佳生《史记选》三册。滋儿寄出送与致仁、韵启、君宙、湖帆、子恺、起潜、伯衡、叔道、正一等者多包。

午后二时半，文改会李华来接，车中先已坐有谢元量，到南河沿文化俱乐部。时愈之已在，未久，即开谈，余先发言，即以拟稿交愈之。其后，楚图南、周亚卫、陈定民、艾青、翦伯赞、陈梦家等相继发言，独艾青持急进论，竟斥翦、陈等为保守派，意气甚盛。翦、陈亦反唇相稽，颇热闹也。六时一刻始散。仍与元量同车送归。

夜饭后，小坐，听播音，九时半即就寝。

是日风沙颇烈，傍晚尤甚，入夜乃稍戢。

5月28日（四月廿九日　庚子）星期二

晴，暖，仍有风。

晨五时半起。八时后，写信十二封，分寄伯衡、叔道、子恺、耕莘、湖帆、京周、圣南、正一、坚吾、梦岩、雪山、震渊，俱返京通问（衡、道、恺、帆、京、正六人且告寄书），直至午后二时始完。属琴珠封好，于上班时带出付邮。积日笔债一了，心头顿移去一块大石也。

葆珍处十日内连寄三书，尚未得一复，至为悬念，因即写第四号信寄之（自出付邮）询前三书究否收到也。

四时三刻,湜自校归。六时半后润、琴亦归。(滋晨出访友,至五时半始归。)乃共沽啤酒饮之。(以买得母鸡一头、鲳鱼一尾故耳。)夜饭后,命润儿往访予同,顺以《史记选》赠之,并托带五册,属分赠谷城、绍虞、文祺、守实及季龙。

雪村见过,谈印行高丽刻《佛经音释》之书,并谈及社中整风时发生之可笑诸状,移时乃去。命湜儿送之。

九时半,濯身、洗足,易衷衣就寝。与湜儿同榻。

5 月 29 日(五月大　建丙午　辛丑朔)星期三

晴,午后转阴,刮风扬沙,气却燠。

晨五时半起。九时,滋、湜偕出,滋赴西单市电话局用户科缴费,湜则返校也。

余方展书为续阅《唐诗》,而清儿来省,遂与长谈。十一时,滋归,谓电话装费及台机押柜都付讫,约七月初来装置话机,号码已先定为五局六二五六云。(日前润儿填表声请,昨日送缴费单来,故今日往洽。)一月之后,或可使用之乎? 近午,清儿辞去。

午饭后,滋儿为余往广和(明晚)、吉祥(今晚)办戏票,居然皆买到。余午睡片晌,滋则归后乃睡。

元孙近颇畏入学,今晨勉强到园,午刻即归,谓心口微痛云。我意此幼儿园必有问题,否则,资格已老(由小班升中班)何致中途忽变耶?

六时夜饭,饭已即出,乘三轮径往东安市场,先在旧书摊一转,无可欲,而《史记选》竟不见,岂未配与各摊乎? 或竟售完乎? 为之结疑莫释。七时廿分,走入吉祥,登北楼,坐一排六二号。七时半开场,为填戏《双背凳》趣剧。继为李韵秋主演之《水漫金山》,

武艺更见进步，投掷兵器尤为精采。继为陈君凯主演《探险山》，唱尚可，而耸肩摇头，厥状殊不雅观也。休息后，为李韵秋、叶盛华等之《蝴蝶梦》、《大劈棺》，于占鳌饰二百五，极佳。十时四十分散，仍乘三轮返。近家见雨，入门即止。

十一时就寝。元孙已先睡床上矣。

二时后，风狂如虎吼，撼户摇窗，为之惊醒。

5 月 30 日（五月初二日　壬寅）星期四

破晓风声未戢，大明后微雨，旋止，禺中杲杲日出矣，风亦渐减。初甚凉，继乃转暖。

晨五时半起。七时三刻，接所中通知，六月一日下午二时半，仍在科学院哲学研究所三楼续开座谈会，讨论整风。又接漱儿廿八日与滋、佩信。同时亦接葆珍廿八日复信，知余前三信俱到，谓已有对象，乞谅云云。骤聆此息，未免失望，但成人之美，亦属抒爱，因即复书与之，仅求时常通信，不识究如何耳？

续阅《唐诗》魏征、褚亮诗各一卷，于志宁至杨濬十四家诗一卷，杨师道诗一卷，许敬宗、李义府两家合一卷，虞世南诗前后凡六卷，自上午八时至下午四时，毕之。

滋儿下午小睡至三时许出，复往医院询上周检验结果（复葆珍信即令付邮）。五时前还，报一切正常，为之大慰！

六时夜饭，饭后偕滋儿同乘三轮往前门外肉市广和剧场看京剧四团演出，坐楼下第一排第五、第六号。七时半开，十一时四十分始散。通场剧目为全部《玉堂春》，由吴素秋、李德彬、张荣善、杨元才、汪鸣宸等合演，极认真，素秋尤吃重，惜余稍倦，在场竟颇见瞌睡耳。

散出后,仍乘三轮归。到家已十二时,元孙已早睡,余少坐,亦即就寝。路上颇觉夜凉,与昨霄大不同。

5 月 31 日(五月初三日　癸卯)星期五

晴,和。

晨五时起,颇有凉味。八时后,续阅《唐诗》,至午毕王绩一卷、萧德言至毛明素十三家一卷、陈子良至张文琮十家一卷、上官仪一卷、卢照邻二卷、李百药一卷,凡七卷。午饭后,又续阅刘祎之至刘怀一十八家一卷、杜易简至贺敱十家一卷、狄仁杰至苏环七家一卷,凡三卷。已三时矣,倦眼难抬矣,遂罢。心情沉重,百无聊赖,正不知何以自处,岂葆珍一纸回书,遂使理智不能硬压感情耶?

夜小饮,饭后文权来省,携来粽子十枚为献,谈至九时半去。十时就寝,但十二时后犹未入睡,终宵朦胧而已。

6 月 1 日(五月初四日　甲辰)星期六

晴,暖。

晨五时起。七时后,挈两孙在庭前摄影,滋儿持镜照之,以今日为儿童节,而门窗昨甫髹饰一新也。

八时后,作尹世积《禹贡集解》介绍一首,复友琴一信,谈剑器(下午赴会面交之)。午后一时半,平伯及晓铃夫妇乘所中派车来接,因同载出城,径抵科学院哲学研究所,为时尚早,得及时入席。晤西谛、其芳、冠英、默存、友琴诸人。林庚、杨晦、彦生、妙中、平伯、西谛都发言,余亦略说几句,以不太了解,未能提出具体意见也。五时半散,回车过东安市场森隆下,登楼入座(先由达先预定),尚无一人至。有顷,雪村夫妇、晓先夫妇及文权、濬儿、达先、

清儿、澄儿、芷芬、汉儿、润儿、琴珠、滋儿、佩华、湜儿、元孙、建昌、
建新、小逸、升基、升埒、升埙、升垲、昌预、昌硕、士中、大璐、元锴、
元镇陆续至。七时后始开饮，凡三席，今日之聚，实为滋儿恢复健
康，且为滋、佩敦睦而作欢饮。达九时乃罢。分途各归。

　　所中散会时默存以所撰《宋诗选》稿本全部属校读，携归先翻
阅序文，至十一时始就寝。与湜儿同榻。

　　今夕欢叙本极痛快，乃以心情沉重，竟尔转感凄清，正不自意，
惘惘一至于斯也。

6 月 2 日（五月初五日　乙巳　端阳节）星期

　　晴，暖。

　　晨五时起。八时，雪村见过，同往东四八条访圣陶，长谈抵午，
即饮其家，与至善、至美、蠖生同饭。饭后，又谈至二时许，雪村先
归，余偕圣陶、至美、蠖生同车往北海，诣庆霄楼听昆曲研习社同期
曲叙。晤平伯伉俪、亦秀伉俪及允和、敏宣、元善、昂若、南青诸人。
五时仍与圣陶等先辞同行，车送至禄米仓西口而别。

　　到家知南屋及北屋小间俱已收拾停当，冬衣亦已晒晾收好，皆润、
滋、湜、琴、佩合力所为，为之大慰。并知佳生曾来谢赠书，未晤为怅。

　　接子恺信，知《史记选》已收到。

　　在庆霄楼见汉儿，命伊曲终后来家夜饭。七时，伊偕芷芬同
来，余等已先与文权共饮矣。

　　夜饭后，权、芷、汉、润大谈至十时，乃去。余亦与湜儿就寝。

6 月 3 日（五月初六日　丙午）星期一

　　晴，燥暖。

晨四时半起,唤湜儿醒,以伊七时半须返校受课也。五时三刻,湜未食即辞我去。余枯坐寂静,又钩念葆珍,遂复走笔作第六书与之,希去沪一面云。

八时,平伯遣人送所作关于汉字简化问题一文至,属问定,因一气读完,略加补充,拟明日走访交还。十时,与滋儿出散步,顺将与葆珍书投邮。归家后,读默存《宋诗选》序,至午后一时毕。小睡至三时起。续阅《宋诗选》至五时半休,毕柳开、郑文宝、王禹偁、寇准、林逋、晏殊、梅尧臣、苏舜钦、欧阳修九家。

接一日伯衡复书,谢赠书,从知我寄与漱儿之一批都到矣。

夜饭后,潜儿来省,长谈至十时乃去。余亦就寝。

元孙昨夜发热,今晨往门诊所求治,知为扁桃腺炎,又注射青微素,休息在家,是夜热退。

6 月 4 日 (五月初七日　丁未) 星期二

阴雨,转凉。

晨五时起,洗足、濯身、易衷衣。七时续阅《宋诗选》,抵午毕柳永、李觏、陶弼、文同、曾巩、王安石、郑獬、刘敞、王令、吕南公、晁端友、苏轼、秦观、张耒十四家。

午饭后小睡,四时始起。五时,清儿来省,因共夜饭。润儿以参加民进会议未归饭。佩华归,遂与清、滋、琴、佩大谈。九时半,润归,清亦去。十时就寝。

元孙今日仍休息,晚与其姊母同卧。

6 月 5 日 (五月初八日　戊申) 星期三

阴雨连绵,气凉于昨。

晨五时起。元孙晏起，未入学。八时后续阅钱选《宋诗》，至午毕孔平仲、张舜民、贺铸、唐庚、黄庭坚、陈师道、徐俯、洪炎、江端友、韩驹、吕本中、宗泽、汪藻、王庭珪、曾几、李刚、李弥逊、陈与义、朱弁、曹勋、左纬、董颖、吴涛、周紫芝、刘子翚二十五家。

十一时许，接葆珍三日复书，知五信都达，伊已在进行登记，如此明爽，亦感快慰。余在感情上不免生死两难忘(珏人与葆珍同刻心头矣)。在理智上，当然乐观其成，又何必拖泥带水为哉！因于饭后，恳切复慰之，属将前书却回，以免引起无谓不愉快，亦正爱之之切也。五十日来恍如一梦，平生未经，致足留忆矣。

二时后，又续阅《宋诗选》，至六时一刻毕杨万里、陆游、范成大、尤袤、萧德藻、王质、陈造、章甫、姜夔九家。全稿四之三看过矣。

傍晚小饮，饮后怅惘无聊，滋儿解意，开唱片为娱，无如心绪如麻，格格难入何？

今年修屋，账已结出，竟达七百另八元三角六分。又抵去年十修之半数矣。如此大包袱，年年背，真吃不消也。

十时就寝，元孙仍与我同卧。

6月6日(五月初九日　己酉　芒种)星期四

破晓有雨，旋开霁，午后见日，气仍凉。

晨五时起。七时，续阅《宋诗选》，至午毕徐玑、徐照、翁卷、赵师秀、裘万顷、华岳、刘宰、戴复古、洪咨夔、王迈、赵汝鐩、高翥、刘克庄、方岳、罗与之、许棐、利登、苏绍翁、严羽、雷乐发、周密、文天祥、汪元量、萧立之廿四家。全稿看完矣。

接所中人事组葛涛来函，调查娄立斋历史，余据所知复之。

接漱儿四日复我上月廿七去函，又接四日坚吾复廿八去函。连日雨未能出，今日上午始命滋儿将平伯近文送还之。

四时，滋儿午睡初回，乃偕出散步，先乘十路车到王府井南口下，遂往百货大楼一看，购得大毛巾四条，代沙发套用。（即由滋挟之归。）既而，入东安市场，在丰盛公啜奶酪，然后由八面槽、灯市口、史家胡同、南小街、禄米仓等路走还家中。心有疙瘩，竟大感疲乏。

六时三刻夜饭。饭后雪村、潗儿先后来，大谈彼社整风情形。潗且为静庐带到所赠《中国出版史料补编》一册。九时半，雪村去。十时，潗儿亦去。余乃就寝。

6 月 7 日（五月初十　庚戌）星期五

晴，暖。

晨五时起。七时，与滋儿同出，步至米市大街上海小吃店进早点，见路上排队买油果子及店门内排队买粢饭团者真若长蛇。少顷，便罄售一空，宜其紧抓时间，致力挣扎耳。似此现象观之，诚难心安，昌言社会远景者，其亦憬然自反耶。

自店出，乘四路电车到崇文门，再走出城，换七路电车往天坛北门，遂入坛游览。以时早，不供茶水，只得在祈年门略坐，复循甬道南去，绕皇穹宇，仍还长廊茶棚，待啜茗，乃坐至九时廿分，仍无动静，只索起行，即在坛北门乘八路电车到中山公园，换乘十路公共汽车返禄米仓，十时半到家。

接刚主天津来信，谓《史记选》由尹〔阴〕法鲁带与之云。

天坛之游，风和日丽，宜得旷豁，乃触处生悲，怅惘无极，竟至怡色柔声无非刺戟，春花秋月都若讥嘲也已。奈之何哉！

午后写信复默存，对所撰《宋诗选》提意见，备明日赴会时面交之。又写信复漱儿，先将来书所询各节一一答复，已得五纸，未发出，以下拟将余近日心情详告之，或须缓日再能续成耳。

六时晚饭，饭后独往吉祥看筱翠花演马思远，坐正楼三排十七号（其实在楼已第六排，距最后一墙仅四排），票为人教社集体所购（琴珠为余买得）。甫入坐即开演。先为垫戏《滑油山》（孙元祥主演）。后乃为《海慧寺》正戏。小翠花饰赵玉儿，田喜秀饰贾明，于永利饰马思远，李洪春饰舒明德。盖清末北京实事，民初演为时新戏者也。做工多，唱口少，颇类话剧，人皆震小翠花之名，又多年不见此类新戏，于是，轰动九城，场场满座，实亦不过尔尔。十一时始散，亟乘三轮归。就卧已十一时三刻矣。

6月8日（五月十一日　辛亥）星期六

晴，较凉，傍晚阵雨，入夜雷电交作，遂致滂沱，十时后，雨止月出。

晨四时半起。午前写长信复漱儿，指示研习唐诗及答问数事，顺以余与葆珍事告之，凡十三纸，亦冗长极矣，弥可笑也。滋儿与我长谈，对我最近心绪有所进言，足征关心。

午后二时，平伯及晓铃夫妇乘所中车来接，因同驰出城，径赴中关村科学院社会楼三楼，参加本所座谈会，顺以《宋诗选》稿面还默存。三时开会，六时散，发言者颇多，大概为从前"三反"时所受恶气之反映。冠英、大冈之言尤见沉痛。散后，仍乘车返城，余径诣八面槽，走西堂子胡同十七号，赴均正之约。至则圣陶、调孚、君立、时仪俱在。七时开饮，叔湘寻至，遂共饭。饭已，长谈听雨，及十时后，雨止乃行。圣陶便车送余至小雅宝西口下，步入巷内，初尚干,比到松树院,路中积水成潦,不能跨越,乃改道禄米仓,亦复如此,不得已,退至南小街遂安伯胡同口,始得一三轮,唤以送归。竟索二角,只得应之。

滋儿、佩华在外买物。湜儿归后,又出练歌。只润、琴及两孙在家。有顷,滋、佩归,又有顷,湜归,已十一时矣。遂与湜同榻而寝。

6 月 9 日(五月十二日　壬子)星期

初昙,禺中阴雨,向午霁,午后又雨,傍晚略晴。气又凉于昨。

晨五时起。六时,润、湜两儿挈元孙出门往福田谒珏人墓,今日珏逝世二周年矣。余本亦同去,以先约文彬今日与诸老友会中山公园,遂未果行。

八时,雪村见过,少坐便同往中山公园。入门后,即遇文彬及小文兄弟,被拉同在保卫和平坊下摄景,旋诣来今雨轩啜茗。文叔、心如、灿然、芷芬、晓先来会。雨至棚漏,乃移至廊上憩避,遇亦秀、农祥、剑霞及文彬四女等,与谈久之。十一时,文彬以携眷过,众坚辞午饭,遂别去。余以雨隙亦与圣陶、雪村同车奔归。午刻,芷芬、晓先来,乃同饭。饭后长谈至四时半,始辞去。

润儿、元孙四时归,知在山遇雨,到墓地展谒者有潘、澄、汉、敔、锴、镇、基、埙等,俱上八大处玩。雨后乃分道各归。湜亦径归学校去矣。

滋、琴、佩在家未出。六时晚饭。饭后,滋儿在火道沟所识二友来访,八时乃去。余追念珏人,和愁织雨,顿牵新恨,引怨披风正不自知何以怅惘失措至于如此也。正记至此,雪村、达先、清儿、建昌、建新来,乃辍笔与长谈。清邀十一夜过饮其家,以今年为达先与伊俱臻四十初度之岁,因余远游故,俟至现在,始设宴请余与润、滋等全家过饮耳。

十时许,村等皆去。余亦与元孙就榻卧。反复难寐,念逝甚苦,奈何!

6 月 10 日(五月十三日　癸丑)星期一

晴,有时多云,夜月色尚好,气更凉于前昨。

晨四时半起。八时续阅《唐诗》,至十时,尽张九龄诗一卷馀。滋儿来请同出散闷,遂偕步至东安市场,在百货大楼购得毛巾被一床,备明日赴宴时赠与清、达。继在浦五房买得酒菜数事,又至东长安街大华买得蛋糕、面包等,然后在东单附十路车归家。午饭后,绍华见过,谈至三时去。余以倦眼难抬,即就榻小睡,四时半起。

傍晚,与滋儿挈元孙出散步,出大雅宝城豁口,局面又一新,树都成荫矣。惟夜凉袭人,不得不翻然言归。

九时半就寝。月色透窗,十分恼人,一若故作水态,来相嘲讽者然。

6 月 11 日(五月十四日　甲寅)星期二

晴,和。

晨四时半起。八时续阅《唐诗》,至午尽张九龄诗二三两卷、杨炯诗一卷。宋之问诗一卷。午前,文彬来辞行,谓不日即南归矣,留饭未果。

午饭后,小睡,三时半门铃震醒,则邮差递圣南书至也。遂起启读,知仍忙乱也。(才结肃反,又入整风。)并告洪驾时、王幼六、王佩净都恨未见我一谈,然则此次过沪,缺憾多矣。

晚饭后,天尚未黑,因与润、滋两儿挈元孙出散步,由禄米仓仓西夹道出大方家胡同、小牌坊等处,返回小雅宝。到家知湜儿有电话来,今晚十一时归,大约又入城听音乐也。

十时就寝。十一时许,湜果归。

6 月 12 日 (五月十五日　乙卯) 星期三

晴,暖。

晨四时半起。七时续阅《唐诗》,至九时,尽宋之问诗二、三两卷,崔湜、崔液、崔涤诗共一卷,凡三卷。

清儿挈建新来,乃与滋儿偕之同出,湜儿则留家温课。余等走至无量大人胡同东口,乘十路车到南樱桃园下,转五路车到陶然亭,茶于窑台。十一时二十分离园,电话约达先未得通,乃乘三轮往前门大街老正兴上海菜馆午饭。湜儿来会,一时半,乃罢,走至前门车站,与清儿别,各乘三轮归。

下午四时半,滋儿为余出购赠送濮文彬土仪,越时始归。

夜饭后,潽、权来省,九时三刻去。

十时就寝。明月窥窗矣。湜儿以温课,十一时始睡。

接王乘六信,附在苏州政协发言稿,对学校中外行领导内行并逞势凌压学者现象颇加揭露,读之难抑愤怀,然而,又何从挽回之耶? 徒滋痛心而已。

6 月 13 日 (五月十六日　丙辰) 星期四

晴,暖,时昙,入夜燠,恐致雨矣。月色亦晕。

晨五时起。六时续阅《唐诗》,至八时半止,尽王勃附王勔诗二卷,李峤诗三卷半。

九时,偕滋儿出,乘电车到西单,转三轮出复兴门,诣汽车管理局宿舍访文彬,晤之。十一时辞归。(伊后日南归,未能走送。)乘卅八路到西单,转十路径返。未出门前,接葆珍九日写十一日寄信,附还信件二、三、五号三通,谓馀当下次寄出云。

午饭后,湜儿返校。四时后接漱儿十一日寄复余八日去信,力慰余,并告已见过六姨,似并不完全绝望,请再去信云云。

傍晚,濬儿为余送新购木板书《元典章》等来,遂留饭,长谈。濬、润、滋三儿俱以漱言为然。十时就寝。

6月14日(五月十七日　丁巳)星期五

雨,晡时乃止,微显阳光。晚复阴,气又还凉。

晨五时起。上午坐雨闷甚,只索写信,与漱儿五纸,又与葆珍五纸,即附入漱函,属相机送去。并将五号信寄漱作参考。

午后,滋儿小睡。余二时续阅《唐诗》至六时,尽李峤诗四卷之半及第五卷杜审言诗一卷,董思恭、刘允济、邵大震、辛常伯四家诗一卷,姚崇、宋璟两家诗一卷,苏味道诗一卷,郭震诗一卷,田游岩、王无竞、贾曾、李乂、崔玄童、何鸾、蒋挺七家诗一卷,崔融诗一卷,阎朝隐、韦元旦、邵昇、唐远悊四家诗一卷,李适诗一卷,刘宪诗一卷,高正臣、崔知贤、席元明、韩仲宣、周彦昭、高球、弓嗣初、高瑾、王茂时、徐皓、长孙正隐、高绍、郎余令、陈嘉言、周彦晖、高峤、刘友贤、周思钧十八家诗一卷,苏颋诗一卷,姜晞、姜皎、蔡孚、徐晶、张敬忠、史俊六家诗一卷,徐彦伯诗一卷,凡十四卷半。颇感乏力矣。然而,心有所候,亦可喜也。

竟日杜门,夜饭后,润、琴皆出,余独与滋留。

十时就寝。琴十一时归。润十二时归。

6 月 15 日 (五月十八日　戊午)星期六

薄阴,仍凉。

晨五时起。七时续阅《唐诗》,至十时息,尽骆宾王诗三卷,武三思、张易之、张昌宗、薛曜、杨敬述、于季子六家诗一卷,乔知之、乔侃、乔备诗一卷,刘希夷诗一卷。

门前遇一修旧木匠,唤入令为北窗装绿纱,去今两度修屋,均以料缺未果行,月前托雨岩买到绿纱,今日始得匠装置。事拖经年,令人难以想象在长安居也。徒信侈谈,只滋笑柄耳。执柄御市者方钤人之口,不许评骘,终不能折人之心,使悦服无间焉。(受累经年,聊于此发之。)匠人又拙劣万状,粗糙迟慢,抵黑尚未能粗了也,只有付之一叹。

夜全家过清家饭,应邀吃面也。座遇光焘夫妇及陈麟瑞,谈至十时始散归。就寝已十一时,仍与湜儿同榻。

6 月 16 日 (五月十九日　己未)星期

阴昙间作,气仍不热。

晨六时起。七时,匠人来续作,磨至九时始去。谈不到称心,抑且不能算做到耳。

佳生见过,谈移时去。

午后晴,二时出门,乘三轮往南河沿文化俱乐部,赴昆曲研习社茶会之约。晤俞平伯、许宝驯、许昂若、许宝骙、吴南青、叶圣陶、章元善、袁敏宣、言慧珠、钱一鸥、钱昌照、张允和、周有光、查阜西、项远村、范崇实、宋云彬、李伯宁诸人。独未见亦秀。听袁唱《乔醋》，言唱《琴挑》，查唱弹词，吴唱《惊变》，钱昌照夫人唱《南浦》。中间且看到胡宝棣、许宜春演出《游园》。最后听宝驷唱北《西厢》、《长亭》。

五时半，接西谛条，约圣陶偕余往别室谈。往则云彬已先在，西谛及空了皆待久矣。谈至六时，驱车同诣北京饭店餐厅小饮。五人共占一座，所供川菜及绍酒均佳。七时半散，余附圣陶车归。

到家晚饭已过，文权在，乃长谈至九时许，权去。徙倚至十时，余亦就寝。仍与湜儿同榻。

是夕洗濯，易衷衣。

6 月 17 日（五月二十日　庚申）星期一

多云转晴，较暖。

晨五时起。七时即坐下续阅《唐诗》，至午尽陈子昂诗二卷、张说诗五卷。午后小睡。三时起，又续阅张钧、张垍诗一卷，韦嗣立、魏奉古、崔日知、崔泰之、魏知古五家诗一卷，李乂诗一卷，卢藏用、岑羲、薛稷、马怀素四家诗一卷，富嘉谟、吴少微、员半千、王适、间丘均、齐瀚、祝钦明、刘知几、胡雄、张齐贤、郑善玉、丘悦十二家诗一卷。至四时三刻，毕之。前后凡阅十二卷，倦甚矣。适乃乾见过，遂罢，与之纵谈别五月以来事，抵暮方去。

余匆匆夜饭讫，即独乘三轮往西单长安戏院看京剧四团演出。盖午后湜儿为余购得戏票一纸也。（明日人民剧场有言慧珠、叶盛兰戏，并购到二纸票，备届时偕湜同观。）到院入座（南楼一排五十八号），正值姜铁麟主演之《走麦城》，开演《因带显圣》、《活捉》。（近日开放清规戒律后，颇喜多出神鬼。）历时甚长，十时始休息。继为吴素秋、张荣善主演之《蝴蝶梦》带劈棺，已恢复踹跷。吴演得极出色,惟杨元才之二百五则较逊于于占鳌耳。十一时三刻犹未毕,余只得先行,乘三轮遄返,已十二时半。湜儿因饭后偕滋往晤澄儿,归未久,故犹坐待余也。一时就寝,仍与湜儿同卧。

6 月 18 日(五月廿一日　辛酉)星期二

晴,闷热,傍晚有细雨旋止,转微风。

晨五时起。八时与滋、湜两儿出,乘三轮往北海,两儿骑车从。茶于揽翠轩,本望散诞,讵一睹景色,辄深惆怅,坐至十一时,思归甚切矣,乃起行。循看画廊嵌岩室而下,出长廊,由分凉阁西路走出园。仍乘三轮返家。湜儿则径往长安,为余购明日四团夜戏票。十二时半归来,谓排队之人已达百许人,度无佳座可得,未果买。遂共午饭。饭后,倦卧片晌。三时后,平伯见过,承以《文学研究》第二期刊为赠,谈至近五时去。

今夕本有言慧珠戏可看,以心绪欠佳,乃属湜儿偕琴珠同往看之。余则九时半即就卧,但直至十二时一刻,湜等戏散归家,犹未入睡也,耿耿在心,如之何遣之哉?

6 月 19 日(五月廿二日　壬戌)星期三

晴,热。

晨五时半起。八时,正拟续阅《唐诗》,展卷尽沈佺期诗一卷,而清儿来省,长谈至午。饭后,本想同出一游,以日炙未遑,竟俟至四时半,未果行。清乃辞返。

夜饭后,偕滋、湜出散步,未几即归。

元孙今日随同园中师生同往西郊动物园游览,归告见到蛇岛所获毒蛇云。

夜九时半,即寝。竟日闲谈,未遑设想,然悬悬于上海消息,终不能忘怀也。

6月20日(五月廿三日　癸亥)星期四

晴,有时多云,热。

晨五时半起。七时续阅《唐诗》,至十一时,尽沈佺期诗二、三两卷,赵冬曦、尹懋、王琚、阴行先、王熊、梁知微、李伯鱼、杨重玄、朱使欣九家诗一卷,张循之、王晙、张柬之、袁恕己、刘幽求、章玄同、王易从、卢僎、牛凤及九家诗一卷,司马逸客、王绍宗、郑遂初、李崇嗣、东方虬、张楚金、房融、吕太一、张绹、郑蜀宾、十家诗一卷,宋务光、李景伯、李行言、郭利贞、元希声、李澄之、李如璧、洪子舆、寇泚、吴兢十家诗一卷,武平一诗一卷,凡六卷。

十二时一刻,雪英来,留饭。饭后,晓先至,一时半,两人同去。

二时小睡片晌,三时起。赓阅《唐诗》,至五时半,又尽赵彦昭诗一卷,萧至忠、李迥秀、杨廉、韦安石、窦希玠、陆景初、郑南金、李咸、趄彦伯、于经野、卢怀慎十一家诗一卷,辛替否、王景、毕乾泰、曲瞻、樊忱、孙佺、李从远、周利用、张景源、李恒、张锡、解琬十二家诗一卷,郑愔诗一卷,源乾曜、徐坚、源光裕三家诗一卷,李元纮、裴漼、刘升、萧嵩、韦抗、李暠、韦述、陆坚、程行、谌褚琇、裴光庭、宇文融、崔沔、崔尚、胡皓十五家诗一卷,李适之、房琯、李泌、郭子仪四家诗一卷,凡七卷,通得十三卷矣。

澄儿六时半来,因共夜饭。饭后,潏、权、达皆来长谈,九时半乃去。

天热难耐,恐致雨,十时后微有风,立院中久之,然后入睡。

6 月 21 日（五月廿四日　甲子）星期五

阴,有细雨,近午放晴,气较昨略和,薄暮霹雳陡作。有风,夕照甚红。

晨五时起。七时续看《唐诗》,八时,湜儿辞家返校。十时,赵景源偕两友来访,为少年儿童出版社约稿,谈移时乃去。余于其间尽张谓、刘庭琦、郑繇诗一卷,韩休、许景先、王丘、苏晋、崔禹锡、张嘉贞、卢从愿、袁晖、王光庭、徐知仁、席豫、韩思复、刘晃诗一卷,贺知章诗一卷,裴耀卿、宋鼎、崔颂、孙逖、徐仁友、苏绾、康庭芝、张宣明、卢崇道诗一卷,包融、丁仙芝、蔡隐丘、蔡希周、蔡希寂、张潮、张翚周瑀、谈戭、殷遥、沈如筠、孙处玄、徐延寿、樊晃诗一卷,凡五卷耳。

午前,接十九日漱儿书,复余十四去信,知舅嫂已往看葆珍,面交余手书,据状恐不谐矣。虽心眷难释,亦没如之何也。姑再俟续音。

饭后小睡,四时起。适道衡来访,以余今晨属湜携书往所中请假,明日业务会议不拟出席。其芳特属道衡来候,并希力疾前往,共商资料问题也。只得允之。正谈顷,晴天忽来霹雳二声,道衡惧遭雨,匆匆便去。

夜饭后,滋儿出看电影,九时半归来,知曾往晤佩华,已将代购之《二刻拍案惊奇》带回。此书颇不易得,今经常熟王古鲁辑注印行,取得先睹,自是一快。

十时就寝。

6 月 22 日（五月廿五日　乙丑　夏至）星期六

晴,热,有风。

晨五时起。七时续阅《唐诗》，至十时小罢，尽李憕、李邕、王湾、史青、王泠然诗一卷，张子容诗一卷，张旭、贺朝、齐万融、邢巨、张若虚、薛业诗一卷，孙逖诗一卷，崔国辅诗一卷，崔珪、杨浚、刘晏、袁瓘、李昂库、狄履温、寇坦、李休烈诗一卷，李林甫、杨炎、元载、陈希烈、张渐、宋昱诗一卷，卢象诗一卷，卢鸿一诗一卷，徐安贞、崔翘、梁升卿、吴巩、陆海、裴士淹、李元操、顾朝阳、陶岘诗一卷，凡十卷。神疲眼倦，不得不休矣。

午后二时半，所中派车来接，平伯、晓铃及其夫人已在车中。乃共驰出城，径诣中关村科学院福利楼三〇八室，出席本组业务会议。晤其芳、冠英、默存、友琴、范宁、道衡、妙中、佩璋诸同人。决定编集资料，推晓铃、范宁、默存、友琴及余五人为委员，具体方案当须再议也。会上，佩璋以《红楼梦》校改琐屑，颇发牢骚，不愿续作。余与默存调停之，力慰伊仍继续进行，臻于完成而后止。一场小小风波居然消散，亦可喜也。

六时散，原车返城，余在猪市大街西口下，走至东安门大街，就春元楼晚饭，便于北京剧场看戏也。（票为佩华昨日所购，因约佩、湜于今晚七时在剧场相会。）乃蒸饺时久，竟未食而行（仅饮啤酒半升耳）。及进场坐定，佩、湜已先在。（佩坐楼下六排二号，湜坐三号，余坐四号。）《铁弓缘》已上场，吴素秋饰陈秀英，杨元才饰陈母，李德彬饰匡忠。继为姜铁麟等所演《铁公鸡》。休息后，为素秋、元才合演之《纺棉花》。连日轰动，满座正为此剧。其实震于旧名，内容已大加改易，只见搬弄曲艺，等于戏迷传而已。惟吴色艺双绝，攸往威，宜坐享盛名有以成。十一时散，乘三轮归。佩、湜骑车从。到家得食面包四片。洗身濯足而寝，已十二时。

6 月 23 日（五月廿六日　丙寅）星期

晴，热，入夜有阵雨，未几雨止，起微风。

晨五时起。整理拂拭，闲翻积书，不觉遂过半日。午后小睡，以痴盼上海有好音，朦胧中似有续展，醒来已将四时。起盥漱，准备赴汉儿夜饭之约。（昨晚芷芬、文权、濬儿等皆来省，未晤，芷约余全家往。）五时半出门，适鉴孙来接，见余等将行，遂折往遂安伯邀达先。余挈元孙乘三轮行，润、琴、滋、佩骑车从。六时半到汉家，坐有顷，达先、建昌亦至。七时共饮，八时始罢，谈至九时乃行。以阵雨陡作，雨过乃得就道耳。归途余车中多一建昌，而扈从骑车又多一达先，行至禄米仓西口，建昌下，随其父归去。余等遂一同返家。

湜儿于下午二时归校去。余乃与元孙同榻卧。卧前洗足濯身，易衷衣。

6 月 24 日（五月廿七日　丁卯）星期一

晴，热。

晨五时起。八时续阅《唐诗》，至十二时一刻，尽王维诗四卷。

午饭后小睡，看《二刻拍案惊奇》，二时入睡，四时三刻起。心悬漱信，殊不宁，此行缠缚乃一至于斯乎？

夜饭后，新华书店陈作庶见访，以佩华为之介，来谈古典文学者。此人极健谈，熟悉京剧，能演能说，滔滔至两小时，不倦，颇有行家话及轶闻可听也。十时一刻乃辞去。余亦未及洗濯即就榻偃卧矣。

6 月 25 日（五月廿八日　戊辰）星期二

晴,热。

晨四时半起。六时,偕滋儿出,步往米市大街上海小吃店吃面。余叫鳝丝,滋叫大肉,岂知肉不成象,质更恶劣,草草食毕,即以肉块原封还之,聊作所提意见而出。现在经营作风之恶,全失竞争优胜之旨,良可痛恨,然饰非之垒方严,蜚语之诛可惧,又向谁诉耶? 惟有自认晦气,下次不复上门耳。阿Q之想固可笑,不尔又将何如?

走归犹未及八时。亟展卷续阅《唐诗》,抵午尽王缙、裴迪、崔兴宗、苑咸、丘为、赵骅六家诗一卷,崔颢诗一卷,祖咏诗一卷,李颀诗一卷,凡四卷。

午饭后,小睡片响即起,续阅李颀二、三两卷,綦母潜诗一卷,储光羲诗一卷,近五时乃休。

六时三刻,正在晚饭,雪村、乃乾见过,谈至七时半去,约后日再来云。

清儿亦来省,询明日颐和园之约果否? 湜儿亦于夜饭后归来。

十时就寝。

6 月 26 日（五月廿九日　己巳）星期三

晴,热,有风。

晨五时起。六时廿分,偕滋、湜两儿同过清儿,共乘十路转三路到西直门,再转卅二路,直达颐和园,正八时。

入园后,先从德和园穿过,在大戏台后轩参观清末院画展览,旋经赤城霞起,诣谐趣园,憩于洗秋轩。继往景福阁,亦小坐片时,再西经荟亭陟山过香宕宗印之阁,到智慧海南下,茶憩于佛香阁之西南廊。十一时下,出排云门,西入长廊,达听鹂轩下席棚中就食。十二时许行,西北出宿云檐,过桥沿如意门东墙而行,上坡过妙觉寺、山神庙,到北楼门、苏州街,然后南出,在须弥灵境广场上茶憩。三时许行,东出寅辉挹爽阙,复下北坡,沿后湖南岸,仍达谐趣园南出,诣知春亭一眺。南首一带已辟为游泳场,男女游泳者甚众。时已三时半,余等即出园,乘卅二路到动物园,转二路入阜成门,达灯市东口下。在安利略购食物,三人联步东归,至东石槽东首而别。余偕滋儿归,湜儿则早在北大西门下车返宿舍矣。

到家知冠英曾见过,未值甚歉。潘儿、澄儿亦皆来省,未晤,颇以为怅。

上海迄无消息,尤怅也。

夜八时半,听本日人代大会周总理报告录音,至十一时半乃毕。余亦就睡。

6 月 27 日(五月三十日　庚午)星期四

晴,热。

晨四时半起。八时,雪村来谈。有顷,乃乾踵至,共谈。于乃乾南行访书板及所见所闻颇悉。

十时,潘儿来省,出北方昆曲剧院戏票二纸(一今晚,一明晚),谓调孚所得招待券,属转赠余者,少坐即上班去。十一时,余偕雪村、乃乾、滋儿同出,乘十路到天安门,转电车到前门下,径赴上海老正兴午饭。潘儿亦来会,午后一时半乃罢。

离饭馆后,雪村乘三轮先归,潘儿亦附电车去上班。余与乃乾、滋儿步行入正阳门,乃乾乘五路归去。余父子乘一路到东安市场,在百货大楼购得汗衫、袜子等,遂南出王府井,乘十路归家。漱洗后就枕小睡。

接漱儿廿五日来信,告亲往六姨处,明说,知伊下月初即结婚矣。力陈慰劝诸状。余当然乐观厥成,而心头创痍殆不可复平耳。

六时晚饭。饭后独乘三轮往西单剧场观昆剧,坐楼上第一排廿五号,时已七时四十分,已开场,而戏单无从得,只知为《百花记》,由白云生、李淑君、陶小庭、林萍主演而已。最后为侯永奎、侯玉山、白玉珍、魏庆林、孟祥生主演之《桃花扇》争位、和战两场。以闷热而时晏(已十一时),未及终场即行。仍乘三轮归。

湜儿适归,正待余应门也。浴身就卧,挥扇不已,初热诚不易,当于此益信。

6 月 28 日(六月小　建丁未　辛未朔)星期五

晴,热。

晨四时半起。八时写信与漱儿,会瀹儿至,因与润、滋、湜等共商书答,并决定备仪物贺葆珍。因汇款百元,寄存之,除仪物所需外,属按月送弟妇处十元,贴补生活。

午后小睡,以墙外嘈杂,未能安卧。即起,看湜儿抄书。是日暴热,挥汗不止,傍晚尤甚,本有昆曲可听,废然而罢。

夜饭后,振甫来访,芷芬继至,坐谈至十时乃去。及其去,余乃就浴,乘凉,移时始得即榻卧息,大感苦恼。

6 月 29 日(六月初二日　壬申)星期六

晴,热,大类伏暑。

晨四时半起。八时,续阅《唐诗》,至午尽储光羲诗二、三、四各卷,王昌龄诗一、二两卷,凡五卷。

午后小睡,所中讨论文件会(在西直门端王府)未去,以仅来电话询问耳。湜儿仍在家抄书。滋儿五时三刻即出,往新华宿舍帮佩华搬回行李,积年小纠纷至此全解,余当然乐观其成也。

六时,余独乘三轮往西单同春园会汉儿,盖先期约定同饭,同观昆剧也。至则汉已先在,从容饭已,正七时半,走往西单剧场,登楼入坐(占三排八、九两号)。李淑君、孟祥生、侯长治等主演之《昭君出塞》方开场。继为韩世昌、白云生之《乔醋》。休息后为侯永奎、侯玉山等合演之《探庄》、《射灯》。十一时散,本有《搜山》、《打车》,以魏庆林有病,临时撤去云。

散戏后,汉儿归去。余仍乘三轮径返。湜尚未睡,余浴身、易衣,然后就寝。

6 月 30 日(六月初三日 癸酉)星期

晴,热,午后有风。

晨五时起。八时续阅《唐诗》,至十一时,尽王昌龄诗三、四两卷,常建诗一卷,杜颜、李巙、崔亘、蒋维翰、万楚、范朝、杨颜、王谌、王岳灵、周万十家诗一卷,凡四卷。天热惮出,且心绪始终未怿,故埋头伏案以求遣。然而,神疲眼倦,无能继进矣。

午前,湜儿同学来促其入校参加学习文件,颇有责怪语。午饭后,湜即束装返校,大约须七月十六日始得放暑假云。

饭已小睡,二时即起。坐处皆不宁,盖炎热天气骤难相习,遂尔昏昏耳。

夜饭后,坐庭中纳凉,九时半入室洗濯,然后易衣就寝。

心念湜儿日中仆仆到校后,不识不致感暑否,又忽念珏人逝后种种变易状,不觉伤心难过,竟尔失寐。

7月1日(六月初四日 甲戌)星期一

破晓有雨,旋止,禺中放晴,午后炎热,傍晚黄昏俱有阵雨。

晨四时便起。伊郁寡欢。七时,埋头续阅《唐诗》,至午尽陶翰诗一卷,刘长卿诗三卷。

是日起,琴媳不归午饭,宜孙即以奶粉代哺。

饭后昏昏欲睡,一时就榻,三时即起。以炎蒸,翻看《二刻拍案惊奇》而已。

平伯上午八时见过,借报纸,余即托其将《史记选》一册带与云彬,盖人代会中,伊二人同在一小组也。

六时夜饭。饭后独乘三轮往吉祥看明来剧团演出,已雨。七时半开,先为徐东来、关韵华主演之《得意缘》,自教镖识破至恶钱下山止,历两小时馀,殊精采。余南行归来,尚第一次看到,东来艺又加进矣。后为徐东明主演之《奇冤报》,唱工亦复不恶。十一时一刻始散,亟乘三轮遄归,忘带门钥,润起启人。

入室小坐,濯身,易衣就寝,已十二时矣。

今日上午电话局饬匠来复查,知十五日以前,决可装好云。

7月2日(六月初五日 乙亥)星期二

晴,热。

晨五时起。七时看友琴昨寄来小文一首,属为点定,余复书赞之。八时续阅《唐诗》,抵午,尽刘长卿诗四、五两卷,颜真卿、李华诗各一卷。

饭后小睡,三时起。仍阅《唐诗》,至五时止,尽萧颖士、崔曙、王翰、孟云卿诗各一卷。

夜饭后,文权、濬儿来省,谈至十时去。余亦洗足拭身,易衣就寝。

7 月 3 日 (六月初六日　丙子) 星期三

晴,热。

晨四时半起。八时,清儿来省。九时,濬儿来省,知其姑八十寿辰,因以二十元交之,属即去函,代购仪物申祝。盖文杰姊弟俱已在扬州祝嘏,故令文权作书转托耳。濬旋去。清亦往市场购物。余乃摊书续阅《唐诗》,至午尽张巡、张抃、贺兰进明、闾丘晓、庾光先、韦丹、萧昕、李希仲、杨志坚九家诗一卷,孟浩然诗一卷。

清儿午前送所购物至,即去。午后小睡,三时鸣时过访,因起延谈,移时始去。

五时二十分,偕滋儿出,同乘十路车抵六部口下,往首都电影院看宽银幕电影也。至则为时尚早,乃就邻店啜冰。六时一刻入场,遇熟人甚多,余与世泽联坐,汉儿、佩华亦皆在场。会播音机有故障,赶修需时,直延至六时三刻始放映。初为今年五一节天安门前实况,继为苏联《革命的前奏》,俱彩色,尚好看,惟初见宽幅不免回首周瞩,头项酸楚耳。九时散出,与汉、滋及世泽过同春园晚饭,佩华则先返。十时饭毕,各散。余与滋儿仍附十路车归。

濯身洗足,十一时始就寝。

7 月 4 日 (六月初七日　丁丑) 星期四

晴,热。

晨四时半起。八时续阅孟浩然诗第二卷,十一时毕之。目糊粘连,挥汗不止,只得暂停。

午饭后小睡片晌,以炎热难贴席,只索起坐,但精神异常萎靡,又感瞌睡时作,竟不能继续看书。

夜饭时,潗儿来省,共饭后,为孙姓假去小孩摇床一具。文权继至,潗儿已去,又坐谈片刻而去。

余以积疲,九时半即就卧,草草拭身,偃息至十一时乃入睡。

7 月 5 日 (六月初八日　戊寅) 星期五

昙,热。

晨五时起。精神欠佳,呆坐时多。阅报知上海自一日以来,大雨不止,雨量之多,已破八十一年来之纪录。到处积水,四郊竟一片汪洋,心念綦切,爰走笔作函与漱儿,慰询兼至,并顺告余近来健康状况也。

午后小睡,三时五十分,琴珠送元孙归。头面包扎,大为惊讶。询悉,午间元孙在园嬉戏,为颉刚少子德堪所推跌,触石撞破颏下皮肉寸许,经已送院疗治,打针包扎,因而带归云云。儿辈嬉戏难免磕碰,亦机会中之小小不幸耳。安顿偃卧,傍晚即起如常矣。

四时至六时半,阅韦应物诗四卷。

晚饭后,雪村见过,谈移时去。而颉刚、静秋偕至,为德堪事来道歉,且致慰问,转感不安。谈至八时半,乃别去。

十时濯身就寝。

7 月 6 日 (六月初九日　己卯) 星期六

晨雨,旋阴,午前后昙,偶闻雷。入夜大雨如注,闷热。

五时起。元孙幸未发热,八时,往院换药,约下星五可拆线云。

余八时续阅韦应物诗,自第五卷起,至午完九卷(仅馀第十卷)。

饭后小睡,三时起。所中车来接,余倦眼惺忪,且前未知道,只得托送信人请假不去矣。

韦苏州诗第六卷有伤逝,以下十九首俱悼亡后感伤之作,凄婉难卒读,真引我共鸣也。

是日为滋儿生日,以切肺得庆更生,倍觉此日之饶有意义矣。治馔设面,濬、清、澄、汉、文权、芷芬及昌预、昌硕、升基、升垲、升培诸外孙俱集。谈至十一时,大雨不止。文权、濬、清、芷芬、预、硕十时前去,澄、汉及基、垲、培则阻雨留宿焉。

上午接漱儿四日来信。

7 月 7 日 (六月初十日   庚辰   小暑) 星期

晴,时昙,夜月好,仍闷热。

晨五时起。八时,达先挈建新来省。八时半,余先出,乘三轮径访圣陶长谈。九时许,芷芬亦至,遂饭于其家,与至善、至美、满子共饮。饭后复谈至三时后,乃与芷芬各归。余仍乘三轮行。

到家未久,农祥、亦秀携其义女胡宝棣来访,共谈至四时三刻去。

夜饭后,琴珠往看宽银幕电影,其五妹慧英偕婿滕明道来访,润儿接款之。

余收听明来剧团在广和演出之转播。九时客去,余洗足濯身就卧,续听转播,至十一时乃关机入睡。

7 月 8 日 (六月十一日   辛巳) 星期一

破晓雷雨,四时即起。六时犹冥昏,挑灯作日记,霹雳震庭院,湿墙毕剥有声,顷刻檐瀑如涛,下水道口一时不及宣泄,顿呈汪洋。润儿起抢救,亟将电门捺闭,并挑通沟道,积水乃降。扰攘至七时三刻,雨始稍稀。设上海豪雨移来北地,吾知北京坍屋之事将远过去年耳。不禁为之危惧。十时微见日光。写信复漱儿四日来信,属为滋儿生日补吃面,并允可弥同暑假中能北来。

午后晴,余疲倦小睡,四时始起。

夜饭时,润、琴归来,都言晨雷有触电者,中山公园音乐堂已毁去,可见灾祸偶发,亦足致大害,可不惕诸。

九时洗身濯足,就卧。须臾,大雨又作,十时后,入睡不闻矣。

是夕始购西瓜一枚,全家剖尝之。

7月9日(六月十二日　壬午)星期二

初阴,旋昙,午后晴,气较前昨略凉。

晨五时起。八时续阅《唐诗》,至午,尽韦应物诗第十卷,孟彦深、刘湾、孙昌胤、乔琳、柳浑诗一卷,张谓诗一卷,岑参诗二卷。

午饭后小睡,三时起。又续阅岑诗三、四两卷,及沈宇、张鼎、薛奇童、杨谏、张万顷、沈颂、梁镇诗一卷,杜俨、赵良器、黄麟、郭向、郭良、王乔、徐九皋、阎宽、李收、程弥纶、屈同仙、豆卢复荆冬倩、梁洽、郑绍、朱斌、梁德裕、常非月、张良璞、孙欣、王羲门、芮挺章、楼颖、李康成诗一卷,杨贲、李清、陈季、王邕、庄若讷、魏璀、王颜、窦冀、鲁收、朱逴、许瑶诗一卷,前后凡十卷。五时休。

夜饭后,独往吉祥看唐山京剧团演出《天波杨府》,七时半开,十一时廿分始散。武工好,其它似与北京各团味有不同,老生徐荣奎、花旦金少春、青衣耿苓秋、小生任喜春、武生张吉林、金鸿森、武生孙鸣昆、郑福生俱可看。散戏后,仍雇三轮返。

到家濯身洗足,就卧已十二时矣。

7 月 10 日(六月十三日　癸未)星期三

阴昙间施。

晨五时起。七时续阅《唐诗》,至午停,尽包佶诗一卷,李嘉佑诗二卷,包何诗一卷,贾邕、刘舟、长孙铸、房白、元晟、刘太冲、姚发、郑愕、殷少野、邬载诗一卷,皇甫曾诗一卷,高适诗第一卷,凡七卷。午后一时半,又续看高适诗第二至四卷,并看李岘、李栖筠、徐浩、薛令之、邹绍先、李穆、冯著、王迥、李晔、敬括诗一卷。至四时毕,前后凡十一卷。

接濮文彬八日沪信,寄赠月前在中山公园摄景两帧,属以其一转雪村云。

夜饭后,久安、启德、建良、钟嵘、玉英、清儿及青年印刷工厂两同志来,请讲。为讲《战国·赵策·触詟说赵太后》暨《齐策·冯谖客孟尝君》两则,九时许乃辞去。已雨。

滋儿夜饭后雨中出,偕佩华在中央电影院看电影。八时,文权、濬华来省,听课者去乃聚谈。至十时,始与清儿同辞各归。滋、佩亦归矣。

夜雨竟连绵未止也,余拭身就寝,已十时半。睡至三时觉冷,起拉被,小遗,复入睡。

7 月 11 日(六月十四日　甲申)星期四

晨五时半醒,六时起。濛雨转昙,气颇凉。

八时半,顺林来,盖自抚顺暑假回南过此也。时已见日,与滋儿及余长谈,遂及午饭。

饭后晴。顺林、滋儿皆午睡。余乃阅杜甫诗,自一时至五时,凡点读四卷。顺林亦已起,辞出访友。

六时卅分夜饭。饭后,无聊甚,小坐至九时,即睡。

顺林十时归,下榻北屋。

7 月 12 日（六月十五日　乙酉）**星期五**

昙阴间作,闷热返湿,夜半大雷雨。

晨五时起。七时半续看杜诗,至午,毕第五、第六两卷。午饭时,有滋儿友人四五人来共饭,皆医院同住之病友也。

午饭后客去,余就床小睡。三时半,雪村、乃乾见过,谈定重印旧选《春秋左传读本》事,五时乃去。

夜九时,洗身就卧,十一时始入睡,而十二时雷作雨鸣,又醒,至二时复入睡,不舒甚。

7 月 13 日（六月十六日　丙戌）**星期六**

晴,热,较爽。

晨五时起。七时许,所中老赵车来接,遂乘以出阜成门,顺接王淑明,同赴中关村科学院哲学楼开会。八时到达,参加整风。会上晤介泉、默存、朗山诸人。冠英则未见,由其芳、平凡主席,对高国藩、张国玉、樊骏都有批评。余于诸人不稔悉,高、张二人姓名且初见也,只得默听而已。十二时散,仍由老赵送归。同车者叶水夫。

一时午饭。饭后小睡至三时许,湜偕两同学返家,遂起。五时,湜等仍回校。

夜饭后,芷芬、汉儿、清儿、达先先后来省,十时半去。余亦就寝。

顺林夜饭后出访友,十二时一刻始归。日间接外孙弥同信,知漱儿神经衰弱,病数日,现尚卧床云,极系念之。

7 月 14 日(六月十七日　丁亥)星期

晴,午前后阴,晡时又晴,较热于昨。夜半又有大雷雨。

晨五时半起。八时出,乘三轮往中山公园,见音乐堂烧焦之迹,甚致惋惜。行至来今雨轩后投壶亭遇亦秀,遂观其演太极拳第一段,廿分钟始毕。虽初学,而姿势准确,动作到家,真聪明人也。偕往来今雨轩,农祥、芷芬俱在,乃围坐啜茗。有顷,达先挈建昌、建新至,乃乾至。又有顷,汉儿挈元鉴至。闲谈至十一时二十分起行,立唐花坞前池上赏新荷。继与乃乾、汉儿等别,偕农祥、亦秀过饭其家。遇亦秀之弟及农子强强与爱人。

饭后二时辞归,乘三轮径返于家。小睡至四时起。六时三刻移席庭中,与家人共餐。

夜饭后,顺利归,文权、澝儿亦来省,知文权已取得社方同意,下月起即将转业中华医学会,专司各杂志英文润稿工作,或可较为愉快乎? 近十时去。

余濯身就寝,至十二时,雷雨大作,一时后始入睡。

7 月 15 日(六月十八日　戊子)星期一

晴昙兼施,闷热,夜有雨意,未果作。

晨五时半起。七时写信四通,至十一时毕,一复清华工程物理系学生宋鸿国,答日前所中转来请问文学入门问题;二致王积贤,托办三事(星三上午开会请假不参加);三复漱儿,询病状,并慰安之;四复濮文彬,收到照片,声谢之。写好后与滋儿、元孙出散步,顺以投邮。

午饭后小睡,四时乃起。顺林夜饭后动身将赴青岛一游,再转苏、沪云。留宿五宵,仅感一瞬耳。岁月奔逝若斯其速,流光催老,安得不惊且叹耶!

夜九时即濯身就卧,听转播大众剧场演出叶盛兰、言慧珠、梅葆玥《游园惊梦》,十时半毕,未几即入睡。

7 月 16 日(六月十九日　己丑)星期二

阴,闷热,午后霁,晚有霞,夜深三时雷雨。

晨五时起。七时续阅杜诗,至十一时毕第七卷。

午饭后小睡,三时半起。续阅杜诗第八卷,至五时半毕之。

夜饭后,小坐纳凉,九时洗身濯足,就卧。十二时,宜孙大哭。三时大雷雨,皆惊醒,睡眠又大受影响。

7 月 17 日(六月二十日　庚寅　初伏)星期三

晴,热。

晨五时起。七时,所中车仍来,润儿告以故,谢未往,岂积贤接信较迟,未及知照乎?亦可征彼此不接头之苦矣。

八时续阅杜诗,至午尽第九至十二,凡四卷。

十二时饭,饭后,澄儿来省,再具餐焉。

上午十时许,电话局派匠四人来安装电话机,技术有素练,较一般工匠不知高出多倍,住京以来接触之匠工,实乃仅见也。未及五时,已全部完毕。当试与清儿、琴媳、佩媳都通话后,且与汉儿、澄儿、乃乾、满子亦通话,汉儿、升基、建昌皆打来试问,俱清晰满意。

晚以炸酱面代饭,潽儿适来,因共餐。饭后,清儿、文权、雪村、达先皆来谈。九时,村、达、清先去。权、潽则十时乃去。余亦拭身就寝。

7 月 18 日 (六月廿一日　辛卯)星期四

阴昙间作,气较昨凉。

晨五时起。八时续阅杜诗,至十时半,尽第十三、十四两卷。午后小睡,三时起。意兴阑珊,四肢无力,默坐至暮。

六时夜饭。饭已,独乘三轮往北京剧场,入楼上西首第一排第六号座,候至七时四十分,始开演。为汉剧全部《二度梅》。陈伯华饰陈杏元,王晓楼饰梅良玉。十一时十分散,上下客满。伯华扮相、歌喉均臻上乘,而表演细致,能收能放,宜其大享盛名耳。余今日戏票乃午前与滋儿、元孙偕出闲步过北京剧场时所购得。归来即饭,饭后便睡,或者体稍倦而睡又不足,遂致恭然乎? 脱无佳剧一为刺激,吾恐更当不振也。归途已凉,到,洗盥即寝,未及拭身也。

7 月 19 日 (六月廿二日　壬辰)星期五

初阴,旋昙,午后放晴。气暖于昨。

晨五时半起。八时半前,过访雪村,送昨日中华送来请答之重印《春秋左传读本》契约与之,托转交前途,即返。

有顷,偕滋儿、元孙同乘十路转五路往陶然亭,行至抱冰堂下,明揭上午有茶座,而坚扃不纳,隔窗与守者交涉,始云今日干部开会,故暂止延客云。乃转赴陶然亭慈悲院西廊,亦俄延良久,始得茶。询悉,亦坐开会之累也。坐次口占一绝云:"轻波微绉映垂杨,云绘楼高拟未央。闲眺凭栏无一事,风来水面透衣凉。"自谓颇道眼前实事也。

十一时半行,仍乘五路、十路到西单下,就食于同春园。滋为余在长安戏院购得明晚明来剧团票及后天京市戏曲学校学生演出票。饭后,同游西单市场,购物数事,然后仍乘十路归。到家正三时。

六时半晚饭。九时拭身洗足,易衣就卧。

7月20日(六月廿三日　癸巳)星期六

晴,热。

晨五时半起。八时续看杜诗,抵午,尽第十五至十九卷。杜诗毕矣。

午饭后小睡。湜儿归,尚未饭,即再具餐。三时起。续阅《唐诗》,尽贾至诗一卷。

六时夜饭。饭后,独乘三轮往长安看明来剧团演出。坐定(楼下第一排廿四号)即开演。先为徐东明、朱玉良之《上天台》。继为徐东来、关韵华、马小禄、张长福等之全部《玉堂春》。十一时卅五分始散。仍乘三轮遄返。湜儿犹未睡也。一路晚凉,到家不须拭身即就卧。即枕已十二时一刻矣。

午后接漱信,已上班工作矣。

7月21日(六月廿四日　甲午)星期

阴晴兼施,热。

晨五时半起。八时半,润、琴、元、宜往游中山公园。九时许,余偕滋、佩、湜往百货大楼,为湜选购短裤。继在市场丰盛公啜奶酪及杏仁豆腐,并在天义顺及宝华春购得酱菜及熟肴数事,然后归。到家正十一时,汉儿、达先皆在,芷芬亦继至,遂共饭。饭后,挤十路车到西单,走至长安戏院,入楼下一排廿四座,已开演,戏单亦已无售处,但知《打灶王》已过半耳。继为《奇双会》、《恶虎村》。演出皆认真,只无单目可凭,究竟谁某不可知,仅知北京戏曲学校学生而已。如此实等瞎看矣。可笑也。

五时散,乘环行电车到魏家胡同下,走八条访圣陶长谈,遂与共饮。夜饭后,谈至九时乃行。乘三轮径归。知湜已返校。余复归岑寂,便濯身洗足,就寝。

7 月 22 日 (六月廿五日　乙未) 星期一

晴燥,炎热,夜无风,终宵浴汗。

晨五时半起。八时写信复漱儿,顺告近况。十时,为戴叔道书其祖父墓碑。久不作擘窠字,历试至百馀个,始拣定二十字,勉强应付。及毕,已午后一时许矣。

澄儿午来共饭,饭后一时辞去上班。

二时续看《唐诗》,而倦眼难睁,遂就榻偃卧。汗沈淋漓,尤难宁贴,强休至四时后。竟废书不能一摊矣。

夜饭后,湜儿归。九时半,濯身就寝。挥扇至一时后,乃入睡。终夜未曾闭窗也。

7 月 23 日 (六月廿六日　丙申　大暑) 星期二

阴,闷热。

五时半起。湜儿六时三刻归校去。八时半见微雨。九时半,所中同事吴晓玲、王贯之来访,商谈整理研究资料事,约周内再开会,届时电话通知。十一时半去。

午饭后,仍阴。小睡后起,则晴日照空矣。

五时接乃乾信,附来《元人小令》再版跋语,属为删定。余随点若干字,即电约往访,乘三轮赴之。面交此稿,坐谈移时,同往北海一眺,就漪澜堂晚饭。饭已小步,以下旬无月,且已九时,乃出园握别。径乘三轮东归。

到家浴身,啖瓜,十时半始就寝。

两日来闲览上海新知识出版社所出邓博编《杭州的山和水》一书,致足欣赏。盖用实地事物作为地质学例证,遂能引人入胜,毫不枯燥,真良好通俗科学读物也。余一气毕之,有以夫。

7 月 24 日(六月廿七日　丁酉)星期

阴,有微雨,午前昙,午后现日,四时后大雨,东北风抵晚未止,气闷燠,呼吸为之不舒。

晨五时半起。七时,书《左传》题签,作函备送调乎择用。十时后阅《唐诗》,至午尽钱起诗一卷。

清儿来省,因共饭,饭后辞去。余等亦小睡,三时起。续看钱起诗,至六时,尽第二、第三、第四卷。

雨甚,道有积水,润电属夜饭不必久待,请先开,大约须水稍退乃得赋归耳。其他诸人想当然矣。垂暮雨止,润等乃陆续归。潜儿亦来,遂共饭。饭后,文权、芷芬、汉儿、士中来闲谈,至十时各归去。余亦濯身、洗足,就寝。以雨后粘湿,殊难安枕也。十二时后乃入睡。

7 月 25 日 (六月廿八日　戊戌) 星期四

多云转晴,气不甚热。

晨五时半起。八时,电询晓铃,知今日不开会,遂于九时许,偕滋儿挈元孙同出,乘十路往六部口,走访农祥。盖农祥今日休假,昨晚来电相约者。至则即与俱出,乘电车至西四,再转无轨电车径赴西郊动物园,茶于牡丹亭。十一时许起行,参观羚羊馆等新建筑,遂返豳风堂午饭。饭后,参观狮虎山、猴楼、象房、熊山等处,即出园,乘二路车东归。农祥则乘三路去。余祖孙父子三人在灯市东口下,行至史家胡同西口乘三轮归于家,正二时半。

小睡,三时三刻起。闲看庭花,精神仍疲茶,心头惆怅难遣。夜饭后,润、滋皆出看电影,余默对孤灯,益增黯然。九时半,浴身就寝,转侧至十一时后始入睡。

7 月 26 日 (六月廿九日　己亥) 星期五

阴昙间作,时有细雨,午后放晴,气热而不见酷。

晨五时半起。七时半续阅《唐诗》,至十时,尽元结诗二卷。

积贤、道衡来访,衔其芳命,致慰问,谈至十一时去。至感关心。

续看张继诗,至午尽之,凡一卷。午后曾小睡,三时起。

中华送《春秋左传》重印契约来,并致稿费之半(余须出书后补齐)。

又看《唐诗》,至六时,尽韩翃诗三卷。午前潜儿介绍新联装钉作来洽装杂志,余即以《人民画报》五十六本交其试装,合六册,约一月后始能交货云。

夜饭后，潏儿、文权来省，知文权今日已正式调到中华医学会工作矣。九时半辞去。余即以中华稿费收据交潏转送调孚，藉完手续。

新华书店北京分店经理蔡学昌属佩华来假《论语》、《孟子》，即检朱注本付之。

十时拭身就寝。

芷芬及镇孙亦于夜饭来（与权等同去）。

7 月 27 日（七月小　建戊申　庚子朔　中伏）星期六

初昙旋晴，西北风竞吹作声，午后风尤急，气较凉，似有秋意矣。伏中得此，大奇。

晨五时卅分起。七时半续阅《唐诗》，至午止，尽独孤及诗二卷，郎士元诗一卷，皇甫冉诗二卷。

饭后小睡片晌。接漱儿廿五日复余廿二日去信，知廿三之晚，已为滋儿生日补吃寿面情况颇热闹云。

六时晚饭。饭已，独往前外广和观明来剧团演出（票为佩华代购，楼下三排八号）。三轮赶到正七时半。先为朱玉良主演之《盗御马》，远逊裘盛戎矣。继为徐东明、徐东来、徐东祥、关韵华、新丽华等合演之《四郎探母》。自"坐宫"至"回令"止，甚见精采，东来明艳，更胜于前，虽嗓音微逊，而作工加进，足偿所失也。十一时一刻散，仍乘三轮返。一路凉风袭肌，到家仅洗脸而已，未及拭身即已就寝。然正交十二时矣。

7 月 28 日（七月初二日　辛丑）星期

晴，时有云翳，气热于昨。

晨六时起。八时半,挈元孙乘三轮往景山东街人民教育出版社宿舍访汉儿家。昨日电约前往吃饭也。至则澄儿一家八人及建昌皆已在,与芷芬等谈至十二时后,共饮进餐。

饭后,又谈,俟元孙等小睡醒来,已四时半,即携元孙先行,仍乘三轮径归于家。

夜饭后,振甫见过,长谈。湜儿亦挟衣包归来,盖校中宣布放暑假矣。

十时濯身洗足,就寝。与湜儿同榻。

7 月 29 日(七月初三日　壬寅)星期一

晴,热。

五时半起。八时续阅《唐诗》,到正午十二时,毕刘方平诗一卷,刘太真、袁傪、崔何、王纬、郭澹、高傪、李岑、苏寓、袁邕、李纾、于邵诗一卷,王之涣、阎防、薛据、姚系、令狐峘、滕珦诗一卷,常衮、褚朝阳诗一卷。

其间曾作书复青岛黄元拔。盖昨日人民文学出版社转来,以《项羽本纪》校释两事见询者,遂走笔告之。

午后,未睡,作书一通寄复漱儿。旋续阅《唐诗》,至五时,尽苏源明、郑虔、毕耀、韦济、田澄、沈东美、苏涣诗一卷,刘眘虚诗一卷,息夫牧、宋华、邹象先、韦建、殷寅、柳中庸诗一卷,崔惠童、崔敏童、苗晋卿、贾耽、赵居贞、萧华、李岑、元友让、蒋冽、蒋涣、段怀然、张俶、陈孙、李峰诗一卷,沈千运、王季友、于逖、张彪、赵微明、元季川诗一卷,秦系诗一卷,任华、魏万、崔宗之、崔成甫、严武、韦迢、郭受诗一卷。

夜饭后,坐庭中纳凉,九时半,濯身就寝。

7月30日(七月初四日　癸卯)星期二

晴,热,有风,尚爽。

晨五时起。八时续阅《唐诗》,至十二时,尽韩滉、窦蒙、张濯、王绰、郑锡、古之奇、李阳冰诗一卷、严维诗一卷、顾况诗四卷、耿㵗诗二卷,凡八卷。

午后小睡,四时起,闲翻楹书而已。

润儿以看宽银幕电影,九时始归饭。湜则夜饭后出练歌,十一时乃还。余十时濯身就卧,待湜到家,始入睡。

7月31日(七月初五日　甲辰)星期三

晴,热,午后雷阵,大雨移时乃止,又杲杲日出,益见郁蒸。夜深又有雷雨。

晨五时起。七时续阅《唐诗》,至十一时,尽戎昱诗一卷,窦叔向及其子常、牟、群、庠、巩诗共一卷。

其间中国青年出版社第六编辑室张永刚来访,衔命请教编修身故事集事,谈一小时去。

十一时一刻,偕湜儿、元孙同往东单三条鑫记南饭馆午饭。饭已,过百货大楼买酒及玻杯。旋与元孙乘三轮先归。湜则往新华等处购书。余等到家盥漱已,即就榻小睡。雷雨大作,顷刻庭中积水,檐瀑交注,势甚猛,心念滋、湜在外未归(滋上午去火道沟访旧),遂不能宁枕,蹶然而起。有顷,雨止,日出,湜儿亦归。清儿以休假亦于是时(四时许)挈昌昌、新新来省。又有顷,滋儿归。五时,清等辞去。

夜饭后,湜儿往清家,遇澄儿,因同来。至九时许,文权亦自清家来,又谈有顷,权、澄同去。澄是夕宿清所。

余坐庭久,已觉凉,未洗身即就卧,未多时,雷雨又作矣。十一时后入睡。

8月1日(七月初六日　乙巳)星期四

晴,热。

晨五时起。七时半续阅《唐诗》,至午,尽韦元甫、王铤、潘炎、张叔良、吕牧、韦夏卿、綦毋诚、姚伦、于结、郑孺华、张叔卿、房孺复、杨郇伯、陈润、杜诵、郑丹、郑辂、朱长文诗一卷,戴叔伦诗二卷,张建封、于良史、崔膺、冯宿、陆长源、张众甫、王武陵、朱宿诗一卷。

午饭后小睡,看《梦华录》,四时起。傍晚,濬儿来饭,饭后文权、昌预、汉儿、芷芬、升基、达先来省,谈至十时乃辞去。

濬等去后,余洗足濯身,易衣就卧,颇感闷热,良久始得入睡。

8月2日(七月初七日　丙午)星期五

晴,蒸热,向晚多云,雷雨。

晨五时半起。七时续点《唐诗》,至十一时,尽卢纶诗三卷。

电约汉儿、佩媳午会西单同春园,以汉今日卅七岁初度也。余偕滋、湜两儿挈元孙乘十路车赴之。上车即遇澄儿,盖奉命出洽事,公毕返社,恰逢余上车耳。乃邀之同往,比至,汉等尚未到,乃辟室待之。有顷,汉、佩及达先联镳而至,于是,八人团坐欢饮,逾晷而罢。饭后,剖瓜而食,食已,澄、汉、佩、达各上班去。余等四人乃小步市场,购得书籍三种,遂附电车到新开路,余以不耐酷暑,即与元孙乘三轮先归。及到家,滋、湜已先在,乃乘十路汽车速行故耳。

洗漱小休,偃卧移时,然未入睡也。未出前,曾写信寄漱儿,告百合可治神经衰弱,盖昨夕得诸瀋语,知彬然服此收功也。傍晚雷阵,未致久雨,而闷热益增。夜饭后,郁处室中,九时后,始得浴身就凉于庭,稍坐,却入卧内矣。

8月3日(七月初八日　丁未)星期六

晴,下午昙闷。

晨五时半起。八时续点《唐诗》,至十二时,尽卢纶诗第四、第五卷,崔琮、李竦、张惟俭、章八元、张莒、史延、韩浚、郑辕、王濯、独孤绶、仲子陵、张佐、丁泽、阎济美、张少博、周彻、高拯、王表、独孤授、王储、周渭诗一卷。

午后小睡片晌,三时半起,续点李益诗。至五时,尽二卷。

六时半晚饭。饭后,偕滋儿挈元孙往游北海,在大门口会佩媳,因同入园。先陟山至巅,由西侧下,盘长廊重返双虹榭茶憩。弦月照映,水波微作,轻舟掠前过者以十计,坐石栏旁观之,亦复大佳。惜薄云时翳,月色乃时朗时晻,不免逊色耳。十时始起行,出园归家,余挈元孙仍乘三轮行。滋、佩御骑车夹护焉。到家已十时半,即濯身,易衣就卧。

湜儿在家未出。

平伯午前曾来访,言闻之亦秀知圣陶背部生疖,甚念之。傍晚电询叶宅,圣陶亲接,话知在颈部,不甚烈,已好云。因约明日往晤之也。

映娄书来,知续为颉刚抄书,久未得报,属为一催,但颉去青岛后,未知居处,俟获悉,当为转达。

8 月 4 日 (七月初九日　戊申) 星期

阴霾,大雷雨,近午始晴。闷热,入夜乃稍凉。

晨五时半起。坐雨不得出,窗闭室内闷暗,殊感苦。午食饺子。午后小睡,四时起。

五时出,乘三轮往八条访圣陶,沿途尚有积水未尽退去也。想见午前雨势之大矣。晤圣陶,长谈,因留饮其家。直谈至晚九时乃归。承雇三轮送我也。到家甚倦,少坐便就寝。

8 月 5 日 (七月初十日　己酉) 星期一

晴,热,多云,夜雨度阵雨。

晨五时起。八时点《唐诗》,至午,尽李端诗一、二两卷。中间写信两通,一约介泉,示期会动物园,一复映娄,告颉刚去青岛。又接见湜同学管生。滋、湜往丁家晤士方,十时半乃归。湜因偕管生同出,未归饭。外孙升埙、升垲来省,留午饭。午后三时半,埙、垲回去。旋得电话,已安抵寓所。

四时许,乃乾见过。出所撰《读书录》,属为通读,并制序跋。长谈留夜饭。饭后阵雨作,文权、瀋儿雨中至,因共谈至九时半,雨过月见,乃乾与权、瀋同去。

满子偕其嫂秋云及祖璋夫人于午后三时来访,少坐即行。知丐翁孙女弘琰已婚潘氏,婿名梅华,江西人。

琴媳以参加开会,十时半始返,幸乘雨隙。及十一时第二度阵雨又作,湜尚未归,殊念之(伊四时半返,六时半又出听音乐)。越半小时,乃闻其启钥入门。余十时濯身就寝,以卧待湜归,转致听雨失寐,一时后,始得朦胧入睡也。

8月6日（七月十一日　庚戌）星期二

晴，时有云翳，较凉。

晨六时起。八时点《唐诗》，至午，尽李端诗第三卷及畅当、畅诸诗一卷，陆贽、张濛、常沂、周存、黎逢、张昔、丁位、元友直、杨系、崔绩、张季略、裴达、裴迪、沈迥诗一卷，杨凭诗一卷，杨凝诗一卷，杨凌诗一卷，司空曙诗二卷，凡八卷。

午饭后小睡片晌，三时起，看《唐音癸签》。

湜三时偕管生出，五时返，匆匆晚饭，又出听音乐。

夜七时阵雨，须臾月出，至十二时后阵雨又作，湜于十一时半归。余虽十时前就寝，却为湜晚归影响，不免又欠睡眠不少耳。

电话与介泉、圣陶联系，明日上午十时前，同会西郊动物园。

8月7日（七月十二日　辛亥）星期三

阴，午前后晴，后多云，夜有微雨，气闷热。

晨五时半起。八时出，乘三轮往八条访圣陶，同乘汽车赴动物园，在豳风堂东侧遇介泉，遂同到牡丹亭前荷池上啜茗。长谈至十一时，转至莫斯科餐厅午餐。一时半乃散，介泉归去。余仍附圣陶车偕驰入城，先过东单中国书店，购得朱东润《左传选》一册，圣购他书五六册，仍同车经南小街，余在小雅宝西口下，步归于家。时滋儿小睡，湜儿往与清儿出游，仅知丁士方曾来访云。有顷，湜归，滋亦起。

傍晚，湜再过清夜饭。夜饭后，元孙先由润儿去清家接归（昨夕住于清所）。又有顷，湜亦归来。九时半，洗身濯足就寝。

8 月 8 日 (七月十三日　壬子　立秋)

晴,热。日没无风,燠甚,夜月好,然竟夕浴汗,不图交秋转热如此也。

晨五时起。七时点阅《唐诗》,至午,尽崔峒诗一卷,苗发、吉中孚、夏侯审、王烈、卫象、崔季卿、何兆、奚贾诗一卷,张南史诗一卷,王建诗第一卷,凡四卷。

澄儿来饭,并请为伊社《世界医学文摘》题签。二时,澄去。余续点王建诗,至三时半,刚尽第二卷及第三卷之半。而农祥至,遂与长谈,五时乃去。

夜饭后,与滋儿、许妈同出,往天安门会佩媳,偕入太庙故址参加乘凉晚会。游艺场所不少,皆挤满游人。杂技场尤拥轧,余等未及遍览,即觅坐啜茗。亦感人满为患,幸遇联棠夫妇,乃得合坐憩谈。至九时半,余等四人出园,乘三轮归家。

洗身濯足,热不可止,为之竟夕裸卧,至苦。

8 月 9 日 (七月十四日　癸丑)星期五

晴,热,间有云翳,夜半雷雨。

晨五时半起。今日上午本所有会,昨有通知,并承张慧珠电询去否,余答以如开整日,则坐不住,如半日可勉为一行。张云如整日不派车来接,仅半则来接云。今俟至七时四十分,无车来,可知准假矣。乃摊书续点《唐诗》,至午刻,尽王建诗第三卷之半及第四、五、六卷。

午饭后小睡。接漱儿七日复函及映娄七日复函。

夜饭后,湜儿出访友。潘儿、文权来省,谈至近十时去。润儿夜饭后亦出,参开会,先归,及晤濬。

余十时浴身就寝。

十一时许,湜始归。十二时许,雷雨有大霹雳,月色时隐时现,颇呈幽伤郁闷之观。

8 月 10 日（七月十五日　甲寅）星期六

昙,热,夜有阵雨。

晨五时半起。八时,展点《唐诗》,至午,尽刘商诗两卷,陈翊、刘复、冷朝阳、于尹躬、柳郴、李子卿诗一卷,朱湾诗一卷,丘丹、贾弇、沈仲昌、谢良辅、鲍防、杜奕、郑概、陈元初、吕渭、范灯、樊珣、刘蕃诗一卷,张志和、张松龄、陆羽诗一卷,郭郧、韦同则、李夷简、李约诗一卷。

十时许,乃乾见过,谈移时去。

午饭后,小睡片晌,墙外人喧,竟尔未宁,三时即起。

五时半,与滋、湜出,乘十路到西单,转十五路出宣武门到菜市口下,已微见雨点,即走美味斋上海菜饭店小憩。本定与湜同往虎坊桥工人俱乐部听戏(谭富英、张君秋之《红鬃马》),以天雨,恐时晏失车,遂命湜往退票,安心在美味斋晚饭。饭已,仍乘十五路、十路车回家。沿途有雨,时作时止,仅免沾湿而已。到家已九时,少坐即洗足濯身就寝。

8 月 11 日①（丁酉岁　七月小　建戊申　庚子朔　十六日　乙卯）星期

昙,闷,蒸热。夜雷雨两阵后,一阵下雹,花叶都穿,遥推必损

①底本为:"一九五七年八月十一日至十月卅一日日记。巽斋。"

田稼也,为之不宁。

晨五时半起。十时,汉儿、芷芬来省。十一时,芷去访振甫,十二时许,偕振同来,因共饮。振未饭即去,以家有客也。琴媳挈元孙往饭慧英家。滋儿、佩媳则同出,看早场电影,均未同饭。饭后,芷先归去,汉则留家闲谈,晚饭后,以将雨,赶归。到家后来电话,告未遇雨。其时已下雨矣。

浞儿八时即出,参加北海园游会,即返校。夜九时亦来电话,告已早到校,须住一两天再归家云。

九时半,洗身就寝。卧听大雹,殊难安枕也。

8 月 12 日(七月十七日　丙辰)星期一

晨阵雨甚大,九时见日,乍阴乍晴。午后晴。

早五时半起。八时摊书点《唐诗》,至十二时止,尽于鹄诗一卷,刘长川、郑常、陈存、王观、崔瓘、郑审、朱彬、李彦远、范元凯诗一卷,刘迥、李幼卿、李深、羊滔、薛戎、谢勮诗一卷,崔元翰、独孤良器、高崇文、罗珦、皇甫澈、张登、韦执中、邵真、何频瑜、骆浚、罗让诗一卷,陈京、韦渠牟、窦参、卢群、韦皋、李愿、王智兴、袁高、崔子向、张署、归登诗一卷,朱放诗一卷,武元衡诗二卷,凡八卷。

午饭甫毕,澄儿来,再具餐享之。下午二时上班去。

余小睡至四时起,续点《唐诗》,至六时,尽李吉甫、郑絪、郑余庆、赵宗儒、柳公绰、张正一、徐放、崔备、萧祐、王良士、独孤实、卢士政、于敖、皇甫镛诗一卷,颜粲、徐敞、张聿、魏信陵、张正元、王履贞、彭伉、林藻、李观、李绛、崔枢、陆复礼、李正辞、张嗣初、许康佐、许尧佐、李君房、杜羔、车缅诗一卷。

夜饭后,东侧小间门铰链脱下,滋儿勉强修装,浑身是汗,京地建筑质量之坏,余家已饱受教训矣。

九时浴身就寝。

润儿以公干未得回家夜饭,电话通知在新华印刷厂校急件,直至近十一时乃归。余卧候伊归来,然后入睡。

8月13日（七月十八日　丁巳）星期二

晴,有时多云,较热。傍晚阵雨。

晨六时起。九时展书点《唐诗》,至午,尽权德舆诗五卷。午后续点至四时,又尽五卷,凡十卷。权氏诗毕矣。

十时滋儿在路上唤得一李姓木匠修门七处,浴间朽槛亦易新料,自给工资四元五角。较前雇做纱窗之木匠技术胜多矣。货不比色,信然。

夜饭后,湜儿自校归。九时浴身,少坐即就卧。

夜雨数四,影响健适不鲜。

8月14日（七月十九日　戊午）星期三

昙晴间作,虽不甚热,而不爽。

晨五时半起。八时湜儿入校。九时展点《唐诗》,至十一时,尽张荐、崔邠、杨於陵、许孟容、冯伉、潘孟阳、武少仪诗一卷,段文昌、姚向、温会、李敬伯、姚康诗一卷,羊士谔诗一卷,杨巨源诗一卷。

清儿、澄儿、潙儿先后来会,共饭于家。以面作餐,盖为清儿生日也。午后二时俱去。有顷,士方至,湜亦归,因与谈。滋则小睡矣。四时许,湜偕方过清。余乃略睡片晌。六时,湜、方来。有顷,潙复来,昌预亦来。因与方等共饭。饭后,昌硕、文权来。八时半,士方去。九时半,权等亦去。余倦甚,即睡。

8 月 15 日(七月二十日　己未)星期四

晴,热。夜深雷雨。

晨五时半起。七时,所中车来,即乘以出阜成门接淑明,同赴中关村科学院社会楼开全体大会。八时开,十一时三刻散。西谛主席,由其芳报告整风中发见诸问题及解决办法。汪蔚林报告图书资料工作有所改进。王平凡报告行政工作中诸问题及改进办法。西谛则总结讲话,对青年同事多加勖勉也。散会后,仍由赵司机送归。附车者有霍应人、袁可嘉、叶水夫等人。十二时三刻到家,即饭。饭后小睡未成,精神大疲,头痛喘急,百无聊赖,比晚少饮啤酒及进稀饭后乃少定。不自知何以致此耳? 夜九时半浴身就寝。

8 月 16 日(七月廿一日　庚申　末伏)星期五

拂晓晴,八时又雷雨霹雳交加,势甚骤,旋阴。午后复晴,闷热颇难耐。

晨五时半起。八时展书点《唐诗》,至午,尽令狐楚诗一卷,裴度诗一卷,韩愈诗三卷。饭后小睡。

三时半王贯之见过,商所中编集研究资料事,并知明日上午九时,在晓铃家会议,长谈至近五时乃辞去。

六时半夜饭。傍晚又有雷雨。九时半,浴身就寝。润儿参会,十时归。湜儿访友,十一时归。余虽倚枕,实未能寐,及伊等归来,闻鼾声而余转不能入睡矣。至深夜一时后乃得朦胧云。

8 月 17 日（七月廿二日　辛酉）星期六

　　昙晴间作,仍热,傍晚阴,夜大雷雨,转凉。

　　晨五时半起。八时一刻出,乘三轮径往纳福胡同廿一号,应吴晓铃之约。王贯之已先在。有顷,何其芳、钱默存、余冠英、范宁、陈友琴皆到。遂谈本所中国古典文学资料工作计画,余允草拟历代诗文评汇编,具体计画交会中甄采(今日到会者俱为资料工作委员会委员,前已推出,今乃肯定)。谈至十二时,遂午饭。晓铃所启陈酿见享,甚美,惜近日体气不济,未敢多饮耳。

　　饭已辞出,余乘所中车,与其芳、冠英、范宁、友琴同驰建国门海军宿舍看屋,盖科学院与彼约定交换房屋,其地有拨一部分给本所办公之用也。二时许,余先行。老赵送归。然后再接其芳等出城云。

　　到家小坐即偃卧,四时半起。

　　接漱儿十五日信,以前信久未复,为念,且取回葆珍处函件邮来也。三四月牵萦,至此不得不忍痛割断矣。

　　湜儿邀其同学管生来饭,饭后同出未归晚饭。

　　晚饭后,文权、潘儿来省,未几,大雷阵,倾盆雨两三度,十时半始稍停。潘等乃去。湜则雨中有电话来告,以狂雨大风,为友所留,明日归来云。

　　雨后大凉,十一时拭身就寝。

　　终夜断续有雨。

8 月 18 日（七月廿三日　壬戌）星期

　　早阴,禺中大雷雨,午后晴,较凉。

晨五时半起。八时一刻出,乘三轮往八条访圣陶。坐定未久,雷雨大至,二人遂长谈抵午,即饭其家。午后二时,圣往看至美,余乃附其车送归。承以赵斐云辑印《汉魏南北朝墓志集释》一函见赠。

四时,接农祥电话,约往晚饭,适芷芬来省,未谈许久,余即乘三轮往赴农约,芷则转归矣。晤农祥、亦秀,长谈,遂小饮焉。夜饭后,九时乃辞归。仍乘三轮行。

到家小坐即拭身就寝。

早晚痰咳甚烈,戒纸烟已两三日,但愿持恒绝缘耳。

8 月 19 日 (七月廿四日　癸亥) 星期一

晴,气亦较和。

晨五时半起,精神欠佳,手背俱感牵掣,儿辈坚劝出游一散,遂于九时偕滋、湜两儿挈元孙同出,乘十路车到东单,穿公园出崇文门,转电车往天坛,由北门入,茶于长廊北茶棚下。十一时起行,元孙坚欲登圜丘,乃缓步南行,及下,已将十二时,因出北门乘电车往大栅栏,就老正兴饭馆午饭。同时电告许妈勿待。饭已,徐步入正阳门,循西皮市达天安门,乘十路以归。

到家小睡,四时起,心神略舒。

傍晚,潜儿来省,同饭。饭后,文权亦至,闲谈至九时半去。余亦浴身就寝。

8 月 20 日 (七月廿五日　甲子) 星期二

晴,又较热矣。

晨五时半起。午前为乃乾看所著书跋四十首,大约尚有六十首要看也。因督湜儿抄书，身乃未克伏案有所写。心负文责不少，至感烦闷也。

下午小睡片响。晚饭后，清儿来省，略谈便行。十时拭身就寝。拥被则汗流，少盖则肌凉。正是难将息之候矣。睡不熟，时时为湜儿拉被盖之。

8月21日(七月廿六日 乙丑)星期三

晴，热。

晨五时半起。看潘景郑著《砚楼书跋》，盖昨晚佩媳为余购得者。上手后竟不能释，遂尽半日之力，及午犹未过半也。近人读书多，而能欣赏之者不多矣，宜其可贵耳。

亚南来询"平分秋色"出处，余为遍查类书，迄未得，偶于架头石印小本《诗韵海》中竟觅得诗题《秋色平明》一首，知出金赵沨《黄山集》《中秋诗》，诗有"秋色平分月正明，蕊珠宫阙对蓬瀛"句，遂流传至今云。因电话告亚南。

滋儿往清儿家，为余缝缀窗帘，即留彼午饭。十一时半，湜儿同学四人来访，爱同出午饭。下午二时，滋儿归，为布置窗帘等。四时，湜儿乃归。

余偶翻《广群芳谱》，见有南唐廖凝《中秋月诗》，首两句云"九十日秋色，今宵已平分"，是更早于赵沨矣。读书稽古之难，随之皆足自警，而可轻心掉之耶！又续看潘景郑《书跋》。晚饭后，湜复出练歌。

九时浴身就寝。十时顺林由沪来。有顷，湜儿亦归。余以倦甚，未多谈。

8 月 22 日 (七月廿七日　丙寅) 星期四

晴,热,傍晚及夜间屡有阵雨,气转郁闷,终宵浴汗。

晨五时半起。七时,点韩愈诗第四卷,阅时毕之。友琴十时来访,谈所中资料工作情况,十一时一刻辞去。留饭未果也。

饭后小睡,未能宁帖,起后精神转见疲乏,至不快。顺林早出暮归,夜饭后出看电影。

余夜饭后坐雨,感热无法露处庭中,益见烦闷。八时许,即拭身就卧,冀于偃息中得调剂,孰知展转反侧,竟不能寐。自汗数四,苦恼备至,直至深夜二时始合眼朦胧睡去。

8 月 23 日 (七月廿八日　丁卯　处暑) 星期五

早阵雨,旋阴,闷热较昨更甚,近午开晴。下午朗然,入晚又有阵雨,不甚大,旋止。

晨六时醒,强起无聊。七时半,顺林辞去,动身返抚顺矣。盘桓两日,倏忽而已。

八时后勉自支撑,展余冠英稿读之,至午尽其《汉诗选》。饭后只索不休,二时后续读馀稿,至三时三刻,尽魏诗选三之二。而农祥电话至,约出散闷,在中山公园来今雨轩茗候云。时湜儿所抄文澜阁书目适亦抄毕钉好,遂偕同赴之。晤焉,坐谈至五时一刻起行,出园东北门,入阙右门,循千步廊而南,历端门、天安门,度外金水桥,与农祥别。余父子仍乘十路归。

潜儿来晚饭,饭后文权亦至,九时许,阵雨将作,乃辞去。余亦浴身就寝。十一时后入睡。

接漱儿廿一日来信,以久未去信见询也。

8 月 24 日（七月廿九日　戊辰）星期六

拂晓雨，余即起，时为五时廿分。旋开霁转热。午后竟畅晴。

晨八时，为冠英看诗选。十时许，乃乾见过，续送书跋十一篇，属阅定，顺谈至十一时半去。

湜儿同学何生来。澄儿亦来省。遂共饭。饭后，澄上班去，湜亦偕何生出，顺为余去广和购戏票。

二时后，余续看余诗选，至四时半，毕《魏晋诗选》。在看诗选之前，曾作书复漱儿，由湜出投邮。

五时，读乃乾所撰书跋十一首，抵暮毕之。

夜饭后，清儿来省，谈至近十时去。余亦拭身就卧。

滋儿晚出看电影。湜儿晚出练歌，俱十时后归。深夜大雷雨。

8 月 25 日（八月大　建己酉　己巳朔）星期

晨雨旋阴，复濛雨，午后阴，傍晚又雨，气却未凉，至感不适。

六时起。七时，润儿挈元孙往游颐和园，盖乘部中便车以行。八时，汉儿、镇孙来。九时许，静秋偕德堪来，知廿一日由青岛回，承存问，移时去。并悉颉刚仍留彼写稿，正与谭季龙、侯仁之编撰古代地理名著也。（静秋以颉手书交我。）

十一时，芷芬来，文权、潜儿来，因共饭。以天雨扫兴，即令湜出城退票，一时无缘看戏也。四时雨隙，权等皆去。六时许，润儿挈元孙归。遂同晚饭。余于权等去后及晚饭后灯下看毕余冠英《宋齐诗选》。

九时半就寝。下半夜淋雨不休，遂至天明。

8 月 26 日 (八月初二日　庚午) 星期一

阴雨连绵,气转凉。

晨五时四十分起。八时阅余冠英《梁陈北朝隋诗选》,抵午毕之。全稿完,将作书还之。且俟资料工作计画草就后并送焉。

午饭后小睡,三时半起。建昌、建新来省,建昌盖昨晚随其祖母自青岛归来者,移时去。携元孙俱往。六时,志华送元孙归。

夜饭后,小坐便寝。以晨来一直头晕,最烈时竟不便植立也。衰征叠至,复何言哉!

8 月 27 日 (八月初三日　辛未) 星期二

雾,旋开,午后晴,入晚又阴。早晚凉,午热。

晨五时半起。七时草拟《撰集中国历代诗文述评长编计画草案》。十时,所中王平凡、路坎来访,谈至十一时去。

王、路去后,续草《计画》完,并写信与冠英,备送还《汉魏六朝诗选》,及请正计画草案。以约所中电话明日上午九时将开会,即拟届时带与之。

午饭后,颇思松散一下,乃电话询乃乾在家否,知其在家,遂乘三轮赴之。长谈及暮,乃约其夫妇同出,如北海公园,由漪澜堂渡至五龙亭,径诣仿膳厅晚饭。饭毕,已将八时,仍南渡出园,别乃乾等,乘三轮归。

滋儿、佩媳出看电影,余到家时犹未归,近十时始返。余亦洗足拭身就卧矣。

8 月 28 日 (八月初四日　壬申) 星期三

阴,凉,晨有微雨,午后小雨时作时止,夜又雨。

　　晨五时半起。八时许,老赵来接,独乘以往,径赴北大哲学楼。九时,在文研所所长室开会(先秦至宋组及元明清组联开)。其芳主席,对青年同人所提意见作解答后,就资料工作略谈及。(默存未到,余所拟草案已遍视其芳、冠英、范宁、友琴、贯之、晓铃矣,诗选稿亦面交冠英。)十二时散,原车送归。晓铃及刘世德之爱人朱静附焉。

　　余到家,知湜已出未归,元孙扁桃腺肿胀发烧,滋有腹疾,乃一人独饭。饭后,本想出外松散,以雨而止。写信复颉刚。

　　五时半,湜儿归。其后,潘、权、清、澄、建昌、建新都来,因今日为宜孙周岁吃面也。芷芬以开会迟到,八时始至,别具餐享之。饭后闲谈至十时,乃各归去。湜则八时即辞家返校矣。

　　十时半,拭身就寝。湜儿云须后天乃能归家也。

8 月 29 日(八月初五日　癸酉)星期四

　　阴雨延绵,秋意浓矣。

　　晨六时起。八时,展点韩愈诗第五、第六、第七、第八卷,至午乃毕。饭后小睡,四时起。

　　滋儿上午往南小街诊所求治,知为肠胃炎下痢也。下午,又往结核病防治所复查,又照一透视片,尚待细究云。

　　闲翻《警世通言》。夜饭后,八时半即寝。是夕睡尚好。

　　叶水夫电话约我明晚在吉祥看豫剧,票已购好。至感之。

8 月 30 日(八月初六日　甲戌)星期五

　　晴,爽。

　　晨六时起。七时开点《唐诗》,至九时,完韩愈诗第九、第十两卷,及王涯诗一卷,贾稜、刘遵古、李正封、崔立之、郭遵、韦纾、樊阳源、柳道伦、陈九流、夏方庆诗一卷,陈羽诗一卷。

滋儿适自防治所验痰归,因与同出,乘十路往中山公园一行,自入大门,左循长廊至唐花坞,无可赏,只建兰数盆而已。后至书亭一转,亦无可购者,即折往筒子河边柏林中,扬长出东北门,徐步历阙右、阙左门、东华大街,抵东安市场,购盘香两匣,即乘三轮偕归。

午饭啖包子六枚,呷稀粥碗半,甚适。澄儿适来饭,亦与焉。二时,澄去上班。余乃小睡,四时起。看胡元瑞《诗薮》。

六时夜饭。七时,乘三轮往吉祥,在门口候水夫,至七时半,其伉俪偕至,乃同人就坐于楼下七排廿二号。是夕客满,为河南豫剧院演出。先为《断桥》,次为《雁荡山》。休息后为常香玉主演之《拷红》(以未得戏单,余都未知名)。香玉虽略已老大,且嫌肥硕,而活泼轻盈,浑忘其岁,嗓音清脆,字字有着,调亦圆润,博采甚多。于以见凡属第一流成名之辈,决非不虞之誉,无因而幸致也。十时四十分散,别水夫伉俪,乘三轮东归。到家已十一时矣,小坐即寝。

下午湜儿有电话见禀,谓明日当归饭。

8 月 31 日 (八月初七日 乙亥) 星期六

阴昙时作,间露青天,气大凉,早晚须御袷衣。

晨五时半起。八时至午,点阅欧阳詹诗一卷,柳宗元诗第一卷。

午饭后,湜儿归。二时,与湜偕出,步至青年会乘电车到大栅栏,在此街及观音寺街一带食品店,欲购合味小食,竟无可得,复至劝业场一行,亦然。最后在前门大街新华书店买得王重民、王庆菽、向达、周一良、启功、曾毅公合编之《敦煌变文集》上下册而已。时为四时,乃乘五路车往陶然亭,茶于窑台。五时半行,仍乘五路回大栅栏,即老正兴晚饭(电话知会家下)。七时半,乘三轮径归。湜则自往练歌。

到家,润返部中看电影,滋已往会佩媳同观越剧《天雨花》矣。

乃乾电约往会张次公,以甫到家,辞之。九时半,湜归。十时,润归。十一时许,滋、佩归。余十时就寝,众人毕归乃入睡。

9月1日(八月初八日　丙子)星期

阴昙间施,气凉如昨。

晨六时起。九时出,乘三轮往访圣陶,以适与至善出,坐待之。十时,伯恳至,又越半小时,亦秀至。有顷,伯恳去,十一时半,圣陶、至善归,遂共饭。至美、蠖生亦来。饭后二时,伯恳复至,三时许,芷芬及元镇亦至,复谈至四时半,各散归。余仍乘三轮径返于家。

夜饭后,润、滋往省潘家,元孙同去。湜同学孙生来,湜亦与偕出阅市。余九时洗足濯身,易衷衣就寝。俟润等毕归乃入睡。

9月2日(八月初九日　丁丑)星期一

晴,爽。

晨六时起。八时,与滋、湜理架书,将《丛书集成》末批到书(久积架上)分类排号,一一插入柜中。惜算学类书为心如久假不归,只得酌空地位以待之耳。

十时半,续点柳诗,至午毕第二、第三两卷。

午饭后小睡片响。四时后与滋、湜出散步,五时许,湜径往潘家,与昌预、昌硕至车站接昌显。余晚饭后,与琴媳、宜孙、许妈往后赵家楼东单区防治所透视肺部,响应政府号召,协作卫生调查也。排队一小时,立在照机前仅二三秒钟而已。比归,已将九时矣,即寝。

9 月 3 日 (八月初十日　戊寅) 星期二

阴,凉,偶昙。傍晚始雨,入夜遂时闻淅沥。

晨五时半起。六时四十分,偕滋、湜出门,乘十路到朝内大街,转无轨电车到西四,转电车到西直门,转三十二路到颐和园,再转卅三路往香山。适青龙桥西修路拆桥,下车步行至厢红旗站,再乘三十三路接车,始得前往。凡六易车,于九时另五分到达香山站。复循西南山路诣静宜园,购门票(价一角,初无需)以入。先循北路到昭庙,畅游各处房廊,走马墙(前为部队医院,今全开放矣)。摄景数帧,正瞩琉璃塔时,无风,檐马寂然。既而循路而南,到玉华山庄稍憩,饮啤酒一瓶。十时五十分起行,径往鬼见愁。山路愈盘愈高,歇足数四,终于走上绝顶。村农担凉开水供客,余等力竭,需饮不暇辨味,坐而憩,亦颇甘之矣。时为十二时半,稍待,亦即循原路下,径赴枫林村觅食。村本香山慈幼院故址,近改饭店,可住宿,有食堂(尚有别院红叶村在南路口),食堂在北路南端,因往就食。尚好而价昂,父子三人竟用六元馀,从可推知矣。饭毕,已将三时,乃复往南路一行,在双清别墅稍憩,即转至香山寺,历阶而下,步出园门,循路到香山车站,适卅三路将发车,紧奔几步,趋上之。时为四时一刻。仍转车数四,到动物园,复转无轨电车直达南小街北口,徐步归家,至门为六时半。

小坐即晚餐,啖馒头啜粥而已。

久不登山,今偕两儿乘兴一行,居然奋力造巅,虽腿酸足痛,诚所不免,而俨介少年之列,尚不致中途辍足,亦堪自慰耳。

夜九时即洗足濯身,易衣就寝。

9 月 4 日(八月十一日　己卯)星期三

阴雨延绵,气益凉。

晨六时起,腿酸加剧,强挺之。八时,点柳诗第四卷。十一时,为剑三题纪念册,即以近作陶然亭小坐一绝书之。

湜儿过清儿饭,未归即径往看宽银幕电影,并为余购中和、吉祥戏票。

午后,点阅《事类统编》舆地类河南陈州一府。盖此事中断已两年,今日想起赓续为之,藉破无聊。此后拟于业馀补完焉。

下午三时半,昌显挈曾外孙安官来。四时半,清儿来。五时,湜儿归,同擘蟹闲谈(蟹为清儿持来)。薄暮,潽儿亦至,遂共饭。饭后建新来。有顷,潽、清、显、新、安俱去。

八时半即就卧。湜儿则夜饭后出练歌,十一时乃还。余三时醒如厕,四时后复入睡。

9 月 5 日(八月十二日　庚辰)星期四

晴,凉。

晨六时起。八时点阅刘禹锡诗,毕一卷。稍休后,点《事类统编》舆地类河南许州府,十一时半亦毕之。午后填八月工作汇报表,写信寄与积贤。

午后二时,正拟续点刘诗,而农祥至,遂与长谈。滋儿午后往防治所查结果,三时半返,谓一切正常,可暂时工作四小时云。大家为之狂喜。因与农祥、湜儿及伊出散步,沿城根径达建国门观象台,入览仪器及陈列室。五时乃出,农祥乘公共汽车归去。余与滋、湜亦步归于家。

六时晚饭。饭后,与湜儿偕出,走至青年会,乘电车出正阳门,在大栅栏下,步往中和看京市四团演出,坐楼下八排十三、十四号。入座已开演,为姜铁麟、徐喜成、钮淮华等所演之《伐子都》,看武功而已。休息后,为吴素秋、张曼君、李德彬等之《红娘》,仍感精彩。十一时十分始散。但卖座仅楼下,尚未满也。

戏散后,与湜乘三轮遄返,到家小坐即就寝,已十二时矣。

9 月 6 日(八月十三日　辛巳)星期五

晴,凉。

晨六时起。八时续点刘宾客诗,至午,毕第二卷及第三、第四两卷。

饭后,偕滋儿出朝阳门,就新声剧场看鸣华京剧团演出,坐第五排第三、第四号。剧场新修,较前大好,秩序亦有改进,惟仍无戏单,演者多未知其名,仅悉第一出为《晋楚交兵》,第二出为《金锁记·探监》。休息后为张宝华主演之《白水滩》、《通天犀》而已。此团向在天桥,今乃移此,似有调节地段之意。看后尚不失望也。四时半散场,从朝外市场穿至日坛,进大雅宝城阙口,径归于家。往回俱步行。

午前,王贯之曾见过,谈三刻钟,十一时半辞去。

六时夜饭。七时,与湜儿往吉祥看北京京剧团晚演,坐楼上特座一排六十及六十二号。七时半开始,先为杨盛春、陆洪瑞等之《金雁桥》,次为李世济、马盛龙之《三击掌》,次为李多奎、郭和咏之《太君辞朝》。休息，为谭富英、裘盛戎等之《除三害》。十一时一刻乃散。比归，已十一时三刻。就寝已十二时许（来回俱乘三轮，湜御骑车从）。

傍晚曾有细雨即止，夜月皎甚。

9月7日（八月十四日　壬午）星期六

晴朗凉爽，有风，夜月甚皎洁。

晨六时起。七时半，所中派车来接，并过接平伯、淑明，同赴北大哲学楼大教室开会。盖北大民盟支部及本所整风小组合开批判右派分子李荒芜大会也。八时半开，外文出版社同人参加揭发荒芜罪行，发言者颇多，令荒芜交代，却依然冷漠，全场引起不满，至十一时三刻，宣布下午续开。余遂过饭冠英家。午后二时，复至会场，续行批判，指斥愈烈，五时三刻乃散。将再继开，以究底蕴云。六时，仍乘原车入城，先送淑明，次秀贞，次平伯，次水夫，最后余。乃到家已六时三刻矣。

七时，全家啖蟹，清、澄亦至，谈至十时许，清、澄去。余等亦就寝。

9月8日（八月十五日　癸未　白露）星期

晴，爽。

晨六时起。八时，滋、佩先出游景山。琴媳挈元、宜二孙游中山公园。润往大华看电影。独湜在家耳。十时，汉儿、芷芬、元鉴来省。近午，润等先后归来，因共饭。饭后，芷芬先去，昌显挈安官来，盘桓至晚，潘、权亦至，乃共夜饭。饭已，润又出看电影，昌显抱婴先去。

八时后,余偕濬、权、琴、滋、佩、湜、汉、鉴、元、宜等十一人步出大雅宝城豁口(宜孙轮流抱持)走月亮,顺道至林家楼附近观音寺看医学会新建宿舍。盖权家即将移居于此也。折回小雅宝,已将九时,濬、汉等分别归去。余等到家,亦各就寝。

扰扰终日,只感疲劳而已。明日滋儿将报到上班,湜儿亦将回校备课。又剩余一人寂处一室,不禁惆怅难已。

9 月 9 日(八月十六日　甲申)星期一

晴,较昨略热。

晨五时半起。七时半,滋儿试往青年出版社上班。八时半,湜儿辞家返校,准备考课。据告,十六日考毕后再归云。

九时许,滋儿归,谓社中尚未安排桌椅等,劝须时候通知云。余因与偕出购物,先乘十路到王府井南口下,走过新华书店买书五种。复过百货大楼买茶叶及白兰地,途遇均正夫人及其次女,立谈有顷。自百货大楼出,过东安市场,在旧书摊曰中兴联营书店者购到石印大字本《四库提要》四函卅二册,价十二元,即挟以过稻香春,又购得饼饵等物,乃乘三轮遄返,到家已十二时。以汤面代饭。

饭后,滋儿午睡,余乃查所购诸书有无缺页,至三时半乃了。上午,滋、湜出门后,余写信两封,一复漱儿,告我近状,一复葆珍,贺其大喜,俱于偕滋外出时投邮。(葆珍六日书来告,已定九月十五日结婚,并谢送礼,故复贺之。)

下午五时,滋儿起,余乃出,乘三轮赴乃乾之约。六时许,章次公来,因请诊脉,并与长谈。据云,血管硬化殆不能免,药亦不宜多服,劝服苏州王鸿翥堂所制首乌延寿丹,烟当切戒,绍酒适量亦无妨,啤酒则无所谓矣。应多吃水果,饮绿茶,忌精神刺戟,体味此言,俱合实况,当谨志之。七时共饭,饭后复长谈至九时许,乃与次公辞出各别。仍乘三轮返家。

润儿出参晚会,有顷亦归。

十时就寝。睡不稳熟,且气急鼻塞,喉干作痛,三时即醒,迁延达旦,至苦。

9 月 10 日（八月十七日　乙酉）星期二

晴,爽。晨五时三刻起。神思懒倦,八时勉坐摊书,点阅刘宾客诗第五至第八卷,又点《事类统编》河南归德一府,抵午毕之。

午后,滋儿午睡。余独居无聊,复续点《唐诗》,至四时,毕刘诗第九至十二卷,及张弘靖、韩察、崔恭、陆灈、胡证、张贾、张文规诗一卷,张仲素诗一卷,庾承宣、郑澣、张汇、陈通方、李应、陈师穆、李季、何李程、高崟、席夔、李行敏、陈讽、崔护诗一卷,凡六卷。通午前计之,共十卷也。

湜儿晨有电话来,谓昨日迁宿舍,已移至卅七楼一百廿六号云。

四时一刻,与滋儿出散步,由南小街、方巾巷、闹市口、裱褙胡同到东单,阅菜市,买得葡萄一斤,过中国书店门市部,买书四种。途遇蔡仪、乔象钟,立谈片晌即行。由米市街、无量大人胡同,仍折入南小街、小雅宝,归于家已六时半矣。

夜饭后,小坐至九时,即就卧。

9 月 11 日（八月十八日　丙戌）星期三

晴,爽。

晨五时半起。九时许,偕滋儿出,乘十路至中山公园,转五路到陶然亭,步往抱冰堂,仍得闭门羹。滋入管理处交涉,强谓今已改变,允即将揭牌摘去(牌上明书上午茶座)。无奈之何,只得转向窑台茶憩。十一时许起行,出园东门,走至太平街,仍乘五路到大栅栏下,就老正兴午饭。饭后,乘一路车赴东安市场,在吉祥买到当夜四团戏票,然后走归。

傍晚,清儿来省。夜饭后,独乘三轮往吉祥,登楼坐特一排六十二号。七时三十分开,十一时半散。为全本《玉堂春》,吴素秋饰苏三,李德彬饰王金龙,杨元才饰崇公道,张荣善饰刘秉义,汪鸣辰饰沈延陵,并皆称职,而汪尤松。散戏后仍乘三轮归。月甚明,启门入,润儿犹未睡也。比余就卧,润亦归寝,已十二时后矣。

9 月 12 日(八月十九日 丁亥)星期四

晴,爽。

晨六时起,八时与滋儿同赴倪约,走至东四大同酒家,农祥、亦秀俱在,茶点至八时三刻,亦秀去上班。九时,余等三人乘无轨电车往动物园,再转卅二路车,到颐和园,正十时。入园后,即往南湖出文昌阁,过铜牛,憩于八风亭。滋儿、农祥则度十七孔桥至龙王堂了解饭店食宿诸端(因报载可赁宿)。有顷,同循园墙而南,过绣漪桥,转入西堤,历六桥而北,绕出宿云檐,到石丈亭东饭棚。午饭已十二时三刻。饭后,复至谐趣园小坐,旋出,乘卅一路车入城,到西四与农祥别,再转无轨电车到南小街,又转十路车到禄米仓东口,即走返,抵家未及五时也。

六时三刻晚饭。饭后小坐至八时半,即寝。

9 月 13 日(八月二十日 戊子)星期五

晴,爽。

晨五时半起。七时半，摊书点阅《唐诗》，至九时，尽李翱、皇甫湜、樊宗师、卢储、皇甫松、马异诗一卷，吕温诗二卷。少休后，接点孟郊诗，至午尽第一至第五卷。饭后点《事类统编》河南彰德、卫辉两府。至二时倦不能支，乃就床小睡，未及三时即醒，又强卧半时而后起。精神转觉疲苶矣。

上午，滋儿尝为余往北京医院问讯处挂号。据悉，门诊时间为上午九至十二时，下午二至五时，星期二、五上午停，星期三、六下午停，星期则全停。电话挂号已作废（无怪连日去电都不接），须亲到或派人往排队。今日前去适逢星五上午，只得废然而返，且俟有便再说耳。

傍晚小饮。饭后略坐，即洗足濯身，易衷衣就寝。枕上看《古今小说》、《木绵庵郑虎臣报冤》一篇，即入睡。

9月14日（八月廿一日　己丑）星期六

五时醒，起如厕，旋依枕看《古今小说》、《沈小官一鸟害七命》。五时三刻起。天多云，气不甚凉，殆将变矣。

七时，续点孟郊诗，至十时完第六至十卷。天渐开朗，因与滋儿同出，乘十路往中山公园，略一涉历，已十一时，乃出东门，复由阙右门、端门、天安门穿广场，循西皮市步出正阳门，在大栅栏一带略逛，即转入鲜鱼口肉市，到广和剧场门口，已十一时五十分，立待门开，挨次购得今明两晚戏票各一纸。然后走东车站乘电车到西总布胡同下，再转十路归。到家已将一时，即进面作餐。途遇澄儿，知将往看昌显也。

午后小睡，四时乃起。时天宇畅晴，气亦大暖矣。

接所中朱静霞电话，告星一首都剧场有文联重要报告，以通讯员不及走，入场券请于是日上午八时二十分左右在场门首相候云。

六时夜饭已，即独出，乘三轮径往广和看燕鸣京剧团演出。七时十分开，为赵燕侠主演全部《花田错》。前为安晓峰、徐世宸等之《伐子都》，安武技尚工，赵则大有进步，口齿清利，字眼正确，做工本所擅长，宜乎票价与吴素秋、杜近芳齐等矣。戏将散前一刻钟，场中办事人就余座，告语谓家有电话来，谓散场时有车来接云。余讶其不伦，姑领之，及散场步出，大雨初过，地上积水未退尽也，始疑家中或知值雨，故来相迓乎？但茫茫人众，何处得之，只得且行且望，至门口北首不远，滋儿持雨具来迎，谓汽车唤不到，父子各乘三轮以归。深夜雨中，念及特来相候，难得难得，心转怜之。比到家，润儿、佩媳亦尚起迎也。

9 月 15 日（八月廿二日　庚寅）星期

晴，爽，傍晚西南有阵未果雨。

晨五时半起。七时三刻偕润、琴、滋、佩，挈元孙同出，先乘十路到东单，换三路到西直门，再换小汽车直放八大处。余等于射击场站下，径走福田公墓，一展珏人之墓，顺在墨林墓前一拜，并各摄两三片。在小汽车上遇墓工宋温斋，同行到福田也，时为十时廿分，墓次耽搁不久，即走射击场站，再候东来车上，径赴四平台。到时为十一时许。先在山下食堂坐憩，延至十一时半，即在其地午饭。饭菜俱过得去，实较颐和园食堂为佳胜，真出意计之外矣。食已，登山先过灵光寺，略憩于归来庵，旋往三山庵、大悲寺等处一转，至龙泉庵茶焉。时仅一时耳。至二时一刻起行，再上至香界寺，已焕然一新，藏经阁东西两院俱大綵饰，仍谢参观。询之守者，谓教育局已定为教育疗养所云。胜清行宫胜迹，今始得用，惜一般游人仍无福享受耳。徘徊留影而下，易径自东麓下，三时半始达四平台。候至三刻，汽车来，即上车，过射击场，宋温斋适来上，又相遇，巧极。四时半到动物园下，特雇出租汽车，全家乘以归。到家正五时也。

夜饭后，仍独出，乘三轮到广和看京剧院一团演出。先为高盛虹、殷金振之《打瓜园》，继黄玉华、李洪春、杨学珍之《春香闹学》。休息后为杜近芳、景荣庆等之《霸王别姬》。久不见近芳苍多矣，为之一叹。十时半散，仍乘三轮归。十一时就寝。

9 月 16 日（八月廿三日　辛卯）星期一

昙阴兼施，午前后略见日光，气转暖，恐将变。

晨五时半起。八时乘三轮往王府大街首都剧场，应邀参加中共中国作家协会党组扩大会议，在门首立待十馀分钟，曹道衡等始自城外乘车来，因遇熟人甚多，遂与介泉同坐。八时卅九分开会，先由邵荃麟报告，历两小时，休息十分钟，续由周扬报告，至下午一时四十分始散，犹未毕，明日将续开。在座前后达五小时馀，鼻塞痰涌，背酸腰痛，至感不舒，因佩经常开会诸位，真有天赋奇禀也。

散会后仍乘三轮遄返。午膳已二时多矣。

午后以滋儿小睡，独坐点唐人诗，至五时，尽张籍第一、二两卷。

夜饭后，与润儿挈元孙出散步，琴妹慧英挈其新生之女来，晚饭后去。

湜儿本约今日考完即归，午前有电话与滋，谓考未及格，须再补考，十月一日前不返家，在校准备云云。余深以为虑，不识能否升班也。

九时就寝。三时起溲,复入睡。

9 月 17 日（八月廿四日　壬辰）星期二

晴,爽。

晨六时半始起。上午本有报告续听,以气急难任久闷,未赴。八时摊书点《唐诗》。至午尽张籍诗三、四、五卷,卢仝诗第一卷。

午饭后思欲出散闷,而滋儿小睡,余亦无心独出,乃展卷续点《唐诗》,至五时歇,尽卢仝诗二、三两卷及李贺诗五卷,刘义诗一卷,前后凡十二卷矣。

傍晚,潘儿来省,因共饭。饭后清儿、农祥先后来。八时,潘去。九时农去。又有顷,清亦去。余乃就寝。

昌显明日约来看我,并同出游览,而滋儿适感累,未克偕行,遂约清儿同出,未识果否耳?

9 月 18 日（八月廿五日　癸巳）星期三

晴,较暖。

晨六时起。以四时曾起溲也。

八时三刻,清儿偕昌显、建昌、建新来,乃与同出,滋儿不甚爽,本不欲行,见余等走则亦从焉。先乘十路北去,在朝阳门大街换乘无轨电车,到北海游团城,畅阅手工艺品展览会。平日总遇人挤,往往挨肩叠背,不得饱览,今日游人极稀,乃得纵观之。其中像生花卉及象牙雕刻,真有巧夺天工之妙耳。徘徊久之,十一时许,参观承光殿玉佛及庭前玉瓮。遂出,转至景山茶焉。十二时复行,乘五路到大栅栏,径登老正兴楼饭。饭已便归。乘一路转十路而行,各归其家。

到家已二时。小睡至四时起。点元稹诗一卷。

夜饭后,少坐,看书,九时半即睡。

是夕始,宜孙断乳,与李妈同睡,终夜尚安,无大哭声,想一二日后必安然无事矣。

9月19日(八月廿六日　甲午)星期四

上午阴,时有细雨,颇凉,午后放晴,转暖。

晨六时起。七时半与润儿同出,联步北行,润到文化部办事,余乃独往东四大同酒家会农祥,共进茶点。至九时同行,乘无轨电车往西郊动物园。车上遇振甫夫人,伊往苏联展览馆参观省煤展览也。余与农祥入园后,先看乳虎、乳狮互戏,绝类小猫,瞻玩久之。继看犀牛与象,同场异栅,体硕仅亚于象,鼻端之角尚不高,不识到去抑解后未长满也。旋至狮虎山看新设水族陈列柜,有海水淡水两大类,并有水底栖息模型及机轮帆船捕捞情况等模型。然后就牡丹亭阶下茶憩,至十一时许复行。先后过赏鸣禽室及长颈鹿馆,乃西过畅观楼,折而东回,十二时出园。出园后径赴西郊商场广东食堂就食,以人挤不得坐,去之。乘七路车直奔前门,到老正兴午饭,居然吃到炒秃肺,七年未尝此味矣,甚为高兴。当即电话语滋儿,告以饭后尚拟一往陶然亭也。饭后,复偕农祥乘五路车径往陶然亭,茶于窑台,至三时三刻起行,循堤一转出。复乘五路回天安门,与农别。转乘十路东归。在车次遇翼云,略谈。

下车到家,已将五时。滋儿亦甫自防治所复查及与青年出版社洽妥复工归,因悉医云复工绝无妨,嗽血亦未必是肺之影响,而社中适亦招令先在资料室作半日工,将来当归入少年儿童杂志社工作云。明日便可上班,于是,一天乌云皆消,精神负担骤失。始见伊面有喜色,余亦为之一快。

夜饭前小饮。饭后调孙为娱,至九时就寝。睡尚好,三时曾起溲一次。

9 月 20 日(八月廿七日　乙未)星期五

晴,爽。

晨五时半起。七时,振甫见过,承以西湖莼菜两瓶见贻,谈有顷,即去。

滋儿今日初上班,因于八时前与润、琴、佩先后出门。八时后,元孙亦上学去,惟有宜孙及两妪在家耳。余寂处北屋,又类枯僧,不觉凄然,遂摊书续点元稹诗,至午,尽第二至第十卷。

滋儿归饭,兴致尚佳,因属饭后仍高卧,而余则仍点元诗,至五时,尽第十一卷至廿二卷。今日前后得尽二十一卷,亦可谓多矣。

接漱儿十八日来书,复余九日去信,并告十五日参加葆珍婚筵情形,惟愿前途日臻幸福耳。我亦无所用其惆怅焉。

夜饭后,本欲偕儿辈出散步,以舒闷怀,乃润须往民进开会,滋则为佩华所约,出外闲逛。无已,只得仍然闷处家中耳。

文权来省,因须购骑车假款一百六十元,余手头无钱,即令琴珠持折往禄米仓口储蓄所取来付。文权略坐后即辞去。九时就寝。

9 月 21 日(八月廿八日　丙申)星期六

晴,爽。

晨六时起。七时半摊书点元诗,至午尽第廿三至廿八卷。午后,续点白诗,至四时尽第一至第三卷。四时半,乘三轮往八条晤圣陶闲谈,遂留夜饭。饭后,复谈至八时,始辞归。行至北小街南门仓,乃得一三轮,雇乘以返。抵家则清、汉、芷及建昌俱在,又闲谈至十时,乃各去。余亦颓然就寝矣。

翼云送天文馆预展入场券与圣陶,余转取五枚,明日将与家人共往观之。

9 月 22 日（八月廿九日　丁酉）星期

晴,颇热。傍晚起阵,黄昏大雷雨,以风其后,每隔数小时必有雷电大雨,遂致终宵有声,翌晨未明且闻雹。

晨六时起。十一时即午饭。饭后,与润、琴、滋、佩出,步至朝阳门口,乘一路无轨电车,径往动物园,以为天文馆在园西,就近在二里沟站下,讵馆门在园南,须大绕乃得达,反费足力,且耗时间,强行急步抵天象厅,已将一时,几格不得入坐。甫定即开放幻灯,室顶即穹天,讲解员且放且指且讲,从黄昏到天明,从秋季到夏季,星象历历,无不逼真,而日蚀月亏、太阳系、银河座以及彗星诸象亦俱穿插讲明,大足恢廓识野,深裨慧悟矣。凡三刻而毕,遇芷芬、圣陶、至善等。余家五人,遂偕芷芬同入动物园,时方一时五十分。今日星期,又值印度展览会在园东苏联展览馆开幕（昨为第一天）,游人如织,园中茶座殆无隙地。余等先就牡丹亭廊上占坐,渐候至三时许,始获插入空座,略得安坐啜茗。四时,令润儿先归接元孙,期于五时后会前外老正兴。有顷,余等出园,候七路车诣前门,同时属芷芬归接汉儿,并赴此约。余等五人排队半小时始得上。五时一刻乃到老正兴,待有顷,润、元至,又有顷,汉、芷亦至。八人合座,食虾蟹鳝糊、油泼鸡、油爆虾、烧划水、刹冷、汤三鲜等,颇醉。惜圈子、秃肺等俱罄耳。七时食毕,又过食品公司购果饵,已见雨点，因与汉、芷别，即走火车站雇汽车遣返。以规例，只能坐四人，仅带元孙入坐，润则独行矣。余与滋、琴、佩、元甫及家门，而雨至，遥念润值雨，心颇悬悬。越一小时，润始归，盖沿途避雨，时虽费幸未大沾湿也。

时躁热异常，余亦解衣拭濯，易亵衣，九时就寝。

中夜至天明，凡为雷雨及大风所扰醒者三次，以是精神大为疲乏耳。

9 月 23 日（八月三十日　戊戌　秋分）星期一

晴，先阴，有风，突转凉，据报将有霜冻矣。

晨六时起。八时，摊书点乐天诗，至午尽第四至第八卷。

昨日上午曾点阅《事类统编》舆地部河南怀庆一府，当补记。

午后续点白诗，至四时半，乃乾来，遂辍笔与谈。伊出所拟《纪传史汇编》出版计划就商，近六时乃去。视余续点所得为白诗第九卷至十二卷之半。

昌显来省，告后日之晨即动身返哈尔滨，车票已购到云。近暮，濬儿亦至，遂共夜饭。饭后与濬、显及润、滋等话家常，九时半始各归。余亦颓然欲眠矣，即就寝。

9 月 24 日（闰八月初一日　己亥）星期二

晴，爽。凉深。

晨六时起。八时续点白诗，抵午尽第十二卷之半及十三至十六卷。一气看下，颇吃力也。午饭后续点至五时，尽白诗第十七至二十卷。及罢，眼花缭乱，左耳且嗡嗡作声矣。

晚饭后，琴、滋、佩及元孙往濬儿所送昌显行。余与润在家闲谈。九时许,琴等偕汉儿同归。盖清、汉皆在送行也。汉留家至十时,辞归。余亦就寝。

9月25日(闰八月初二日　庚子)星期三

晴,有风颇大,初冷,须挟纩矣。

晨六时起。八时摊书,续点白诗,至午尽廿一至廿五卷。昌预来还摇篮,知今晨伊与其母共送昌显母女上车也,此别不知何日见,思之黯然。

近午,澄儿偕寿白及一女同事来,盖在干面胡同听报告毕,顺道见访也,因留共饭。饭后,澄及女友先去。余与寿白长谈至二时乃别。寿白仍往续听报告矣。余乃续点白诗,至五时又尽廿六至廿九卷。

清儿来省,以所制蟹油为献,薄暮去。余晚饭后独乘三轮往长安看青年京剧团建团公演。坐第三排第廿五号(昨日属佩媳为我买票者)。七时开,先为李开屏、侯荣湘、张永全之《拾玉镯》,平平而已。继为李元春、李韵秋、于占鳌等之《天波楼》,自《演火棍》起,至《三岔口》止,殊热闹,仍只看李氏兄妹而已。演技之难于见长,视此益信。十时四十分起行,犹未终场也。亟乘三轮归,已十一时半,小坐即寝,已十二时。

9月26日(闰八月初三日　辛丑)星期四

初阴后昙,偶晴。气却大凉。

晨六时起。八时出,乘三轮过官马司访农祥。同乘电车到西直门,转七路到苏联展览馆,参观印度展览会,入览者不多,遂未排队,随步即进矣。在场中略一浏览,遇坚吾之子令玮,立谈片晌,旋至后身河滨稍憩,即转出,至商场一看印度商品,出售处则排队者较多,殊胜入馆参观者。可见,欲便宜之心炽于求知之心倍蓰也。奈何? 余二人就旁侧茶室茗憩。十一时半,离室,乘无轨电车到西四,再转电车到西单,时已十二时十分,因就同春园饭。味多失鲜,远逊老正兴矣。至不比色信然。饭后,与农祥逛西单商场,在租书摊见到陈忱《水浒后传》,遂押一元取归。(据云不出卖,但不还即没去押款,可见变相买卖依然存在。)掩耳盗铃,可笑孰甚,彼老摊主方且自示得意焉。二人复行至西单南首,农送余上十路车后乃别。

到家已二时半,滋儿亦甫自团中央散会归饭未久也。略坐后,即属就卧休息。余今日稍觉腿酸,走路并不较前多,何欤?

滋儿约佩华看电影,六时前即出,九时后乃〈归〉,余已就寝矣。

9 月 27 日(闰八月初四日　壬寅)星期五

晴,有时昙,气凉爽。

晨六时半起。八时摊书,续点白诗,至午尽第三十至三十三卷。午后又点至四时,尽卅四至卅六卷。

滋儿饭后出外就浴,四时还,因与偕出散步。由礼士胡同、万历桥等处行至隆福寺人民市场,近已改装陈列柜,分类甚细,过道亦加宽,惟空摊尚多,有若干处髹饰尚未毕工,想国庆后必可焕然易貌也。巡历一周,即出左角门,由隆福寺街、东四南大街、内务部街等处走归于家。

夜饭后看袁珂《中国古代神话》,极巧妙,不牵连史实,强为解释,仅为罗列搭配成为故事而已。九时半就寝。

9 月 28 日（闰八月初五日　癸卯）星期六

晴，爽。

晨六时起。八时写信复漱儿。

九时续点《全唐诗》，抵午，尽白诗卅七至卅九卷，及胡晧、吉皎、刘真、郑据、卢真、张浑、韦式、张彤、周元范、繁知一、严休复、卢拱、李谅、刘猛、万彤云、卢贞十六家诗一卷，王起、王损之、王炎、封孟绅、邵楚苌、郑俞、吴丹、王鉴、陈昌言、杜元颖、胡直钧、俞简、杨嗣复十三家诗一卷，凡五卷。

午饭后，点阅《事类统编》舆地部河南河南、南阳两府。二时后又续点《唐诗》，至五时卅分，尽杨衡诗一卷。牛僧孺、叶季良、湛贲、薛存诚、裴次元、李宣远、李君何、周弘亮、陈羽、曹著、王公亮、张仲方、崔元亮、徐牧、王播、独孤良弼、沈传师、白行简、裴澄、罗立言、张灿诗一卷，牟融诗一卷，刘言史诗一卷，长孙佐辅、张碧、张瀛诗一卷，卢殷、独孤申叔、严公弼、严公贶、庄南杰、李溟、贺兰朋言、王鲁复、徐希仁诗一卷，雍裕之诗一卷，段弘古、何元上、宋济、符载、张俨、先汪、李赤、薛昚、孙叔向、刘皂、杨厚、裴交泰、李秘、殷尧恭、林杰、郑立之、苏郁、浩虚舟、蔡京、张顶诗一卷，凡八卷，前后共十三卷。

夜饭后无聊甚，因与润、滋两儿出散步，大风忽卷地起，行至禄米仓西口即折返。拭面而后得安坐，真得不偿失矣，为之怃然。

抽架得《西青散记》，读之，九时半就寝。

9 月 29 日（闰八月初六日　甲辰）星期

晴，爽，傍晚有风。

晨六时起。八时,偕润、滋两儿出散步,由无量大人胡同、煤渣胡同、帅府园、王府井,过百货大楼,然后扬长而北,由八面槽、王府大街、猪市大街转入隆福寺人民市场购物数事。复东行,由朝内市场穿出万历桥、礼士胡同、南小街,乃归于家,已十一时半矣。午饭后二时,复与两儿出,先乘十路到东单,步出崇文门,饱览旧货寄售商店及特种工艺综合商场。又诣花市大街阅市,至三时半乃乘电车往天坛,茶憩于长廊北柏林中。四时半起行,仍乘电车回崇文门,步至东单,各乘三轮遄返,已将六时矣。晚饭后少坐便寝。十时后入睡。

9 月 30 日(闰八月初七日 乙巳)星期一

晴,时昙,偶亦有风,气较昨暖。

晨六时起。八时摊书点《唐诗》。聂氏外孙女昌颉来省,盖昨晚甫自天津大学假归也。适佩媳请假在家,因与攀话。余仍点诗,至午尽李逢吉、于頔、卢景亮、李渤、孟简、王仲舒、孙革、汪万於、何儒亮、李宗闵、韦表微诗一卷,徐凝诗一卷,李德裕诗一卷,熊孺登诗一卷。

午间,润、滋俱归饭。饭后润、佩俱上班去。余则与滋儿、颉孙出游。步至朝阳门乘一路无轨电车往北海,茶于揽翠轩。三时半起行,盘旋登降于山洞、亭槛间,然后至漪澜堂前乘渡舟至五龙亭,看铁影壁、九龙壁等。四时三刻乃出后门,乘电车到青年会下,步归于家已五时三刻矣。

夜饭后,昌颉归去。清、汉、芷来省,谈至十时十分,始各归。余亦就寝。

10 月 1 日（闰八月初八日　丙午　国庆节）星期二

晴，爽。

晨六时起。八时点阅《事类统编》舆地部河南汝宁府、陕州、光州、海州，至十时完毕。于是，河南全省诸府州皆点过矣。

接听广播天安门庆祝国庆及检阅游行诸实况。午酌酒为庆。午后偕润儿出散步，从大雅宝豁口走观音寺，过潊儿新居（即在城外观音寺南，尚未迁入），循街而北，出朝阳门外大街，复东行，过新声剧场门口，见已客满，复东行，经神路街到东大桥乘九路车西行，止于朝阳门里侧。盖游行甫过，临时只开至此也。余二人下车后，复西行，以风沙颇烈，即由南小街折而南，径行归家。滋、佩偕访业熊（昨日由沈归）以天安门不得过，折回。

夜饭后，润挈元孙往东单看焰火，余以足疲未行，坐至十时就寝。

10 月 2 日（闰八月初九日　丁未）星期三

晴，和。

晨六时起。七时四十分，湜儿自校归，正念切中，忽焉归来，殊欣欣也。知五日才得补考，且待之。九时半，汉儿来，达先来，偕湜儿同往观音寺，协助潊儿搬家。有顷，汉儿亦去。饭时，业熊、澄儿、升基、升垲、升培、升增来。文权、昌颉、昌硕、建昌、汉儿、元鉴亦至。因共饭。饭后，湜儿往访旧同学，业熊等皆去潊所帮忙，独汉、润在家。芷芬来。四时许，达、清、熊、澄等皆来。傍晚达等去。熊等则仍留夜饭。湜儿亦归。八时后，熊等亦归去。九时半就寝，与湜同榻。

10 月 3 日 (闰八月初十日　戊申) 星期四

阴转昙,转晴,较热。

晨六时起。七时出,在无量大人胡同东口会清儿,同乘十路转三路到西直门,正八时五分。汉儿及蕴玉已先在,有顷,业熊亦至。适有开往八大处之车,因附登以行,在射击场下,径诣福田珏人墓次,展视并及墨林墓。十时半,复乘汽车达四平台,先往卢师山秘魔崖一游,憩于招止亭。旋下山度涧到灵光寺,复茶。时已过午,无所得饭,因就座次购饼干及啤酒代之,并在池畔合摄一影。食已,业熊、蕴玉上山寻胜,余与清、汉坐以待之,及下午三时一刻,始见下来,盖竟造七处宝珠洞而还也。少坐即行,复至四平台,未久,车来,遂乘以返城。四时半,即抵动物园,乃为转乘七路故,排队甚久,且车中亦甚挤,比到前门已六时矣。走赴老正兴晚饭,七时许,即已下楼各散。余乘三轮遄返。

九时后,洗足濯身,易衷衣就寝。仍与湜同榻。

10 月 4 日 (闰八月十一日　己酉) 星期五

晴,较昨和。

晨六时起。八时摊书,点《唐诗》,至午尽李涉诗一卷,陆畅诗一卷,柳公权、吴武陵、韦处厚、杨敬之、李虞仲、张又新、封敖、马植、李廓诗一卷,李绅诗第一、二两卷。

平伯见过,谈移时,假《全唐诗》十五册(二至十六)去。

午饭后,湜儿赴校,余填好九月工作汇报表交伊带与王积贤。滋儿小睡,余乃续点《唐诗》,至四时半,尽李绅诗三、四两卷及崔公信、杨虞卿、杨汝士、陈至、赵蕾五家诗一卷。

接亲家戴叔道书,谢赠《史记选》,并附来其母节略属撰碑文,
稍暇当得报命也。

夜饭后,沈云瑞、吴述琇夫妇来访,琴珠、佩华过我一谈,九时
一刻辞去。时已风作,余十时就寝,风声撼户,彻夜未宁。宜孙多
食受凉,前昨俱有寒热,问医两度,打针两次,今晚已渐痊矣。

10 月 5 日(闰八月十二日　庚戌)星期六

晴,大风,初冬景象。

晨六时起。登记新入藏书。九时续点《唐诗》,至午,尽鲍溶
诗三卷,卢钧、范传质、贾谟、陈彦博、唐扶、陶雍、郭周藩、侯冽、王
质、高铢诗一卷,舒元舆诗一卷,卢宗回、周匡物、廖有方、皇甫曙、
潘存实、陈去疾诗一卷,张萧远、李播、王季则、纪元皋、吴晃、郑还
古、独孤铉、王初、刘轲、朱昼、滕迈、滕倪诗一卷。

宜孙又腹泻,琴媳午后归来,抱诣静容处求诊。据云,扁桃腺
关系,拉稀未必有影响也。

一时半,余又续点《唐诗》,至五时,尽殷尧藩诗一卷,沈亚之
诗一卷,施肩吾诗一卷,费冠卿、萧建、刘虚白、张复、张胜之诗一
卷,姚合诗第一、二两卷,通合前后凡一十三卷。倦矣!

六时夜饭。饭后独出,缓步至演乐胡同东单区工人俱乐部看
北京市京剧一团演出。坐第一排十三号(票为午间属滋儿买来),
卖座尚好,无戏目,除素日稔知者外,竟不知谁是江玉枫,谁是某
也。先为《战神亭》,次为《回龙阁》,次为《白门楼》,最后为《三岔
口》。十时半散,仍步归。时滋、佩亦在吉祥看越剧,甫归也。因与
滋略谈数语,然后就寝。

10 月 6 日（闰八月十三日　辛亥）星期

晴，暖。

晨六时起。七时半，与滋儿偕出，到东四大同酒家进茶点。一小时后起行，逛隆福寺。十时许，乃回家。得澄儿电话，约往饭。遂偕滋儿挈元孙同出，走至青年会乘电车往西单，再转三轮径往真武庙，诣澄家，晤业熊等。啖饺子，饮啤酒。诸外孙围桌共食，颇热闹也。下午二时，偕熊、澄、元、滋、埙、埩、垲往游玉渊潭，以模式口放水，故淹面加大，岸树多有浸没水中者，想当重事整治，以备行舟耳，然而大非当年景象矣。循岸至钓鱼台闸桥下，又置一桥，束水急流直下，喷激起涛，雪花四溅，声浪轰耆，别具壮观，为流连久之。四时回至木樨地，与澄、熊等别，乃偕滋、元登卅八路车，东入复兴门，达于西单，复转十路归家。抵门已五时许。

夜饭后，得湜儿电话，知余与积贤信已交去，且知购煤并不甚难，而伊补考之事，亦已及格矣。为之大慰。十时就寝。

10 月 7 日（闰八月十四　壬子）星期一

晴，和。夜月甚好。

晨六时起。八时续点姚合诗，至午，将第三至第七卷皆毕之。午间得佩华电话，知以校正生理已入天坛人民医院，住彼诊治，约三日便可出院，请属滋华送日用衣物去云。滋归饭，亦早知之。饭后即送衣物去。

余仍续点《唐诗》，至四时，尽周贺诗一卷，郑巢诗一卷，吕群、崔涯、郭良骥、崔叡、焦郁、崔郊、刘鲁风、柳泌、何希尧、朱冲和、张光朝、梁铉诗一卷，章孝标一卷，蒋防、李虞、裴潾、刘三复、韦瓘、崔郾诗一卷,孔温业、赵存约、窦洵直、陈标、袁不约、李馀、白敏中、李敬方、李回、常楚老、李甘平、曾景审诗一卷,顾非熊诗一卷,先后凡十二卷。有顷,滋儿归述佩住院情形,并顺道为余购得明晚中和戏券一纸。

夜饭后,待清儿不至,明道、慧英挈孩来看琴珠,九时去。

余八时半就寝,卧听广播,于十时四十五分听到苏联发射第一颗卫星,通过北京,此真人夺天工之嚆矢矣。普受各国科学界之赞叹,宜哉!

10 月 8 日(闰八月十五日　癸丑　寒露)星期二

晴,大风扬沙,午后稍戢。气较昨凉。夜月皎洁。

晨六时起。八时续点《唐诗》,至午尽张祜诗两卷,杨洞美、长孙翱、卢求、欧阳衮诗一卷,裴夷直诗一卷,朱庆余诗一卷,王彦威、庾敬休、许浑、厉玄、魏扶、杨汉公、何扶、柴辅、房千里、刘珣伯、李章武、萧仿、柳棠、钟辂诗一卷,杨发、杨收、杨乘、尹璞诗一卷。

午饭后,又点至四时半,又尽雍陶诗一卷,李远诗一卷,杜牧诗第一、二、三卷。先后凡十二卷。

湜儿四时自校归,盖今日下午及明日皆无课也。

夜饭后,独乘三轮往前外粮食店中和剧院看戏,坐楼下第一排第九号。入座未久即开演。为四团所演新排《董小宛》,吴素秋饰小宛,姜铁麟饰冒襄,李德彬饰清顺治帝,张荣善饰钱谦益,钮淮华饰洪承畴,张曼君饰佟佳后。初排初演,有此成绩已属难能。惟服装终嫌杂凑,仍不免蹈《香妃》及《杨乃武》等剧之覆辙。而铁麟火气过甚,诚未谙所谓风流蕴藉之故耳。十一时半始散。仍乘三〈轮〉亟归。湜儿坐待未睡也。十二时后始就寝。

10 月 9 日 (闰八月十六日　甲寅) 星期三

晴,和。

晨六时半起。八时半,清儿挈建新来,遂偕湜与之同出,先乘十路,转五路,到陶然亭公园,正十时,茶于慈悲院西廊上,至十一时半起行,度桥过云绘楼、清音阁,绕到儿童运动场,俟建新玩畅乃出园。乘五路车到珠市口下,走至煤市街南首丰泽园午饭。刚抵门口,滋儿亦骑车赶至,盖电话约伊于下班来会,果聚首门前,巧极矣。一时半食毕,滋往天坛看佩华。余偕清、湜、新乘一路到东安市场下,走至百货大楼,为湜选购卫生裤,无当意者,乃在王府井一家百货店购得一条。清、新乘三轮归去。余父子复走东长安街乘十路东归。抵家,滋儿亦甫自天坛归就睡矣。

三时三刻,湜儿挟书返校,星六可归省云。五时,清儿、业熊偕来。坐有顷,同出,三人步行至米市大街,乘电车南行,到大栅栏下,径登老正兴楼。潆、汉俱在。澄儿亦已至。又有顷,文权亦来。遂共饭。盖明日熊即出差赴山东,潆、清、汉三人饯之也。七时半饭毕,各别归家。余乃乘三轮以行。

李妈以女儿做产,假归顺义,今晚行,当觅一替工王妪来代,亦于本晚到。十时就寝。窗外月色极佳。

10 月 10 日 (闰八月十七日　乙卯) 星期四

晴,微有风,气仍和。

晨六时起。八时后,写两信,一复戴叔道亲家,允稍缓为其母作志墓文。一复外孙昌颉,勉其有亲头。

十时后,续点杜牧诗,至午尽第四至第八,小杜诗毕矣。

农祥电话约游,因于饭后一时许即出,径赴中山公园来今雨轩,适于廊上相遇。遂未坐即由阙右门至午门,入览故宫。径往西路养心殿(新开放,据云照原样布置),在窗外遥望而已。继入御花园啜茶少憩。三时后,往皇极殿参观绘画馆,殿上陈列隋唐宋人画,东面配殿接为画廊,陈列宋元人画(元居多),彼处已有灯光设备,较殿上为佳。顾时间匆促,四时半即掩门关窗,似有谢客意。遂出,经由端门、天安门到外金水桥南,雇得三轮,乃与农祥握别,乘以东归。

夜饭后,又与润、滋同出,乘十路到王府井南口下,走至百货大楼及东安市场一逛,在书摊上买新旧书各一部,竟扬长走归。到家已九时半,即各就寝。

10 月 11 日(闰八月十八日　丙辰)星期五

晴,大风作吼,户牖皆震,尘土亦坌集,气类初冬。夜月尚明。

晨六时起。整治室内几案,并登录入藏书籍,至九时乃得摊卷续点《唐诗》。至午尽许浑诗五卷。饭后续点至四时半,又尽许诗第六至第十一卷。

佩华今日午后二时出院,滋儿饭毕往接,租汽车共载而归。据告,化验结果将缓日始能揭晓云。接湜儿电话,明日下午可归省。

夜饭后,小坐至八时半,即就寝。卧看周栎园书影,并听广播新闻,十时后入睡。

10 月 12 日(闰八月十九日　丁巳)星期六

晴,微有风,气较昨略暖。

晨六时起。九时续点《唐诗》,至午尽李商隐诗三卷。午饭后复点《唐诗》,至四时,尽纪唐夫、裴思谦、李衢、李损之、李景、张元宗、李肱、郑史、许澪、牛丛、陈上美、杨鸿、赵璜、潘咸、薛莹、崔元略、冯涓诗一卷,喻凫诗一卷,刘得仁诗二卷,权审、邢群、曹汾、严恽、殷潜之、祝元膺、彭蟾、王枢、张希复、钱可复、张鹭、刘庄物诗一卷、朱景玄、薛宜僚、郭圆、崔铉、元晦、路贯、郑薰诗一卷,先后凡九卷。

湜儿四时前自校归。夜饭后,偕滋、佩、元往红星看十一国庆影片,七时半开,八时一刻即毕。余乃与元乘三轮先归。滋、佩则连看下场也。十时就寝,与湜同榻。夜月仍姣好。

10 月 13 日(闰八月二十日　戊午)星期

晴,暖。

晨六时起。七时半,偕滋、湜、元往大同早点。有顷,润儿亦至,八时半即归。

午后,湜往首都剧场看芭蕾舞。滋及琴、佩为余理衣服,分别纳箱庋橱,今后不时之需可以随手取给矣。

夜饭后,独往中和看北京市京剧工作者联合会协助市一团演出。七时开,十一时五十分始散。先为刘世亭等之《时迁偷鸡》,次为徐玉枫等之《玉堂春》。休息后,为侯喜瑞、筱翠花、孙毓堃等之《战宛城》,自马踏青苗、割发代首起,至胡车盗戟、张绣刺婶止,历两小时余,侯等三人难得出演,且甚卖力,固是好戏,但观众于此三人似过于佞奉,岂有一抬眼、一迈步、一举手、一投足必报以掌声之理,精到处转为所掩,惜哉!往返俱乘三轮,到家已十二时一刻,儿辈已睡。余小坐亦便就枕,湜儿竟未之觉。月色正窥窗也。

10 月 14 日 (闰八月廿一日　己未) 星期一

暖晴如昨。

晨六时半起。九时，湜儿辞家返校。余亦摊书续点《唐诗》，至午，尽三大卷，薛逢一卷，赵嘏两卷。午饭后续点，至四时，又尽卢肇诗一卷，丁稜、高退之、孟球、刘耕、裴翻、樊骧、崔轩、蒯希逸、林滋、李宣古、黄颇、张道符、丘上卿、石贯、李潜、孟守、唐思贤、戈牢、金厚载、王甚夷诗二卷，姚鹄、项斯诗各一卷，马戴诗一卷，易重、孟迟、王铎、郑畋、谭铢、卢嗣立、朱可名、张良器诗一卷。

夜饭后，滋儿为我购书事，携款往新华会佩媳，共同抱书归来。余与润儿出散步，亦来去均乘十路，往逛百货大楼及东安市场，买到日常应用零物多种，比返家，又见满案图书，滋等亦回来未久也。相与闲翻杂志，至十时后，乃各归寝。

接湜儿电话，知安抵上课。

10 月 15 日 (闰八月廿二日　庚申) 星期二

晴，和。午后风作，又呼呼有声，近暮黄尘飞扬，云亦渐多，风中感冷矣。

晨六时半起。七时，将昨夕所购诸书分别入录，且就几摊看故宫所印《宋人画集》，欣赏久之，至十一时许乃续点《唐诗》。

午饭后，仍点诗，抵暮，凡尽薛能诗四卷，刘威、李玖、潘唐诗一卷，裴休、令狐绹、夏侯孜、魏谟、周墀、李景让、郑颢、刘绮庄、张固、刘皋、李质、南卓、李讷、崔元范、杨知至、李明远、萧缜、卢顺之、李善夷、卢潘、赵牧、裴诚诗一卷，于兴宗、李朋、杨牢、李续、李汶儒、田章、薛蒙、李郢、于瑰、王岩、刘暌、李渥、刘潞、卢栯、李体仁诗一卷,韩琮诗一卷,王传、卢邺、陆肱、崔澹、莫宣卿、封彦卿、李节、韦蟾、卢渥、郭褒、柳珪诗一卷,郑嵎、崔橹诗一卷,共十卷。

夜饭后,润、滋俱往大华看电影,佩华在彼取齐。

接八大处照相部寄到三日所摄影,当电告清儿,约来看。同时,接上海吕翼仁柬,告乃翁诚之先生已于九日九时寿终,十三日下午二时,在万国殡仪馆大殓云。史学耆宿,又弱一个,不禁惨痛久之。

潜、权、清、新皆于夜饭后来省,谈至九时许,润等皆归,伊等亦去。余乃就寝。

10 月 16 日 (闰八月廿三日　辛酉) 星期三

晴,大风,空中筜篥交作,转冬象矣。

晨六时半起。八时续点《唐诗》,饭后仍之,至四时,尽李群玉诗三卷,贾岛诗四卷及温庭筠诗第一卷,凡八卷。

上午十时,妙中见访,询话本注释数事,为解决若干件,十一时半去。下午三时,平伯见过,还《唐诗》十五册。又假去四册,并它书一部。谈至四时许去。

清儿来省,以牡制熏鱼为献,傍晚去。澄儿来晚饭,至八时半亦去。

九时后即寝。卧听转播谭富英《洪洋洞》,十一时入睡。

是夕骤冷,加覆羊毛毯。

10 月 17 日 (闰八月廿四日　壬戌) 星期四

晴,初冷,须袭重绵矣。

晨六时半起。八时续点温冬郎诗,至十一时毕之,计第二至第九,凡八卷。

　　十时许，湜儿归来，以午间约润儿在灶温小吃，遂与之同往。先乘十路到朝内大街，然后徐步以往，至则润已与元孙在彼相候，盖元孙牙疾，润领出就医，遂尔同去也。吃一窝丝面及锅贴豆腐，甚佳(以保持本地特色故致佳)。食毕，同逛隆福寺人民市场，遇冠英夫妇，立谈有顷。在摊上购得刻磁笔海一具，价二元。一时许离寺，步往朝内大街，看润儿入文化部办公，余与湜、元由万历桥等处走归，已将二时矣。

　　坐有顷，农祥至，三时十分，湜辞返校。四时，滋儿归，今日又至防治所复查健康情况。据告一切正常，甚以为慰。又有顷，农祥辞去。

　　夜饭后，润儿出参会，佩媳亦以事未早归。余与滋儿闲谈，至九时许就寝，卧听转播马连良《借东风》，十一时入睡。

10 月 18 日 (闰八月廿五日　癸亥) 星期五

　　晴，冷，又添衣矣。

　　晨六时半起。八时续点《唐诗》，竟日为之。抵暮尽段成式诗一卷，刘驾诗一卷，刘沧诗一卷，李频诗三卷，李郢诗一卷，崔珏诗一卷，曹邺诗二卷，储嗣宗诗一卷，于武陵诗一卷，司马扎诗一卷，徐商、高璩、高湘、崔安潜、裴铏、刘损、郑愚、霍总、陈政治、裴虔余、李嵘、袁郊、张丛、冯衮、郑繁、温庭皓诗一卷，高骈诗一卷，于濆诗一卷，牛峤、伊璠、萧遘、韦承贻、郑洪业、孙纬、欧阳玭、张演、裴澈、翁绶、潘纬、武瓘、袁皓、公乘亿、王季文、卢骈、王镣、李拯、顾封人、司都诗一卷，李昌符诗一卷，汪遵诗一卷，许棠诗二卷，邵谒诗一卷，林宽诗一卷，刘邺、李骘、孙蜀、欧阳澥、陈黯、张孜、郑仁表、赵鸿、童翰卿诗一卷。及皮日休诗开端已黑矣。只得罢手。通计凡点二十四卷。亦云劳矣。

夜饭后,独步往演乐胡同东单工人俱乐部看民生京剧团演出。七时开,十时四十分散。剧为《红娘》及《续红娘》,所谓续者,即《长亭惊梦》、《荣归》、《争婚》等折改编者,竟以红娘配琴童,真喜剧矣。饰红娘者毕谷云,饰张生者周承志,饰莺莺者白玉依,饰琴童者朱锡林。尚可意。馀则碌碌,竟数而已。余仍坐第一排十三号,票为滋儿于饭后买来者。戏散步归,已十一时,少坐即寝。

10 月 19 日 (闰八月廿六日　甲子) 星期六

昙阴间作,冷势却减。

晨六时半起。八时至十时,将皮日休诗第一、第二两卷点完。然后登录新入藏诸书,并看《邓小平关于整风运动的报告》。十二时半乃毕。

午饭后,续点皮袭美诗第三至第九卷,至五时全毕。

夜饭后,润出看电影,滋出会佩媳购物。余九时即寝。

接满子电话,知圣陶约余明晨八时到伊家,同诣福田展墓,并顺游香山。

接浞儿电话,知伊宿舍卅七楼亦已装有电话,今后可通入也。

10 月 20 日 (闰八月廿七日　乙丑) 星期

晴,无风,日中暖,早晚冷。

晨六时起。七时五十分乘三轮抵叶家,八时半偕圣陶、至善、满子及三午等同乘中客车一辆,出西直门,过平安里接至美、蘩生等三人,凡载十七人。由颐和园后青龙桥,在卧佛寺南大道折南,径抵福田公墓。两家展望讫,又摄影数帧,然后退,仍由原路返卧佛寺,折西,到香山广场,步入静宜园,从北道登至昭庙。以修葺未得入。转中路诣玉华山庄,已十二时,人挤无隙地,后得在南首平台获地啜茗。圣陶出所携蛋糕、面包、熟肴相享。蠖生购啤酒共下之。坐至一时,饱看红叶,惜霜醉未深,尚未一片通红耳。由玉华山庄起行,复往南登览森玉笏,然后南下过半山亭、香山寺,复茶憩于双清别墅。三时半下山,乘原车入城,四时半抵东四北大街。余告别下车,转雇三轮返家。

抵门已将五时。接潄儿十六日书。知潘、澄、汉三儿俱来饭,已将伊母所遗衣物遵余属,分配各自保管矣。为之怅慰交并。

夜饭后,清儿来省,谈至九时去。余亦就寝。是夕始御厚棉被,佩媳所安置也。二时半起溲,复入睡。

10 月 21 日(闰八月廿八日　丙寅)星期一

晴,冷如昨。

晨六时半起。九时摊书,续点《唐诗》,至午尽陆鲁望诗一至六卷。饭后,潘儿及高尔松来谈,一时半去。二时续点《唐诗》,至五时,尽陆诗七至十四卷及张贲、崔潞、李谷、崔璞、魏朴、羊昭业、颜萱、郑璧诗一卷。

夜饭后,滋又出会佩,同看电影。余与润、元略一周旋后,灯下赏故宫所印《宋人画集》。九时就寝。四时起溲,五时后又入睡,片晌又醒矣。

10 月 22 日(闰八月廿九日　丁卯)星期二

晴,风又大作,加冷。

晨六时半起。八时后,续点《唐诗》,至十二时未之间尽司空图诗三卷,周繇诗一卷,聂夷中诗一卷,顾云诗一卷,张乔诗二卷。

午后,潘儿来省,一时半,余因与滋儿偕之同出,送潘上班。余等二人行至东单阅市,旋乘电车,往中山公园,略一散步,在书亭购得《元白诗选》一册,然后茶憩于来今雨轩前茶棚下。三时三刻起行。诣唐花坞一赏,适陈列各色西番莲,大者如盏如盘,绚斓如锦,为留连久之。四时一刻出园,乘十路车归。

汉儿来省,因共夜饭。饭后,锴孙及清儿先后至,谈至九时半,皆辞去。余亦就寝。以明晨须往听报告也。(所中电话通知者。)

10 月 23 日(九月大　建庚戌　戊辰朔)星期三

晴,冷。

晨六时半起。八时半,所中车来,冠英、范宁、介泉在焉。因驰赴朝内大街一一七号科学院编委会大礼堂,参加本院各民主党派联席会议,听院秘书长裴丽生作反右运动报告。在场遇平伯,五人即坐在前后两排中。十二时散,余仍由所车送归。到门始与冠英、介泉、范宁别。

饭后,登录新购诸书。雪英来访,又以所煮酒焖肉见饷,清儿适来,遂共谈至四时,乃辞去。清儿旋亦辞归。

夜饭后,看黄公度《人境庐诗草》,有钱仲联笺注,颇得本事之所在,殊快。

文权午后及夜饭后俱来谈,未多时即去。

九时就寝。

10 月 24 日(九月初二日　己巳　霜降)星期四

晴,冷。

晨六时起。七时十分，所中车来，即乘之出城，径赴中关村科学院社会楼三楼俱乐部，参加本所小组会，批判杨思仲、樊骏。八时起，至十二时止，仅及杨，而未及樊，因定下午连开。余以久坐腰酸，只得向主席告假，原车送归。会上对杨批判，深为感动，座中有失声痛哭者，足征杨之负党堕落，颇致惋惜矣。

一时午饭，饭后得农祥电话，约往晚饭。余因于二时半乘十路赴之。同出逛西单商场及菜市，并在桂香村进汤团，近五时乃回至倪家。六时半，亦秀归来，遂共小饮。饭后听亦秀唱曲数支。九时始辞归。乘三轮到家，已将十时，即就寝。

10 月 25 日（九月初三日　庚午）星期五

晴，冷如昨。

晨六时起。八时摊卷，点阅《唐诗》，至午后五时，尽曹唐诗二卷，来鹄诗一卷，李山甫诗一卷，李咸用诗三卷，胡曾诗一卷，方干诗六卷，凡十四卷。

午前十时，平伯见过，就架查书，十一时后去。午后五时，乃乾见过，亦查书，越时始去。

夜饭后，与儿辈闲谈，十时就寝。

10 月 26 日（九月初四日　辛未）星期六

晴，冷，较昨为和。

晨六时起。八时续点《唐诗》，至午尽罗邺诗一卷，罗隐诗十一卷。午后一时半，偕滋儿出，乘十路到王府井南口下，在五兴添印照片，复北走至百货大楼，乘三路至护国寺，入门只有花店一家，馀已成一大杂院。回忆四十年前，在京参观庙会时，大非昔比矣。

以无可观览,即出,复沿护国寺街东行,迤逦至于北海公园后门,遂入,憩于仿膳南面广场上啜茶,至四时起行,沿海子西岸南出阳泽门,东度金鳌玉栋桥,乘无轨电车还朝内南小街,仍下车徐步以归。到家已将五时矣。行路并不少,略感疲乏耳。

夜饭后,与儿辈谈家常,九时即寝。

10 月 27 日 (九月初五日　壬申) 星期

昙,午后晴,较冷于昨。

晨五时即起。六时半偕润儿出,乘十路转三路到西直门会农祥、亦秀及孙孝丞父子(其子晓丹初中一年生),同乘卅二路到颐和园门前,再转卅三路往香山,径诣静宜园,已十时矣。入园登山,茶憩于玉华山庄南首平台上。红叶已较上周所见为盛,惜日光熹微,不显照灼为憾耳。坐至十一时,往西首食堂午餐,餐已,遇晓先、雪英伉俪,伊二人正来就食,余等欲急于寻胜,略谈数语即行。亦秀等四人居然直上鬼见愁。余父子则止于静宜故址相候,未再上,仅往西山晴雪碑下一行。时日出高照,却大得幽趣。坐枯树上南望,正对一片山峦,红叶浅深相间,又杂缀苍松翠柏,绚斓静穆,得未曾有,真观止矣。坐久之,始还静宜故址。良久,亦秀等始下,已近下午二时矣。乃循径过阆风亭、栖月山庄、半山亭、香山寺,而茶于双清别墅。三时半下山,乘香山直达动物园专车行。比到西郊已五时。与亦秀等别,余二人再转无轨电车东返南小街,仍步行而归。到家已六时。

夜饭后,拭身洗足,易衷衣,九时即寝。

10 月 28 日 (九月初六日　癸酉) 星期一

晴,冷,大有冬象矣。

晨六时起。八时摊书，点阅《唐诗》，至午后四时，尽罗虬诗一卷，郑损、张祎、卢携、李廷璧、许三畏、卢嗣业、牛峤、郑合、李搏、李克恭、程贺、卢尚卿、顾在镕、翁洮、李峤、郑启、韩仪、温宪、姚岩杰诗一卷，高蟾诗一卷，章碣诗一卷，秦韬玉诗一卷，唐彦谦诗二卷，周朴诗一卷（有缺页），郑谷诗四卷，许彬诗一卷。以久坐腰酸，亟思起行，乃偕滋儿同出散步。先乘十路到王府井南口下，扬长而北，在盛锡福购得冬帽一顶。往吉祥购戏票未果，在稻香春买饵而归。皆徒步。

潘儿来午饭，一时半去。夜饭后，少坐，至八时半即就寝。九时后入睡。十二时醒，未几复入睡。

10 月 29 日（九月初七日　甲戌）星期二

晴，冷。

晨六时半起。八时看通俗文艺出版社所出潘际坰著《末代皇帝传奇》，写访问溥仪时所记当前生活及回忆已往情景，都极生动，一时不忍释手，至十一时乃一气阅毕。备悉溥仪经改造大有觉悟，可见，新时代、新社会感化力之大，真无施不可也。

午后续点《唐诗》，至五时，尽崔涂诗一卷，韩偓诗四卷。润儿四时来电话，谓琴珠买好电影票，下班后都径往看戏，不回家吃饭。滋儿睡起，亦谓上午得佩华电话，今晚六时半，要出外看电影，须赶早吃夜饭。于是，五时十分即开夜饭。饭次，元孙始归，未及六时，余与元孙尚未食毕，滋已骑车去矣。

文研所派一女同志送开会通知及讨论材料来，知星四上午八时，仍在科学院社会楼俱乐部开全所会议，讨论杨思仲、樊骏问题。因于夜饭后就灯下看材料。

下午接西谛廿四日从捷克斯洛伐克首都布拉格来书,知在彼讲学。万里海外承存念远问,是真岁寒交谊矣。七时半,湜儿自校归,复具餐。九时,润、琴归,又具餐。九时半,滋、佩亦归。十时就寝,与湜儿同榻。

傍晚,熟理发师叩门来,遂理发,因约下月二十日再来云。此人半年未来,昨忽自至也。

10 月 30 日（九月初八 乙亥）星期三

晴,薄寒。

晨六时起。七时半,续点《唐诗》,至午后二时,尽吴融诗四卷,孙偓、陆扆、薛昭纬、陆翙、狄归昌、裴庭裕、李沇、裴贽、卢汝弼一卷,陆希声、李昭象诗一卷,王驾、王涣、戴司颜、吴仁璧、汪极、张曙、林嵩诗一卷,杜荀鹤诗三卷。

午后,潘、清来省,一时半潘去。三时半清去。三时,又续点《唐诗》,至五时三刻,又尽张道吉、唐廪、王毂、孙邰、褚载、郑准、陈乘诗一卷,韦庄诗第一至第三卷。通计前后凡十四卷。然而疲乏极矣。

夜饭后,坐至九时就寝。湜儿为理其自购诸书编录至十一时始睡。

10 月 31 日（九月初九 丙子 重阳节）星期四

晴,较和,惜不甚朗。

晨六时起。九时与湜儿出游,乘十路到南樱桃园,转五路去陶然亭。登西南土山之巅,一为远眺。十时半,诣慈悲院西院啜茗,坐至十二时离座,迤逦出园北门,复乘五路到大栅栏,径登老正兴楼。有顷,滋儿亦至,盖离家之前,电话约伊于午间下班时径来午饭者。三人小酌,极酣。午后二时乃罢。又电约农祥,在景山相会。余等又乘五路以往,至则农祥已先在,遂同坐啜茗,至三时半乃起行登山。遍历五亭,由西麓下,出门乘无轨电车东归。农祥则往隆福寺一行矣,遂别。走归于家已五时。

夜饭后,汉儿来,谈至九时去。十时就寝。仍与湜儿同榻。

是夕琴晚归,滋、佩在外看电影,俱九时许乃还。伊等归未久,汉即去。

11月1日①(丁酉岁　九月大　建庚戌　初十日　丁丑)星期五

晴,冷

晨六时起。七时一刻,湜儿辞赴校。十一时半,来电话谓已依时到校上课,现往就餐云。八时续点《唐诗》,至午尽韦庄诗第四至六卷,王贞白诗一卷,张蠙诗一卷,翁承赞诗一卷,黄滔诗三卷,殷文圭诗一卷。午饭后,又续点徐夤诗,三时后毕第一、第二及第三之大半卷。

滋儿午睡起,因同偕步散闷,不觉到王府井北口,再由北口踱至南口,乘十路以归。

夜饭后,得平伯电话,知明日午后所中将开总结报告会,约同去出席,谓有汽车来接也。

九时半就寝。

11月2日(九月十一日　戊寅)星期六

昙,仍冷,午后雨,夜有月。

①底本为:"一九五七年十一月一日至一九五八年二月三日。苏亭日记。"

晨六时半起。七时半摊书,续点《唐诗》,至九时半,尽徐夤诗第三卷及四卷,钱珝诗一卷,喻坦之诗一卷,崔道融诗一卷,卢延让、裴皞、王希羽、柯崇、刘象、杨凝式、沈颜、李琪、刘崇龟、刘崇鲁、孙定、许昼、薛准、裴谐诗一卷。以下午须出城开会,准备看文件,十一时半即饭。饭后一时十分,所中车来,即乘以过接平伯,同驰出城,径赴中关村科学院社会楼俱乐部,出席本所全体会议。其芳主席。二时开会,六时一刻散,结束反右斗争,转入第三阶段,从事整改。散出,知曾雨,仍乘原车入城,平伯径往作协大楼主持昆剧演出,余则遄返家中。汉儿在,已夜饭。余遂独饮具餐,属汉、润往观昆剧。余乃休息,不复前往矣。

夜饭后,打五关为戏,十时就寝。

11 月 3 日 (九月十二日　己卯) 星期

晴,较昨暖,夜月甚好。

晨六时半起。十时,达先挈建新来省,十一时后,余挈元孙偕之出城阙,同赴濬、权家午饭之约。澄儿及基、塀两外孙已在。有顷,汉儿、芷芬至,又有顷,滋儿、琴珠、佩华亦至。知润儿独留在家照料,装置火炉,十二时半乃来。共饭后,谈至二时半散归。达先挈建新先归去。余众都回至小雅宝。芷、汉四时后去。澄等则夜饭后乃告归。滋儿为装火炉事与润争吵,嗣以自知不安而向润道歉。遂复如初。勇于改过固可嘉,调停之功不能不归琴、佩也。余衰颓自安,不作痴聋何待,则亦听之。夜十时就寝。在收音机中,又听到苏联发射第二颗人造卫星及制成举世无匹新型客机之消息,为之兴奋不寐,十二时后乃入睡。

11 月 4 日（九月十三日　庚辰）星期一

晴,微冷,与昨不相上下。夜月姣甚。

晨六时半起。八时写信复漱儿,附照片二帧去。心绪大不佳,无法伏案看书,乃出《宋人画册》展览之,迨午乃毕。午后本拟与滋出散步,滋午睡久不兴,余只索坐打瞌睡片晌。总之神思大颓矣。

接所中电话,明日上午八时半有会,讨论明年度研究计画云。

夜饭后打五关数盘,属滋儿出购物。十时就寝。

11 月 5 日（九月十四日　辛巳）星期二

晴,较和。

晨五时半起。七时半,所中车来,即乘以过平伯,同赴北大哲学楼,参加中国文学组工作会议。到先秦至宋及元明清两组全体人员(默存未到)。八时半开始,其芳主席。决定明年度工作计画,并汇报今年度工作进度。余报年底可作出《唐诗选》初选篇目,明年三月后着手注释工作,完成期须跨入后年云。馀人亦都提出各自计画,然后归纳为主要研究、重点研究等项目上报科学院。余前拟《诗文述评长编计画草案》经冠英、默存、友琴提供意见,由晓铃转交余手,以一时无法兼顾,当场声明缓办,揆诸所中现有人力,恐亦无从为此耳。十二时散。仍乘原车送归。

午饭后,闷甚。滋儿请偕出散步,乃同乘十路北行,到朝内大街,换无轨电车往西郊动物园一游。获观乳狮虎近十头,颇好玩,又见到犀牛及狒狒(即俗称山魈)。茶憩于豳风堂前轩。看幼儿园游览儿童数辈,俱活泼天真,生趣盎然,为之返年不少。四时半出园,乘无轨电车回朝内大街南小街,徐步以归,刚五时半,元孙犹未归也。

有顷,元孙归来,润亦归,遂夜饭。琴珠以开会故,未归饭,事先电话告知者。八时,佩华归。九时半,琴珠归。十时就寝。

所中转到外文出版社英文版中国文学编辑部函,询问司马迁著作年月与季镇淮所撰文有异同,请解答。明日当复之。(余作根据为王国维《太史公系年考略》与郑鹤声之《司马迁年谱》。)

11 月 6 日(九月十五日　壬午)星期三

晴,和。

晨六时起。七时半,作函答复外文出版社中国文学编辑部。九时,续点《唐诗》,直至下午五时始止,尽曹松诗二卷,苏拯诗一卷,路德延等七家诗一卷,裴说诗一卷,李洞诗三卷,唐求诗一卷,于邺诗一卷,陆贞洞等十四家一卷,胡令能等十六家诗一卷,周昙诗二卷,李九龄诗一卷,胡宿等四家诗一卷,高力士等十六家诗一卷,李密等六家诗一卷及五代罗绍威等十一家诗一卷,和凝诗一卷,王仁裕诗一卷,冯道等十五家诗一卷。

夜饭后,濬、清、汉三儿,权、达两婿及外孙元锴、建昌来省,谈至近十时去。约明日游颐和园。湜儿十一时半在文化宫表演歌咏后归家,余已寝矣。

11 月 7 日(九月十六日　癸未)星期四

晴,和,夜月全食,下半夜月皎甚。

晨六时起。七时半与濬、湜两儿挈元孙同出,至禄米仓口十路车站会清儿及小逸、建新,同乘至朝内大街,换乘无轨电车,径赴动物园,拟乘直达车去颐和园。询之站上人知此直达车已停驶,乃改乘卅二路车,人挤不得上,而达先却先去邀澄儿,已独自乘上矣。余等少候,适续车至,即登之,直放颐和园。会达先同入憩知春亭。有顷,汉儿、元鉴来,又有顷,澄儿及升塏、升垲来,一行十三人遂循德和宫、谐趣园、景福阁、多宝塔、弥弥灵境,直赴石丈亭。就餐已十二时半,立待久之,乃得坐。食后复雇一画舫泛湖,绕龙王堂,穿十七孔桥,回至排云殿前登岸,即循长廊出园,过访大璐于颐和园小学。憩息片晌,然后乘卅一路车入城,径达西四牌楼,换乘无轨电车返南小街,余与湜儿、元孙三人徒步以归,已薄暮矣。

湜儿同学于生来访,因留晚饭。饭后与滋、湜、元三人偕之同出散步,顺看天安门前放焰火,庆祝苏联十月革命四十周年也。有顷,走归。湜复偕于生出,至十时半始归。余已就卧矣。润儿、琴媳夜出看电影,十时后归。

11 月 8 日（九月十七日　甲申　立冬）星期五

晴昙兼施,气仍不寒,夜月晕。

晨六时起。八时续点《唐诗》。十时平伯见过。十一时乃乾见过,明后日将赴沈阳访书板云。先后谈,抵午皆去。

下午又续点《唐诗》,至五时罢,尽宋齐邱等八家诗一卷,李建勋诗一卷,孟宾于等五家诗一卷,陈觊等四家诗一卷,孙鲂、沈彬诗一卷,张泌诗一卷,伍乔诗一卷,陈陶诗二卷,李中诗四卷。

夜饭后,独自步往演乐胡同东单区工人俱乐部看京剧四团演出。七时开,十时半散。余坐一排十四号,在场遇振甫夫妇。剧目为《武松与潘金莲》。姜铁麟、吴素秋主演,汪鸣宸饰王婆,宋世庚饰酒保,皆佳。散戏后仍步归,未及十一时也。即洗足拭身易亵衣就寝。

是夕睡甚酣,醒来已翌晨六时半,真难得之事矣。湜儿夜饭后返校。

11 月 9 日(九月十八日　乙酉)星期六

晴昙间作,气尚不十分感冷,夜深增寒。

晨七时起。九时点《全唐诗》,至午得徐铉诗六卷,徐锴等廿五家诗一卷。饭后又续点,至四时,得孟贯诗一卷,成彦雄诗一卷,周庠等十三家诗一卷,徐光溥等九家诗一卷,刘昭禹等十五家诗一卷,杨夔等十家诗一卷。正进点谭用之诗,而圣陶见过,约同载赴其家小饮赏菊,因收拾偕之同乘,径往其家。有顷,接滋儿电话,谓所中王平凡、路坎二位陪新副所长唐棣华来访未值,已转往平伯家去矣。竟尔相左,殊歉然也。

夜饮后与圣陶谈至八时半,由至善送余至魏家胡同电车站,看余上车乃别。余附环行车径到六部口,入首都电影院看宽银幕电影,润、滋、琴、佩已先在。幕亦初启,余等坐十七排,先看五一庆祝彩片(前已看过),继看苏联片《唐吉诃德》,演技与配乐都好。十一时半始散,余乘三轮,润等四人各御骑车,翼以归。到家已十二时矣,稍坐便寝。

11 月 10 日(九月十九日　丙戌)星期

晴,时昙,气较前昨为冷。

晨六时三刻起。诸儿俱上班,以今日假期已移于七日庆祝十月革命之用,各机关、工厂均补还工作也。上午,以感倦,未摊书,坐息而已。饭后写信寄平凡,说明昨日失迎及今日未能赴端王府讨论会之约,并属向唐副所长致歉。二时,展《唐诗》点之,至四时,尽谭用之诗一卷,王周诗一卷,刘兼诗一卷,孙元晏等廿一家诗一卷,郑轨等廿五家诗一卷,董初等四十四家诗一卷,宋雍等七家诗一卷,赵起等十五家诗一卷,萧意等十八家诗一卷。薄暮闷坐无聊甚,即独出寄信,彳亍而归。

夜饭后,打五关为遣。八时半即寝,卧听转播相声等,十时许入睡。时风大起,撼户作吼。

11 月 11 日 (九月二十日　丁亥) 星期一

晴,冷

晨六时半起。八时续点《全唐诗》,至午尽吉师老等十八家诗一卷,崔江等廿一家诗一卷,冯道之等廿一家诗一卷,邢象玉等十九家诗一卷,李季华等十七家诗一卷,王约等廿二家诗一卷,郑賨等廿七家诗一卷,赵铎等十九家诗一卷,员南溟等廿七家诗一卷,辛学士等十四家诗一卷,景龙文馆学士等廿八家诗一卷及无名氏诗三卷,凡十四卷。

午饭后,与滋儿出购衣料,备制小棉袄。先乘十路到王府井南口下,过五兴添印照片,旋步往百货大楼办得衣料即返。由东安市场迤逦走金鱼胡同等处,徐行到家已四时矣。五时,元孙归,即晚饭。饭已,同之出,乘三轮赶往大华看六时十分场童话动画,坐四排十、十一两号,凡三出,一《丑小鸭》,一《宝袋》,一《骑鹅旅行记》。八时毕,仍乘三轮归。少坐即寝。十时后入睡。

今日为湜儿生辰,竟忘吃面,及晚始想起,至歉。

11 月 12 日 (九月廿一日　戊子) 星期二

晴,气较昨和。

晨六时半起。八时后,摊书点《全唐诗》,至午后四时,尽《联句》七卷,《摘句》二卷。颇感琐屑,极思一散,适滋儿午休起,乃偕出一行,在南小街总布胡同、宝珠子胡同等处逛转,未几即返。夜饭后,滋又出会佩华购物,濬、清两儿来省,文权亦继至,谈至九时,滋、佩归,濬等亦去。余少坐便寝。是夕睡未稳,梦多时醒。

11 月 13 日（九月廿二日　己丑）星期三

晴,和。

晨六时半起。八时点《唐诗》,至十时,尽《名媛诗》三卷。清儿来,因与同出,乘无轨电车往北海公园,参观菊花展览会,在北海西岸,凡陈列十一室,洋洋大观矣。十一时半渡至琼岛,过陟山桥,东出陟山门,乘五路车径达前门外大蒋家胡同下,走登老正兴楼午饭。有顷,滋儿亦至,盖出门时电约在此相会者。午后一时三刻食毕,三人同过廊房头条,登劝业场三楼一览,旋乘电车赴天桥一逛,又乘电车至天坛北门,购票入,茶憩于长廊柏林下。四时起行,仍乘电车到崇文门步入城,在国际友人服务部购得面包等数事,即乘三轮遄返。

夜饭后小坐,九时后就寝。

湜儿归省,二时返,在家候余,比余归,少谈便去,复返校矣。接漱儿十一日信。

11 月 14 日（九月廿三日　庚寅）星期四

昙,中午晴,气尚暖。

晨六时半起。八时出,乘三轮径赴端王府夹道七号科学院文学所开会。晤水夫、晓铃、秀贞、可嘉诸位。平凡来主席,漫谈整改诸事,十二时散,即在可嘉所饭,饭后,所中派车接平伯过彼,接余及平凡、水夫同驰出城,径赴科学院社会楼,参加全所会议。先看大字报,二时半乃开会,至五时会尚未毕,主席蔡仪属余及平伯先退,车送入城。

六时到家晚饭。余本买有吉祥戏票,以竟日开会,背酸腰痛,不任久坐,即属润儿往看,余乃在家休息。至八时三刻,即就卧。衰象日臻,心灰意懒,奈之何哉!

11 月 15 日（九月廿四日　辛卯）星期五

晴和如昨。

晨六时半起。九时续点《全唐诗》闺秀柳氏等诗一卷,郎大家宋氏等诗一卷,关盼盼等诗一卷,薛涛诗一卷,鱼玄机诗一卷,女冠李冶、元淳女尼海印诗一卷,至午毕之。

接西谛莫斯科来书,知参加十月革命四十年典礼,不日将有列宁格勒之行,月终必可返国云。

午后又点阅《唐诗》,至四时止,尽寒山诗一卷。

滋儿六时即出会佩华看电影。汉儿来省,共饭,饭后,达先亦来省。九时,滋、佩归,达先去。十时,汉儿归去,余亦就寝。

11 月 16 日（九月廿五日　壬辰）星期六

晴,冷如昨。

晨六时三刻起。八时开卷点书,至午得拾得、丰干诗一卷,慧宣等十七僧诗一卷,灵一诗一卷,灵澈等五僧诗一卷,护国法振诗一卷,清江诗一卷,无可诗二卷。午饭后,与滋儿出散步,信行至东安市场。在吉祥买到当晚青年京剧团戏票,楼上特一排六十二号,并在稻香春买到黄岩橘子二斤,即循王府井南行,在东长安街乘十路车北归。近日走路感吃力,大非昔比矣。归后偃息久之。

夜饭后,独乘三轮往吉祥。七时开,十时半散,仍乘三轮归。是夕剧目为李开屏、罗荣贵等之《霸王别姬》,李韵秋、李元春、戴万武等之《无底洞》。开屏舞剑尚娴,春、秋二人则开打投械俱已纯熟,以此竟场,无倦也。归家少坐便睡。

11 月 17 日（九月廿六日　癸巳）星期

晴,和。

晨六时半起。竟日未出,午前滋、佩出游,慧英来饭。午后,汉儿、错孙、镇孙及达先、建昌俱来省。韵启亦于一时来晤,带到漱托诸物,少坐便行,未与润、滋等会见也。亦秀三时来,与汉等谈至四时半行。有顷,达先、建昌亦去。惟汉等三人及慧英留夜饭。饭后余步往演乐胡同东单工人俱乐部,看张君秋演出《望江亭》,汉等同行至胡同口而别。入场坐一排八号,在二排遇乃乾夫妇,知以急嗽未往沈阳也。七时开,先为谭元寿、陆洪瑞、翟韵奎等之《白水滩》,继为陈少霖等之《辕门斩子》。休息后为张君秋、李四广、刘雪涛等之《望江亭》。十时四十分散,中间亦休息十分钟,终场休息两次,在余尚为初遇也。散后仍步归。禄米仓洒水过透,致两鞋满沾泥涴,颇不快。十一时一刻就寝。

11 月 18 日（九月廿七日　甲午）星期一

晴曇阴兼至,午前后大风,晨有浓雾,作冷矣。

晨五时半起。七时十分,所中车来,即乘以行,先过朝内老君堂接平伯,继过东直门北小街草厂胡同接王平凡,继又至阜成门内锦什坊街大水车胡同四号接唐棣华（以时晏已先行），然后径出阜成门，直奔中关村科学院社会楼，已八时卅五分，而唐尚在后刚到。同上楼出席动员外放参加农业劳动大会。其芳主席，棣华作动员报告，当场报名及书面报名者颇踊跃，十二时散会，约明日上午八时半，仍续开。余偕平伯、水夫同乘入城，到家已将一时，即饭。

饭后，滋儿午睡，余先将新入藏书登记入册，继写信复寄潄儿，告韵启已晤到，食物亦已收尝云。下午休息，略翻《石头记评语》。夜饭后，少坐即寝。十时入睡。

11 月 19 日（九月廿八日　乙未）星期二

晴，较暖。

晨五时三刻起。灯下穿衣。七时半，所中车来，即乘以过平伯，同驰出城，径赴科学院社会楼，出席本组讨论下乡问题。知报名参加者达八十人，会上临时报名者又有若干人，但最后考虑批准未必有如此之多耳。十二时散，仍由所雇汽车送归。比到家午饭，尚未及一时也（司机老赵下午须检验身体，故临时唤出租车）。

下午三时，与滋儿出散步，信行至无量大人胡同乘十路到西单。逛市场即在场中楼上茶室进点，小憩至五时半，步往同春园晚饭。遇汉儿及锴孙，遂合坐共餐。餐已，过零售商店购物，旋往新华街中央电影院看《保尔·柯察金》。盖票为佩华所购，汉等亦同购于新华书店工会者。六时五十分开，余与滋、佩（佩径自新华来会）坐十排十一、十二、十三号，汉等则坐十三排。八时半散，汉、佩、锴御骑车先行各归，余与滋仍乘十路东行。到家已九时十分。洗脸休息至十时就寝。

11 月 20 日（九月廿九日　丙申）星期三

晴，冷。

晨六时半起。八时后点唐释皎然诗。十时后，清儿来省，遂止于第三卷。午后二时，湜儿归，未饭也。即令许妈煮面条食之。下午与湜俱在家未出。澄儿来晚饭，饭后清、汉皆来会，谈至九时，清、澄、汉俱去。十时就寝。与湜同榻。

接所中张慧珠电话，明日暂不开会，俟有期再通知云。

11 月 21 日（九月三十日　丁酉）星期四

晴，午前略有风，尚和暖。

晨六时半起。七时半偕湜儿同出，步至东四大同进茗点。旋于九时过东四人民市场闲逛，为湜儿配一眼镜脚。余在旧书摊上见到彭作桢《古今同姓名大辞典》，实一加工整理之重要工具书，虽出版仅二十年许，已极稀见，乃亟购之（价五元）。又见一阿拉伯文旧书一巨册，湜儿亦欲得之，亦出价五元并购之。十时，乘无轨电车往北海参观菊展，欲就休息处茗休，司其事者以水尚未开告，询须待何时，谓约需一刻钟。时已十一时许，坐待岂不可笑，遂循海子西岸北行，过五龙亭、九龙壁步出后门，复步至地安门，乘五路车直赴前外大栅栏，将登老正兴，而润儿亦适到，盖先约好者。同坐待滋儿（亦先约定者），至十二时四十分，乃见来。遂共饭，啖腌肉、烤糟鱼及全家福等。极酣。饭罢，润儿御车上班，余与滋、湜乃逛大栅栏及观音寺寄卖商店。旋复返前外大街，乘电车至天坛北门，入憩于皇穹宇西侧之茶棚。近四时起行，一登圜丘，入览穹宇，戏与湜在回音壁下互语。遂扬长出。余与湜复乘电车到崇文门,换乘三轮返家。滋则别乘电车到大华取得寄存之骑车,御以归。后余等十馀分钟耳。

甫坐定,连接农祥、至善、亦秀电话,知在圣陶家。圣陶今日生辰,邀过小饮吃面,遂乘三轮赴之。遂与圣陶、至善、满子、至美、蠖生、农祥、亦秀共饮长谈。晚九时乃辞归。余与至美、亦秀等偕行至魏家胡同,始独乘三轮遄返。

到家小坐即寝。仍与湜儿同榻。湜儿明日一早即须到校也。

11 月 22 日(十月小　建辛亥　戊戌朔　小雪)星期五

阴,寒。

晨六时起。七时,湜儿辞家赴校。

余读彭作桢《古今同姓名大辞典》三序及凡例卅三则,具见不苟工作。其人当尚在,恨不把臂一晤之。午后,点皎然诗四、五两卷。阴暗不耐伏案,独出散步,自无量大人胡同西出,由东四南大街转入内务部街东归,缓行徐步,历一小时也。五时半即饭。饭后,独乘三轮往王府大街首都剧场看北京人民艺术剧院演出《带枪的人》话剧。有顷,汉儿踵至(票早由汉儿购得,预先约好),同坐第十五排第二、第四号。自七时一刻开,十时三刻散,凡三幕,十四场,中间休息两回,布景、灯光、演技都佳,剧情亦紧张热烈。散后仍乘三轮,汉儿则御骑车随余同归,即宿于家。是夕傍晚微雪,即止,初笼火。十一时一刻就寝。

11 月 23 日(十月初二日　己亥)星期六

雨雪,骤寒。

晨六时半起。七时,汉儿即去上班。八时半,摊书续点唐释皎然诗,尽六、七两卷。至午,又毕广宣诗一卷,含曦等十六僧诗一卷,子兰诗一卷,可止等十六僧诗一卷。

接积贤电话,谓衔其芳命,将见访,藉询对整改意见云。下午四时,积贤来谈,备述其芳之意,就询余见,处处关切,至感也!五时三刻去。

夜饭后,雪犹未止,因念积贤雪中往还,益切不安。

是日午后,滋儿为余雪中出购暖被壶(瓷制颇巧)。当晚用之,殊热。

十时就寝。晚濬儿来省,同饭。饭后文权来接,九时许,雪中去。

11月24日(十月初三日　庚子)**星期**

阴,仍时有雪,随下随融,遍地泥泞,寒威如昨。

晨六时半起。拭治摸索,不觉良久。书斋原用大方桌与饭间小方桌对换,润、滋两儿亦大为费力。十一时许,韵启来访,始知招待所住处移调,故屡去电话不得通,大约本周内可以会毕,星五或可南归云。因留共饭。饭后长谈至四时半,余与滋儿偕之先出,信步而行,径往东安市场东来顺,拟吃涮羊肉。讵知涮羊缺供,至为怅然,因电话知照润、琴、佩,可挈元孙径赴前外老正兴,余三人即各乘三轮,直奔前门登楼一望,遍座皆满,竟无隙地矣。立守久之,乃得坐。又有顷,润等四人至,遂合席饮啖。但假日人多,供应难周,有许多菜品无法照配矣。六时三刻即罢,一行同逛大栅栏,复由门框胡同穿至廊房头条,入逛劝业场,登楼一巡,出西河沿门顺道至北京车站,同乘电车东归。余等于东单下,转乘十路车行,韵启则径返六条招待所矣。到家小坐,九时后即寝。

午接淑儿与滋儿信。

11 月 25 日（十月初四日　辛丑）星期一

阴,寒。

晨六时三刻起,昨夜火炉未燃着,依然一炉生煤,无怪感觉奇冷。

接浞儿电话,知已将御寒厚被使用,星三有事未必归省云。八时后点唐释贯休诗,至午尽第一至第五卷。

润儿在家写文件,难得同桌午饭。午后滋儿归,亦为打扫积雪劳动半日。潘儿饭后来,上班时即去。室中阴暗,颇影响心情。下午竟未工作,默坐时多。

夜饭后润仍续写,余则于九时许就寝。

今日为润儿生日,晚饭大家吃面。

11 月 26 日（十月初五日　壬寅）星期二

阴,寒。

晨七时起,犹须开灯也。八时续点贯休诗,至午尽第六至第十一卷。

润儿归饭,午后未去上班,以积倦小休也。与滋儿皆午睡。午前,中华书局自上海邮来重版《左传读本》十六册,十五册为例送样书,其一则备修订再版之用者。是书初印于民国廿九年,今再重印,已越十七年矣。午后,又点贯休诗第十二卷,毕之。

四时,偕润、滋两儿出散步,信行达东安市场,复至东来顺一问,知新行什锦涮锅,每份三元,供羊肉十两（分两盆）,羊丸子一盆,鱼片一盆,海参片一盆,除鱼片、海参可添叫外,馀都不能多要。

盖隐寓限制吃肉也。余等既来则安,只索登楼一探尝之,父子三人化五元许,居然得饱,真可谓过屠门聊快朵颐而已。食毕下楼,未及七时也。即在市场购到果饵等物,备带沪给漱家诸外孙,属滋儿先携归。余与润逛书摊,并百货大楼,买得书四种,挟以南行,到东长安街乘十路车返家。

抵家未久,潚儿、文权来。有顷,清儿、达先、建昌、建新俱来,闲谈至十时许,始各归去。十时后就寝。初御厚裤。

11 月 27 日（十月初六日　癸卯）星期三

晴,寒。

晨六时半起。九时后,续点《唐诗》,至下午四时半,尽释齐己诗十卷。字小时久,颇感费力矣,近毕时,日昃已久,手且僵冷也。

夜饭后,看《醉醒石》两回。九时,易衷衣就寝。

11 月 28 日（十月初七日　甲辰）星期四

晴,冷。

晨六时半起。九时点《全唐诗》,至十二时,尽尚颜等三僧诗一卷,可朋等八僧诗一卷,昙翼等十七僧诗一卷,慈恩寺沙门等二十僧诗一卷,司马承祯等十道士诗一卷,道士吴筠诗一卷,道士杜光庭诗一卷,郑遨等七道士诗一卷,凡八卷。点诗前写信与漱儿,备午后送交韵启,托带上海,并款百元,存漱处供支用。

午后一时半,余偕滋儿出,乘十路,径达南樱桃园,往右安门大街食品工业部招待所访韵启。登三楼三一九号房,晤其同来参会之龚源康。盖韵启去食品工业部洽事,留条属龚接待也。当将珏人遗物应分与漱儿者一包并款项、饼饵等交龚。少坐便行。以伊正与人洽事耳。

自招待所出,乘五路到陶然亭茶焉。至四时起行,即在陶然亭北门对面之零售商店购得橘子及糖果,遂携以乘五路返南樱桃园,再转十路车东北行,直抵禄米仓口下,步归于家。

傍晚,澄儿来省,因共饭。饭后谈至八时半去。十时就寝。

11 月 29 日（十月初八日　乙巳）星期五

晴,寒。

晨六时三刻起。八时,点《唐诗》,至十时半,乃乾见过,因止之。计得吕岩诗两卷耳。谈至十一时五十分,同出,乘三轮到东四北大同酒家午饭。饭后,同逛隆福寺人民市场。旋往演乐胡同中国书店专家服务部闲翻,流连至四时,始离开。余购得复印四库本沈炳巽《水经注集释订讹》十八册及光绪丁酉同文石印《八贤手札》二册以归。乃乾过访其友于本司胡同,余则挟书径返。颇感臂酸矣。

夜饭后,润儿往天桥剧场看《茶花女》。余于灯下续点吕岩诗第三卷。九时就寝。十时,润归。余竟未之知。十一时醒后,反谓伊未回,枕上谛听至十二时乃入睡。

11 月 30 日（十月初九日　丙午）星期六

晴,寒。

晨六时三刻起。八时点《全唐诗》,至下午五时,尽吕岩诗第四卷及孙思邈等十四道士诗一卷,马湘等十九道士诗一卷,清远道士等卅四仙人诗一卷,张云容等女仙廿三女仙诗一卷,洞庭龙君等十七神诗一卷,慕容垂等廿六鬼诗一卷,九华山白衣等四十五鬼诗一卷,浑家门客等四十一怪诗一卷,凡九卷。

三时,平伯来访,谈至近五时乃去。余点诗遂延至灯下毕之。

夜饭前,滋儿出会佩华,看电影。夜饭后,汉儿来省。潜儿、文权、清儿亦陆续来会,欢谈至十时,潜、清、权俱去。汉儿留家宿焉。

12 月 1 日(十月初十日　丁未)星期

晴,略有风,气较昨略和。

晨六时半起。七时半,偕汉儿往东四大同酒家进茶点。八时半,滋儿亦至。九时起行,穿朝内市场,循万历桥、石碑胡同、礼士胡同、南小街以归。在市场遇潜儿在购菜,立谈片晌,各返于家。

午饭后,偕汉儿步往建国门内泡子河观象台参观,四时归。

傍晚,潜儿、达先俱来,因共小饮。夜饭后,清儿、文权亦至。欢谈至近十时,始各归去。汉亦北还。十时后就寝。

明日为珏人生忌,儿辈购花果为供,故今晚特热闹,一以纪念其亡母,一以破余岑寂耳。在余胸次矛盾,喧静俱感不适也。

12 月 2 日(十月十一日　戊申)星期一

晴,寒。

晨六时半起。昨日途遇一匠,孙姓,自言能修沙发及棕垫,昨午后来修棕垫,今日来修沙发,抵晚乃去,照看指点,亦颇费事,然而修好一垫四椅,目前解决问题不小也。费颇昂,两天计十七元。所谓暗行不免略敲竹杠耳。

上午,积贤见过,又访问长谈。下午圣陶见过,以剑三逝世访问事迹,备作悼文也。俱以匠工作活时来相扰,竟未克畅谈,憾甚。

傍晚,澄儿来饭,饭后潜儿、文权、清儿俱来(潜亦来夜饭),惟汉未至,伴热闹至九时半,权、瀋、清皆归去。澄留宿焉。十时就寝。

12 月 3 日(十月十二日　己酉)星期二

晴,寒。

晨六时半起。七时,澄儿径去上班。七时半,所中车来,因乘以过平伯,同载出城,径赴中关村社会楼开会。八时半开始,其芳主席。讨论十一月十六至十九日莫斯科所发十二个社会主义国家共产党及工人党代表所作的伟大的革命宣言两通。十二时散。下午尚须续开,但余与平伯以不任久坐,告假。仍由所中唤车送归。

知西谛昨日归国,明日上午当在所中作报告,已应邀前往听讲。届时仍派车来接云。下午在家休息。夜九时就寝。

12 月 4 日(十月十三日　庚戌)星期三

晴,寒。

晨六时半起。七时半,老赵来,即乘车同过平伯出城赴会。八时半举行全所会议,西谛报告所访各国文学研究所情况。唐棣华报告鸣放意见归纳成八大项,备将来分专题辩论。继由其芳作工作检查,对同人所提意见分别解答。及午未完,因定下午续开大会。平伯偕其芳归饭其家。余则偕介泉饭其家。午后二时,复步至社会楼,与会听其芳续作检查报告。至三时半毕。休息。其下尚有毛星、王平凡作检查及蔡仪宣布反右斗争初步总结。余与平伯以不任久坐,未及续听,仍由老赵驾车送归。

湜儿饭后自校返已先在。滋儿亦早归饭。告余社中动员伊退

职,不免情绪波动。余姑慰之。夜饭后,清儿、达先皆来省。谈至
十时始去。余亦与湜儿就寝。

12 月 5 日（十月十四日　辛亥）星期四

晴,较昨前为和。但冰加坚矣。

晨六时半起。八时填写十一月份工作汇报表。旋点阅《全唐
诗》梦诗一卷,谐谑诗一卷、二卷,至午方毕。午饭时,滋儿归,述社
中规划已将伊列入调职项下,暂时不加处理云云。不识究竟有无
变化耳。

午后湜儿以义务劳动即返校参加。余亦与滋儿出,乘十路到
六部口,走访农祥。同乘新辟之二路无轨电车,自西单径如动物
园。看河马、犀牛。在豳风堂茶憩,食元宵。四时半起行。农祥乘
二路无轨电车,余与滋乘一路无轨电车各归。余等自南小街北口
走还,已将六时。

接漱儿三日来信,知韵启已到,带物亦已收得,并有为余说媒
之请。夜饭后,小坐至九时就寝。

12 月 6 日（十月十五日　壬子）星期五

晴,寒。

晨六时半起。九时续点《全唐诗》,至午后四时止,尽谐谑三、
四两卷,题语及判一卷,歌一卷,谶记一卷,语一卷,谚谜一卷,谣一
卷,酒令一卷,占辞一卷。

五时,平伯见过,谈至六时。澄儿来省。有顷,余偕平伯出,乘
三轮赴晓铃之约。莘田、叔湘已先在。有顷,圣陶至,志公至。七
时后,开饮。饮次,西谛亦至。欢谈至九时许始罢。复回客座谈,

近十时乃散。圣陶车归,顺送余及平伯返家。到家知澄儿已去,达
先、建昌亦尝来省云。十一时就寝。

12月7日(十月十六日　癸丑　大雪)星期六

晴,寒。

晨六时半起。九时点《全唐诗》,至午尽李瀚《蒙求》一卷,褚
亮等廿二家补遗诗一卷,严维等十八家补遗诗一卷,杜牧等十七家
补遗诗一卷,皮日休等十一家补遗诗一卷,曹松等十家补遗诗一
卷,卢言等廿九家补遗诗一卷,灵澈等八家补遗诗一卷,明皇、昭
宗、后唐庄宗、南唐嗣主、后主、蜀主王衍、后蜀主孟昶等七家词
一卷。

午后复点至五时,尽李景伯、沈佺期、裴谈、张说、崔液、李白、
元结、张志和、张松龄、韩翃、韦应物、王建、戴叔伦、刘禹锡、白居
易、刘长卿、窦弘余、康骈十八家词一卷。杜牧、崔怀宝、郑符、段成
式、张希复、温庭筠、皇甫松、司空图、韩偓、张曙、钟辐十一家词
一卷。

傍晚,清儿来省,因共夜饭。饭后,佩华归,同谈至七时半,余
偕同清、滋、佩出,清归去,余三人则赴大华看电〈影〉。在无量大
人胡同东口待十路车,挤不得上,余与滋即步行前往,佩则俟次趁
车行。同时到达。坐九排左侧。片为印度彩色《章西女皇》,甚
佳。以壮烈精神,激扬抗英史迹。其旨诚美,惜对白全操英语,不
免令人有主客颠倒之感耳。九时半散出,步至上海小吃店进点(汤
团、馄饨、面俱有),然后走归。虽行寒风中,殊未觉冷也。到家已
十时半,即寝。

12 月 8 日（十月十七日　甲寅）**星期**

晴，寒，

晨六时三刻起。午前接平伯信，录示绍虞所作整风七律及圣陶与伊和作各一首。

午后，余偕润儿挈元孙往游故宫，五时返。往来俱乘一路无轨电车，两头皆徒步。在故宫西路长春宫、养心殿等处驻足较久。回家后不久，即夜。汉儿、鉴孙来省，因共夜饭。饭后达先来谈，近十时许，汉等皆归去。余洗足拭身，易衷衣就寝。

12 月 9 日（十月十八日　乙卯）**星期一**

晴，寒。十三以来连宵好月。

晨六时二十分起。拂拭整治，许妈等以早餐进已七时半矣。写信复漱儿，允其所请，属不妨进行试谈。又检出《史记选》及《春秋左传读本》各一册邮寄圣南，俱于午后令滋儿出寄之。

午后，滋出。余乃续点《全唐诗》之《词》，抵晚尽四至七，凡四卷。滋儿傍晚始归。夜饭后，琴珠出看电影，九时后归。

接所中通知，同时接慧珠电话，明日上下午为专题讨论大会，当洽准去。届时有车来接云。十时就寝。

12 月 10 日（十月十九日　丙辰）**星期二**

晴，寒。

晨六时一刻起。七时半车来，即驰以过接平伯、淑民，同赴科学院社会楼开会。八时恰到。先由其芳、棣华报告，继即分组讨论。余编入第一大组。于本所方针任务有所辩论。十二时散，仍随介泉饭其家。午后二时在北大哲学楼续开大组会。五时一刻散。仍由所车送入城。先送淑民到阜外,继送平伯赴鼓楼,再送贾芝回演乐胡同,最后送余到家,已六时许矣。本所后日即须将办公处所集中迁于中关村社会楼,此后开会不复再到北大也。

傍晚,澹、澄两儿来省。因共夜饭。饭后,清儿、文权亦至。谈至八时半,澄先归去。十时,澹、权、清亦各赋归。余略事整理即寝。

12 月 11 日（十月二十日　丁巳）星期三

阴曇间作,气不甚寒。

晨六时半起。竟日未出,为人民文学出版社看《史记选》样书,以一月内须重版。有无修改当指出剜改纸型也。

午后三时,湜儿归。有顷,清儿来,与滋儿话家常。傍晚始去。夜九时就寝。与湜同榻。

12 月 12 日（十月廿一日　戊午）星期四

晴,和,早起有雾。

晨六时半起。上午埋头看《史记选》样书,校改多处,至向午毕《魏公子列传》正文。以全书计,犹未及半也。

午后,农祥偕朱继文见访,因与滋儿伴之同出,徐步至米市大街乘电车,直达永定门参观新车站,尚未毕工也。即穿站而北,度桥入豁口,又北行入陶然亭公园,茶于窑台,四时半行。乘五路至南樱桃园,转十路车东归。因邀农祥、继文夜饮,以继文即须下乡也。夜饭后,又谈至九时半辞去。十时就寝,仍与湜儿同榻。

12 月 13 日（十月廿二日　己未）星期五

晴，有风，气较昨寒。

晨六时半起。七时许，湜儿即辞返校，以九时须上课也。余以赠其芳、冠英、默存、道衡之《左传读本》属带交之。八时即续看《史记选》样书，直至晚八时乃止。中间仅于午前接晤平伯来访半小时耳，仅完《张释之冯唐传》，尚馀百许页未及阅校也。九时半就寝。

12 月 14 日（十月廿三日　庚申）星期六

晴昙兼至，风小于昨，气同昨。

晨六时半起。七时即续看《史记选》样书，至午后三时半，始全部校改完毕。

接人民文学出版社送来王鹏生绘《史记选》插附地图五十二幅，属审择应用。迹近图解，难加取舍，拟建议该社出单行附册，且俟社中决定之。

夜饭后，文权、潛儿来省，谈至九时半乃去。十时就寝。

12 月 15 日（十月廿四日　辛酉）星期

晴，晨有薄雾，气不甚寒。

晨六时半起。七时十分偕润儿出，乘十路到朝内大街，步往东四大同酒家饮茶进点。九时起行。在大街及市场穿行，顺便购取食油（在指定油店凭券购得法定补助油一斤半，价照市价三倍）及鲢鱼头两个，仍徒步而归。

午后，滋、佩往访澄家，余偕润、琴则乘十路车到东长安街下，徜祥王府井大街,在百货大楼为湜置办骑车零件,备彻底改修。继在东安市场书摊买得《列朝诗集小传》两册,并在丰盛公啜核桃酪。旋走北京剧场,买到明晚戏票四张。遂徐步由金鱼胡同、无量大人胡同、什方院等处归家。

升基来夜饭,饭后,汉儿、芷芬来,升基归去,未几,滋、佩亦归。佩为余购得衣料等,即给琴珠作三十寿礼。九时半,汉、芷去,余亦就寝。枕上看《列朝诗集小传》若干则。

12 月 16 日（十月廿五日　壬戌）星期一

晴,偶昙,气如昨。

晨六时半起。七时作书复文学出版社,建议《史记选》地图出单行附册,并缴还《史记选》修正样本,备再版,不识明年一月中能出书否也?此书及附件即交润儿亲自带去。

午后,为叔道亲家诠次其太夫人行略作墓志铭,抵暮成初稿。

湜儿午刻归来同饭。夜饭后,余偕润、湜、琴三人同往北京剧场看上海来京之新华京剧团演出连台布景戏《封神榜》头本。坐楼上第一排第二十、廿一、廿二、廿三号。七时开,十时半散。余来去皆乘三轮,润等则御骑车相从耳。此等戏自有其特点,但衡以京剧演唱则殊难合辙也。

十一时就寝。与湜儿同榻。

12 月 17 日（十月廿六日　癸亥）星期二

晴昙兼至,风烈气寒。

晨六时半起。八时,书正戴母范太夫人墓志铭,十一时始已。午前,濬儿电话见告,古籍出版社所出卢弼《三国志集解》三函已取到,可属湜来门口来接。因属湜往取,潘亦旋至。遂共饭。饭后,潘上班去。湜亦于三时辞家返校。

湜行后,余点《全唐诗》中"词",至晚尽李珣、欧阳炯、欧阳彬词一卷耳。

夜饭后,澄、汉两儿来省。有顷,清儿亦至,谈至九时,清、澄辞归,汉留家。十时就寝。

12 月 18 日（十月廿七日 甲子）星期三

晴,寒加甚,窗有冰花矣。风稍戢。

晨六时半起。七时半,汉偕佩华上班去。八时后,作书与叔道,寄其太夫人墓铭稿去。十一时,清儿来,因与同出,步往东安市场森隆吃鸡素烧,伊且电约滋儿于午刻下班时同会共餐。十二时半,滋亦到,乃同饮。煮灼以进,别饶风味也。食次遇调甫,银髯披胸,神采奕奕,可羡也。与谈有顷而别。食后,逛百货大楼及市场,然后由帅府园、校尉营、煤渣胡同、无量大人胡同、遂安伯胡同,送清归家。余与滋乃徐行返。

夜饭后,看赵弼《效颦集》及潘伯鹰《选注黄山谷诗》。九时就寝。

12 月 19 日（十月廿八日 乙丑）星期四

晴,寒。

晨六时半起。七时廿分,所中车来,即乘以过接平伯、晓铃（以病未行）、淑明,比驰至文研所（已迁入科学院社会楼）已八时卅二分。参加大会,其芳主席,辩论方针任务问三说互竞,发言人极多。十一时五十分休会,仍偕介泉饭其家。午后复开至五时乃散。尚

无结果。(系统研究事当前需要并重说似占优势,此说余先倡,贾
芝、剑冰申说极详。专重系统研究说亦有力发言,以肖玫为最出
色,语有条理,而抑扬合度,真令材也!)星六须续开云。

在场晤默存,知其尊人子泉先生以胃癌卒于鄂,已盘枢回乡,
下葬有日。老成凋谢,闻之良悼。旧文日坠,尤感痛惜。

散会后,仍由所车送回家。先送淑明,继送平伯,最后乃送贾
芝。归家得西谛电话,约星期日上午九时会其家,将与其芳、平
伯等商讨编撰文学史事也。日间其芳已言之矣。

夜看邓广铭《稼轩词编年笺注》。九时半就寝。

12 月 20 日(十月廿九日　丙寅)星期五

晴,寒。

晨六时半起。八时后,登记入藏各书,盖昨日属佩华买入新书
一批也。

《左传读本》后半稿费今日午前送来。

饭后与滋儿同出,步往吉祥,欲购今晚杜近芳戏票,以佳座已
罄,遂作罢。联步南行,至东长安街,乘十路车归,已将四时。

接张慧珠电话,以明日开会,询能去否? 余遂请假告勿放车来接。

夜饭后,闲翻架书,至九时,洗足拭身,易衰衣就寝。

12 月 21 日(十一月大　建壬子　丁卯朔)星期六

初昙,旋晴。仍寒。

晨六时半起。七时后,续看《全唐诗》,至午尽阅选、孙光宪词
一卷,张泌、冯延巳、徐昌图、徐铉词一卷,庾传素等及无名氏词一
卷,吕岩、伊用昌词一卷。于是,《全唐诗》九百卷都已点毕。只入

选难满三千之数耳。奈何！

　　午后，滋儿出听报告，余以今日为冬至夜，料理晚间饮馔诸事，未能贴坐，及暮，昌预、文权、昌硕、潜儿先后至，佩华、润儿、琴珠亦先后归。独湜儿未及来。七时始赶到。乃合座欢宴，聊一破颜。

　　饭后，清儿、达先、建昌、建新皆来聚，谈至九时三刻，始各归去。澄、汉两儿皆以事电话告知未能来会。十时就寝。仍与湜儿同榻。

12 月 22 日（十一月初二日　戊辰　冬至）星期

　　晴，时昙，气不甚寒。

　　晨六时半起。八时半出，乘三轮往黄化门大街，应西谛之约。至则其芳、冠英、默存、毛星、范宁、晓铃已在。乃漫谈所中方针任务及如何分组研究中国文学并着手修文学史诸问题。遂饭其家。饭后，复谈至二时许，其芳等都去。余又坐谈至三时半乃行。仍乘三轮归，抵家，诸儿及媳等皆致力大扫除，纷忙杂乱，几无所措足，良久乃定，已入暮矣。

　　汉儿来饭，饭后复谈至九时三刻乃去。十时，余及湜儿就寝。

12 月 23 日（十一月初三日　己巳）星期一

　　晴，较和。

　　晨六时一刻起。拨炉尚暖，即添煤以益之，然后盥洗整治，至八时乃止。

　　七时，湜儿辞家返校，谓须一九五八年元旦始归云。

　　元孙出水痘，在家休息已十日，今日本可入学，以谨慎传染别人起见，琴媳仍令在家游息也。午前看古典文学出版社新出《唐五代宋元名迹》。午后时阴,但无风,因偕滋儿出游,先乘十路北行,至朝内大街,换一路无轨电车,西达神武门,遂入览故宫。先在奉先殿看山西永乐宫壁画复制品展览,旋过皇极门参观绘画馆明清之部。在西配殿入,未及多时,即闻铃声,知会游客馆即闭门云。询之时为三时四十五分,为时太促,半途折回,殊扫兴也。只索扬长自三殿南行,出午门、端门、天安门,乘十路车东归。时尚未及五时,而乘客已极挤,沿途增添,比至禄米仓口几至不得下,十路之拥挤,真稀有也。下车走归,已将五时。天寒日短,早见苍黄暮色矣。

夜饭后,默坐久之,九时就寝。

12 月 24 日（十一月初四日　庚午)星期二

阴,寒,大有雪意。

晨六时廿分起。得慧珠电话,谓今日不开会,星五开前再电洽。又接湜儿电话,告孙宗鲁元旦结婚,属转知潘儿、文权,当由润电告潘矣。

午后开霁,滋儿为余往吉祥购戏票,余则翻检目录诸书,求有关唐诗者。傍晚,澄儿来省,因共饭。

饭后,余独出看春秋京剧团演出,乘三轮往吉祥。七时开（坐楼下一排五号),十时半散。剧目为《龙潭鲍骆》,自嘉兴府至巴骆和。主演者为尚明珠（饰马金定)、姚玉刚（饰后骆宏勋)、董文华（饰前余千及胡理)、刘连运（饰后鲍自安)。明珠余初见之,色艺俱佳,颇近黄玉华。馀平平耳。

戏散,仍乘三轮返家,已将十一时,知清、汉俱来,澄则住往清家矣。（润尚未寝,为余言之。)有顷,余亦就寝。

12 月 25 日（十一月初五日　辛未）星期三

晴，寒。

晨六时一刻起。上午看目录书。午后一时，与滋儿在吉祥看春秋京剧团演出，坐楼下第一排第三、第一号。遇思原。剧目为刘连运主演之《大回朝》，尚明珠主演之《贵妃醉酒》，董文华主演之《闹龙宫》、《闹阴司》。四时即散。明珠所演与昨晚所演之风格截然不同，而能曲尽其妙，真可儿也。他日百尺竿头必能迈杜（近芳）胜吴（素秋）耳。以校明来，已足平视矣。

散戏后与滋逛市场及百货大楼，买到食品数种，即乘三轮遄返。

夜有月。九时后就寝。

12 月 26 日（十一月初六日　壬申）星期四

晴，寒尚不烈。

晨六时半起。竟日看目录书，偶点《四库提要》唐人集及诗文评类关于唐人者。下午三时半，乃乾见过，长谈且检书，五时三刻去，留之夜饭不肯。

夜饭后，滋出会佩媳看电影。

未晚前，所中慧珠电话来询明日大会出席否，余应以必到，届时当放车来接云。夜九时半就寝。

12 月 27 日（十一月初七日　癸酉）星期五

晴，晨有薄雾，无风较和。

晨六时一刻起。七时半，老赵来接，即乘以过接平伯、晓铃、守贞、淑明,直放科学院文研所,出席全所大会。八时半开,十一时五十分休会,午后二时开,四时五十分散。讨论仍为本所方针任务问题。中间仍随介泉饭其家。及车送回家正六时。

夜饭后,与两孙嬉,九时半就寝。

宜孙右眼皮毛孔出脓,今往同仁医院诊治,明日尚须复诊,且须施行手术始可拔去病根云。弱质受苦,余甚怜之。

12 月 28 日(十一月初八日　甲戌)星期六

晴,有风,较寒。

晨六时半起。宜孙已染到水痘,而今日医院挂号须前往复诊,只得用棉篷车冒风前往。十时去,十一时即还,仍未见脓尽也。又约后天再往诊云。

竟日在家翻架书。至晚,潜儿来饭,饭后为滋儿翻丝绵。余则偕润儿往天桥剧场看歌剧《茶花女》。余只看热闹,实未能领略也。七时一刻开,九时三刻散,中间休息三次,耗半小时,实二小时余不足三小时。

往返均乘三轮,润则骑车从。到家滋儿等尚未睡,潜亦去不多时耳。坐至十一时就寝。

12 月 29 日(十一月初九日　乙亥)星期

晴,寒。

晨六时三刻起。九时出,乘三轮往东四八条访圣陶,兼晤至善。长谈,因留饭其家。饭后复谈至三时半乃还。仍坐三轮行。

夜饭后,默坐久之。看《宝文堂书目》及《红雨楼书目》,九时三刻就寝。

12 月 30 日 （十一月初十日　丙子）星期一

晴，寒。

晨六时半起。八时，琴媳、李妈挈宜孙往同仁医院复诊，十时半乃归。明日仍须再往也。

午前得西谛电话，约于下午二时会其家，同往科学院社会楼文研所出席座谈会。余先已电知慧珠，属放车来，至是，乃再电慧珠作罢。即于午饭后独乘三轮往。二时前至西谛家，晤之。坐甫定，斐云至，盖亦同约座谈者。稍坐，三人同乘出城，径诣文研所。至则灿然、其芳、冠英、默存、子书已先在。有顷，莘田、天行、国恩皆至。三时开会，由西谛、其芳、灿然先后说明受国务院科学规划委员会古籍整理规划小组委托，起草关于文学方面者（共分三大类，即哲学、史学、文学），交换意见后，推在场诸人分任起草。余与西谛、斐云任文学基本书籍之目录，订于一月三日上午集西谛家动草。四时三刻即散。仍附谛车，与斐云偕返其家。坐至六时，余先行。乘三轮遄归。

夜饭后，看西谛所赠插图本《中国文学史》重印本。十时就寝。

12 月 31 日 （十一月十一日　丁丑）星期二

晴，寒。

晨六时三刻起。宜孙八时出就诊。元孙亦早就学。许妈出购菜，家中仅留余一人。九时许，老赵来接，谓仍开会，且须全日。余以家中无人，未便即行，颇踌躇。待半小时，李妈始携宜孙来家，余即行。乘车疾驰去，过阜外接淑明，比到本所，已十时许矣。匆匆入座,殊窘也。所谈仍为方针任务,辩论蜂起,一时不易得结论,只索俟星四再开。下午不继续。余因返城。水夫、淑明、贾芝同乘焉。最后送余到家,已十二时三刻。遂与滋儿同饭。适潃儿来省,因谈宗鲁婚筵事。二时,潃去上班。余乃与滋出散步,不觉径至东安市场,旋至百货大楼,三时半走至东长安街,乘十路车归家。

　　夜饭后,清儿、达婿、汉儿、芷婿及建新、小逸来省,共谈至十时半,乃辞归。余亦就寝矣。

　　接潄儿廿九日来信,言其姑为余说媒。

1958 年

元旦(丁酉岁　十一月大　建壬子　丁卯朔　十二日　戊寅)**星期三**

晴,寒。

晨六时半起。十时,升埕、元镇来省。有顷,元锴亦至。元镇出看电影。余等先饭,镇后到。滋、佩过戚家董姓午饭。琴珠亦挈元孙往其妹家午饭。家中只余与润儿、宜孙及三外孙同饭耳。

午后,三外孙皆去。三时后,余与润儿出散步,顺便购物。五时回家。滋、佩、元孙俱归。琴出看电影。而潏、权、昌硕皆在。入晚,汉儿、湜儿皆到。乃共夜饭。饭后,欢谈至九时半,潏等乃去。十时就寝。与湜同榻。

1 月 2 日(十一月十三日　己卯)星期四

晴,寒。夜月甚姣。

晨六时半起。九时偕湜儿出游,走至青年会乘电车到天桥,在天桥市场一巡,从地摊上购得旧书两本。旋步往天坛,茶憩于皇穹宇西侧之茶棚。十一时半起行,出天坛北门乘电车到大栅栏,径登老正兴楼。人已极挤,勉得一座,待久之。滋儿亦至,盖预先约定者。润则电话打不通,未克预焉。

二时离老正兴,乘五路到德胜门,父子三人逛积水潭。继至城豁口,乘十四路车到南新华街,再换乘十路归,已将五时矣。

　　夜饭后,独往吉祥看春秋剧团演出,坐楼上特一排六十三号。先为尚明珠主演《铁弓缘》,后为董文华二本《西游记》。十时廿分散,仍乘三轮归。

　　湜犹未睡,少坐即就寝。

1月3日（十一月十四日　庚辰）星期五

　　晴,寒。

　　晨六时半起。八时四十分出,乘三轮往黄花门大街晤西谛,斐云已在。乃共酌书目,为古籍整理小组开列文学部门各书。直至下午四时始粗完。凡开出书目三百五十六种。即饭其家。五时,与斐云同离郑家,乘三轮径归。

　　夜饭后,与滋儿同往吉祥看春秋剧团演出,盖昨晚湜儿送余往吉祥时买得今晚之票两张也。至则楼座临时辍卖(以售座欠佳故),余等原座在楼上特一排六〇、六二两号,乃安插于楼下第四排中间组座之东端,真奇遇矣。七时开,十时半散。剧目为全部《玉堂春》,尚明珠饰苏三,姚玉刚饰王金龙,殊有精彩,乃卖座寥落,仅三四成,不免为伊等叫屈耳。散后,仍乘三轮归。十一时就寝。

　　傍晚,接慧珠电话,明日上午所中有报告,询往参加否,当应前往云。

1月4日（十一月十五日　辛巳）星期六

　　晴,寒,夜月姣甚。

　　晨六时一刻起。七时半,老赵来接,即乘以行,先后接水夫、晓铃、守贞、淑明,然后往科学院社会楼文研所,听王燎荧作传达报告。为李富春、廖鲁言关于农业的文章。十一时半散,仍乘原车送归。水夫留所另有会,平伯则未往也。

午饭后,写信复漱儿,婉谢其姑,不拟考虑矣。夜饭后,少坐至九时,洗足拭身,易衷衣就寝。

1月5日(十一月十六日 壬午)星期

晴,无风,寒威较衰。夜月甚朗。

晨六时半起。九时三刻出,乘三轮往访圣陶。有顷,蝼生、至美至,又有顷,介泉至。昨日在所开会时与之约定相会者。谈至午,遂共饭。饭后二时,复偕介泉及圣陶、至善父子,同乘出和平门,诣荣宝斋一赏陈列惠孝同等家藏诸画。西谛父子亦至。无意中相遇,坐谈久之。复过来薰阁晤陈济川,又坐至四时半,乃行。圣陶车先送介泉至西单,俾转车回燕东园。继送余至南小街小雅宝口,然后别。

到家已掌灯,达先、芷芬及澄儿、基、培、增三外孙俱在,因共夜饭,并小饮焉。夜饭后,谈至九时许,澄等皆归去。余亦就寝。

1月6日(十一月十七日 癸未 小寒)星期一

晴,较暖,冰虽不解,感寒却甚淡也。夜月皎莹。

晨六时半起。上午看《唐诗别裁》。下午与滋儿出,逛北海,茶憩于揽翠轩,啖蜜饯海棠及馄饨。晴窗远瞩,溜冰者四五群,聚作种种嬉式,至足欣赏。四时半起行,过陟山桥,循海东岸,北出后门,乘环行电车到米市大街下,然后由无量大人胡同徐步以归。

出门前写信寄计圣南,寄贺年片及书签与其两女,盖昨日接伊等来片贺年也。(一名思纯、一名思齐,度其外祖硕民所题。)

夜饭后,看《石点头》,九时半就寝。

1月7日(十一月十八日　甲申)星期二

晴,仍较和,夜月朗甚。

晨六时半起。九时后,看《石点头》。下午复看《全唐诗》初选各篇,重加增补,抵晚完三册。

潛、汉两儿来晚饭。饭后,文权亦至,九时三刻皆归去。十时就寝。

1月8日(十一月十九日　乙酉)星期三

晴,和如昨,夜月亦朗。

晨六时半起。八时后,即复看选篇,踵为增补。十时许,平伯见过,谈至近午去。午后,复为增选工作。曾与圣陶通电话两次,与慧珠通电话两次。皆为明日所中开会及后日听报告事。

夜饭后,看赵定宇目录等。九时即寝。

1月9日(十一月二十日　丙戌)星期四

晴,有风。午前尤烈,气转寒。

晨六时一刻起。七时半,所中雇车来接,因过接平伯、晓铃。乃车劣,三抛锚,终于在府右街北口停废不行。遂易车出城,过接淑明,同往中关村文研所,已将九时。径登三楼参会。气喘良久。所讨论为编修文学史事,于年限、内容、分册等都有涉及。十一时五十分散。时大风扬沙,黄雾四塞,适其芳入城开〈会〉,余等四人遂乘以同行。仍赖送到门口,至感也。

午饭后,风稍小,三时许,偕滋儿出,乘十路到天安门,换一路车到大栅栏,在中和购得明晚戏票,遂扬长而行,由大栅栏、廊房头条、劝业场等处回火车站,乘电车返青年会,复由无量大人胡同等处徐步归。

夜看《皕宋楼藏书源流考》。九时就寝。

1 月 10 日 (十一月廿一日　丁亥) 星期五

阴,寒,午后见日。

晨六时半起。八时,与润儿同出,步至朝内大街文化部大门口,送余上一路无轨电车后,润到部。余乘至沟沿下,南行步达政协礼堂,听周总理作文字改革报告(昨日在所中收到通知)。九时十五分开始,十一时半毕。休息时晤调孚、必陶、祖璋,其余熟人甚多,不及一一招呼也。休息后,胡乔木续作汉字拼音方案报告。十二时半毕。散会后途遇滕明道,同走至羊肉胡同口,余雇得三轮遂别。余乘车到家,已一时馀,滋、宜俱饭过,乃重具餐焉。

午后坐翻案头诸书,分别录册入架。四时,与滋儿同出,缓步至东单,在古典门市部选购目录书三种,旋步往王府井南口,乘电车出前门,到大蒋家胡同下,逛大栅栏,出门框胡同,复逛劝业场,五时三刻,诣老正兴晚饭。遇水夫伉俪。

六时半饭毕,滋送我至中和剧院,伊即先归。余入坐楼下第二排第七号。有顷,即开演,盖明来剧团与北京京剧一团合组为新华京剧团演出也。剧目先为张鸣宇、杨鸣庆等之《嘉兴府》,继为徐东来、关韵华、商四亮之《拾玉镯》。休息后为徐东明、徐东祥、钱鸣业、梁小鸾、田喜秀等《法门寺》,带《大审》。十时一刻散。乘三轮归,到家已将十一时,少坐即寝。

东来自改组后,迄未上演,今晚始露,余亦初看,觉做工不减于前,嗓音微有不及矣。惋惜久之。

1 月 11 日(十一月廿二日　戊子)星期六

朝飞雪,不大,近午止,终阴,较寒。

晨六时半起。九时复选唐诗,午后二时停。湜儿午归饭。饭后余续行复选工作,湜则开歌曲片为娱。夜具餐,饮汤饼,为琴媳庆三十初度。到潜、清、澄、汉四女,文权、达先、芷芬三婿,元鉴、建昌、升坝、升垲四外孙,并润、琴、滋、佩、元、宜及余,凡十八人,分两席。欢筵虽家常,粗看得团聚,喜饮亦希有乐事矣。谈至十时始各归去。余亦于十一时就寝。

1 月 12 日(十一月廿三日　己丑)星期

晴,寒。

晨六时半起。八时半,晓先见过,谈移时辞去。以昆曲研习社演出票二纸赠之。十时,汉儿来,午饭后即先往王府大街文联大楼,为昆曲上演照料。一时后,余偕润、湜两儿乘十路,转无轨电车往文联参加昆曲研习社纪念汤临川逝世三百四十周年演出大会。二时开演,六时乃毕。为全部《牡丹亭》缩编本。尚存九场,即学堂、游园惊梦、慈戒、离魂、冥判、叫画、魂游、婚走、杖圆。周铨庵饰杜丽娘,袁敏宣饰柳梦梅,胡葆棣饰春香。演技已臻上乘矣。业余有如此成绩,可佩之至。在场遇乃乾夫妇、晓先夫妇、力子夫妇、元善、昂若、平伯、亦秀、宝騄、敦敏、剑侯诸人。潜、澄两儿及元鉴外孙亦先已在彼矣。离场后,又遇傅娟(东华之女),立谈有顷,知东华明春将来京云。偕潜、澄、润徐步归家(湜儿已归校)。滋、佩看尚明珠《红娘》方回,亦已饭矣。乃重具餐(汉、鉴则径返矣)。餐后,谈至九时,潊、澄各归,余亦于十时后就寝。

接漱儿复书,知下乡未被批准,或能来京见省度岁云。

1 月 13 日(十一月廿四日　庚寅)星期一

竟日霏雪,午后加大,东风仍煽,气虽未加寒,恐晚来将积厚雪也。

晨六时半起。八时半续为复选唐诗工作,抵暮方罢。下午二时,所中本有例会,慧珠曾来电话见询,余即托伊请假,遂未往。夜小饮御寒。九时就寝。用汤瓶暖足。时雪则已止矣。

1 月 14 日(十一月廿五日　辛卯)星期二

初阴,近午开霁,风扇益急,气遂加寒。

晨六时半起。仍为复选唐诗工作。

今年煤火不能畅供,故换装小炉,且多烧煤球,而煤球质量又劣,取暖竟成点缀,幸入冬后寒威未酷,因得苟延。今日突然增冷,窗冰不融。于是,勉坐至午后四时,竟手足蜷踞,背如水淋,不得不掩砚收书,添衣拥炉矣。北来七八年,今乃知炉火之重要,实不亚于粮食也。

夜小饮,九时后就寝。

1 月 15 日(十一月廿六日　壬辰)星期三

晴,奇寒,风吹干雪如沙,日曝不化。

晨六时半起。八时后,续为复选唐诗工作,至下午四时半始歇,手足僵冷矣。午后,清儿来省,二时半去。

夜小饮御寒,无济也。晚饭后随手抽架书阅之,九时后就卧。

1 月 16 日（十一月廿七日　癸巳）星期四

晴,寒,风少戢而残雪不融。

晨六时半起。八时续作复选唐诗工作,移几就炉旁,勉为之。十时,农祥见过。宜孙由琴媳、李妈挈往同济医院疗右眼疤,十一时半回,仍敷药而已。谓须出脓净尽始可动手术。可能尚须拖一时期也。明晨却须前往换药云。为之纳闷无已。

十一时四十分,偕农祥出,先乘十路到天安门,换乘一路车到大栅栏下,径登老正兴楼午饭。饭后,复乘五路至北海,茶于双虹榭,三时起行,与农祥别,即乘一路无轨电车回朝阳大街,徐步由南小街走归。

夜小饮,饮后看《旧山楼书目》,此为传抄稿本,新由上海古典文学出版社排印出版者也。九时半就寝。

1 月 17 日（十一月廿八日　甲午）星期五

晴,寒。

晨六时半起。八时,宜孙仍往同济换药。余续为复选唐诗工作。十时,所中同事徐凌云来访,传达其芳昨会发动认购公债,余当即认购二百元,在二月份工资内扣缴。又谈至十一时许,辞去。其时宜孙亦归,仍在车上睡着,甚怜之也。天寒手僵,腰部右侧又突然时感刺痛,有若抽搐,颇难受,即停罢。五时半,元孙归,知其母今日到博氏幼儿园出席家长会也。及晚饭,琴珠归,方知在教育部听报告,未及前往博氏耳。

九时即就卧,仍时感刺痛,睡眠亦受影响也。

1 月 18 日（十一月廿九日　乙未）星期六

晴,寒。

晨六时半起。上午仍为复选唐诗工作。下午偕滋儿出散闷,并将晨间复漱儿之信带出投邮。遂乘十路到朝内大街,转一路无轨电车出阜成门到动物园,茶憩于荟芳轩。四时起行,参观河马、犀牛两馆,旋出园,仍乘一路无轨电车返朝内大街,步归于家。时为五时半。濬儿、澄儿来省,同饭。

夜饭后,独往吉祥看燕鸣剧团演出,坐楼上特一排六十三号。七时开,十时十分即散。先为安晓峰主演之《闹龙宫》,后为赵燕侠、沈曼华主演之《孟姜女》。赵技艺有进,极能感动观众,以其反映统治暴政故,是亦个中佼佼者,宜其日见叫座耳。散戏后,仍乘三轮返,润儿犹未睡。十一时易衷衣就寝。

1 月 19 日（十一月三十日　丙申）星期

晴,寒,近午阴,终霾。

晨五时醒,六时起洗脚。八时接升基电话,约往吃馄饨。十一时,余挈元孙乘三轮,琴媳御骑车从。同出复兴门,径诣澄儿家,晤业熊之同事李仲仁,适自张店来访,因得与谈。知为江西九江人,上海震旦大学毕业,其兄贞白现在古典文学出版社当秘书云。同啖饺子、馄饨,二时许,李君辞去。余等坐至三时半,亦行。琴媳骑车先发,余挈元孙乘二路无轨电车至西单下,复遇琴珠,遂换乘三轮并驱东归。到家已四时三刻。润、滋俱外出,而天色转黯淡,大有雪意也。接业熊十八日信。坐有顷,汉儿、芷芬来省,又有顷,润、滋亦归,为余购到梅花两小盆。入夜,与儿辈小饮,共进晚膳。

九时,汉、芷辞去。余亦就寝。

1 月 20 日（十二月小　建癸丑　丁酉朔　大寒）星期一

阴,寒。

晨六时半起。畏冷蜷曲,百不适意,电话通知本所张慧珠属向其芳、冠英请假,本星期内不能前往参加会议(今日下午、明后日上午及星五上午俱有会)。九时后,续作唐诗复选,直至午后四时,始因手僵腿冷而罢。白乐天诗犹未毕也。宜孙九时仍往同济复诊,十一时半乃归。以人多久待故,仅抽脓上药,欲求迅施手术,恐需长久等待耳。为之纳闷。

颉刚十时见访,谓昨甫自青岛归,曾在科学院疗养所住三个月云。谈有顷,即去。

夜小饮御寒,九时半就寝。

1 月 21 日（十二月初二日　戊戌）星期二

晴,寒,夜有风。

晨六时半起。八时后,续作唐诗复选,至午后四时始停进程,较昨日为稍佳,惟久坐脚冷,仍不能放手直干也。

夜小饮。饭后看隋育楠校《梨园按试乐府新声》。九时后就寝。

1 月 22 日（十二月初三日　己亥）星期三

晴,有风,仍寒。

晨六时半起。八时写信,分寄积贤(托代请病假)、业熊(复告近状)、董文龙(答复询问《史记》版本)。以近来心身都感不舒,勉强工作,或开会,在我皆成绝大负担。只索正式告假,随意写看,或可稍宁。以是函积贤属向其芳、冠英请假也。十时后,仍续为复选唐诗,午后四时乃止。夜小饮御寒。九时就寝。

1 月 23 日(十二月初四日　庚子)星期四

晴,寒,仍有风。

晨六时半起。八时半启砚,续为复选唐诗工作。张慧珠、倪农祥、滋儿先后有电话,张询明日开会去未,兼问身体如何。盖昨致王积贤信尚未传遍也。倪告今日仍上班,不调动,不来看我。滋则以手头工作须延至下午,不能赶回午饭,请勿等候同餐。

午后,仍续选唐诗。三时许,滋始归。四时,刚主见过,谓病已全愈,昨日正式自津来京向科学院历史研究二所报到也。谈至近五时辞去。

夜小饮,夜饭时,澄儿来省,因同饭,谈至近九时去。十时就寝。

1 月 24 日(十二月初五日　辛丑)星期五

晴朗,寒威稍戢,有西南风。

晨六时半起。仍续作复选唐诗。午后,滋儿请同出解闷,因与偕游陶然亭。在慈悲院西屋啜茗。是日天气较和,游人亦多。据老司事言,前数日竟无游客前往也(先乘十路至南樱桃园,转五路车前往)。四时半起行,绕西湖之西岸,出西北便门,由龙泉寺西首,抄至黑窑厂北,从粉坊、琉璃街走到骡马市大街,转东至虎坊桥,乘一路车至东安市场下,在稻香村买得酱铁雀等小食,然后乘三轮返家。抵门已六时矣。今日走路较多,但精神转见松爽。

夜小饮,尤感舒适。九时半就寝。

1 月 25 日(十二月初六日　壬寅)星期六

先昙,后晴,气较和。

晨六时三刻起。八时后,仍为复选唐诗工作。抵午乃全部初完,且待同道告成,再合商去取。

接积贤电话,谓去信已收到,并转其芳诸位,属安心多多休养云。午后,本拟出购戏票,以天色渐转阴,而风又渐急,遂未果。滋儿则以出版社大扫除,仍往服劳,直至傍晚五时半乃归。

写信与漱儿,告湜有意南行,令考虑行期或先后错落行之。继思不必如此,遂废搁不发。

夜小饮。饭后小坐至九时,就寝。

1 月 26 日(十二月初七日　癸卯)星期

晴,微风,寒不甚烈。

晨六时半起。接湜儿电话,谓今日可归省,即来家早饭,待至八时,果来。相别已十馀日矣。

午饭后,偕润、滋、湜三儿出外购物,走至东四百货店,买得英格纳手表一具,费一百五十一元。以所用旧表已难续使,不得不备一计时之器也。继至隆福寺人民市场闲逛,配得表带一。退出至山门前,遇圣陶、至美、满子、亦秀,正同载而来,刚下车,匆匆立谈而别。余等步至王府大街,乘无轨电车到景山,再步往西板桥,乘五路车往陶然亭,已四时,即在窑台烤肉刘处吃涮羊,居然饱啖肝腰,实较东来顺为畅,而所费转廉。可见,饮食之微,亦不能徒听声名也。五时毕,仍乘五路转十路归。到家已六时许。不再进膳矣。

七时半,清儿、达婿、建昌、建新来省,谈至九时三刻去。十时就寝,与湜儿同榻。

1 月 27 日(十二月初八日　甲辰)星期一

晴,较和。

晨五时半即唤湜儿同起,六时半,湜即辞家返校矣。天犹未大明也。宜孙今晨由润儿挈往同仁复诊,九时半归来,谓已无脓,约二月廿八日再往施行手术云。淹牵至此,可叹弥复可怜耳。九时,看卢弼《三国志集解》。

午后三时,乃乾见访,长谈至近五时乃去。

接所中电话,明日上午八时半开全所会议,属出席,并谓车来后过接晓铃、淑明云。

夜小饮,啖烙饼,并啜腊八粥。近日体力精神都见衰退,强自振作,欲求减免苦思耳。九时后就寝。三时即醒,竟反复不寐矣。

1 月 28 日(十二月初九日　乙巳)星期二

阴,寒,有风。午后微见日色。

晨五时半即起,开灯穿衣。七时半,所中雇到一车,直放见接即乘以行。先过纳福胡同接晓铃夫妇,已行矣。乃改道出阜成门接淑明,同驰到中关村,尚馀五分(八时廿五分)。少坐即开全所大会,由王平凡主席,蔡仪传达中央处理右派分子办法。高逸群动员爱国卫生运动。休息后,分组讨论处理指示,本组由贾芝主持,抵午散(下午及星四上下午皆续开)。余以不任久坐,且不稔所内右派分子平日行径,无从参加评骘,请假赶回。仍由所雇车直送,积贤、肖梅夫妇且待余开车始往饭,尤感不安也(来主车资甚贵,自出不许,尤悬)。司机颇黠,送到已一时十分。滋儿已饭过,乃重具餐。

午后又感冷,御裘端坐默息。夜,濬儿来省,同饭,谈至九时去。余亦就寝。

1月29日(十二月初十日　丙午)星期三

晴,寒。

晨六时半起。八时登录入藏新书,旋翻阅《提要》。下午三时,清儿来省,为余购到鸡蛋三斤。傍晚,汉儿来省,因同夜饭。饭后元锴、元镇两外孙来迓其母,共玩至九时半去。十时就寝。睡尚好。

明日所中组会已请假矣。琴媳感冒发烧,晚归少饮粥汤即卧。明日将不能上班也。

1月30日(十二月十一日　丁未)星期四

晴,寒。

晨六时半起。九时,升基来省,带到其父在张店托人所制腌肉一方。十时,乃乾见过,属商定所撰《清代碑传综合索引例言》,抵午乃去。

十一时,濮小文来访,谓已决定下放去天津拖拉机厂,后日即行。特来告辞云。因留同午饭。谈至下午一时半去。

接通知及慧珠电话,明日下午二时半在科学院社会楼三楼四号室开会,讨论前为古籍整理小组所拟中国文学书目。当晚打电话约西谛,明日下午二时前赶至其家,附其车同赴云。

傍晚,澄儿来省,建昌亦至。因共夜饭。九时许,澄、基、昌皆去,余亦就寝。

润儿以部中大扫除,未及归来夜饭,及其返家,澄已将行矣。

1 月 31 日（十二月十二日　戊申）星期五

晴,寒。

晨六时半起。琴珠热已退,今日仍照常上班,坚劝休息不果。乃乾电约往饭,以刚主在其家,余以午后须出城开会谢之。午饭毕,乘三轮往黄化门大街晤西谛,时为一时半。有顷,斐云至,因于二时同乘谛车驰赴中关村社会楼三〇四室,出席座谈。到齐燕铭、郑西谛、何其芳、余冠英、钱默存、金灿然、徐调孚、吴晓铃、孙子书、赵斐云及余十一人。出各人所拟目商谈,酌为修改。余又被推与默存拟诗文选本目录。约星一必须交卷云。五时散。余与斐云附灿然、调孚车入城,送余至中龙凤口北口而别。归即晚饭。饭后,独乘三轮往吉祥看春秋剧团演出,坐楼下一排二号,正当台中殊佳。先为尚明珠主演《鸿鸾禧》,惜甚短。继为董文华、文敏兄弟主演之《双星斗》,热闹开打而已。十时十分散,仍乘三轮归。少坐便寝。十一时后入睡。

2 月 1 日（十二月十三日　己酉）星期六

晴,寒。

晨六时半起。七时半即据案翻书,草拟历代诗文词选本目录。午后乃得写定,凡得书一百一十种。开单依撰人为次,即作书寄与默存。当晚投邮。想明日当可送达,星一必能收到也。

晚七时前,湜儿自校归,因共夜饭。十时就寝,与湜儿同榻。

2月2日(十二月十四日　庚戌)星期

晴,寒,气较和。

晨六时半起。七时半,与湜儿挈元孙,同走米市大街上海小吃店进早点。啖生煎馒头、豆浆而归。

接圣陶电话,约共往十三陵,因于九时半,乘三轮往八条,晤之。知西谛所订同时约人民代表数人同探定陵发掘工作也。谈至午即饭其家。午后一时半,自圣陶家出发,余偕乘至赵登禹路政协礼堂前广场,与西谛诸人会,联翩齐发,凡五车,同出德胜门,遵公路直达定陵。先在休息室稍坐,经介绍,始识其中有江苏省副省长管文蔚,其他熟人仅萨空了、许立群二人,馀都不相识也。有顷,由北京市历史博物馆筹备主任朱心陶导行。盖工地谢绝参观,且派有军队守护,事先由西谛属朱君(发掘工作亦归朱管理)前往照料,并发电照明,始可入览也。发掘井口即在明楼之后,宝顶前侧上建大棚,悬梯而下,约有三层楼房自顶至地模样乃达墓门门口,为防护计,已装铁门,原来状态已不可见。入门为一纵列穹室,名金刚墙,再入为头重室,门口装有原样大白石门一对,整块凿成厚四五寸。室内空无陈设,仅类甬道,凡穹室皆如午门门洞而皆石甃,地亦铺石。再入为主室,制如头重室,而略宽。中设白石雕成宝座,两侧各有同样石宝座,靠壁相对。其间有青花大瓷缸等杂物,并不整齐,正中宝座后又入一门,则为一大横穹室,中央略后横列一大石坛,上陈三棺,中为明神宗梓宫,较大,左右两棺当为其后。制略小,俱带木椁。右侧之椁已有朽坏之迹,坛座上乱堆铜锡器,有杂物。右侧靠壁有朽坏大箱漆皮,左侧靠壁亦有一类似朽物,其旁杂堆白纸小包,长尺许者甚多,上有标号,盖已经整理之木俑也。是即所谓玄宫矣。主室两侧宝座之旁(左座之左,右座之右)各有一小穹室,分达两大穹室,谓之配券,两室位置与主室平行(在总体说,亦是纵列,在小穹室说却是横列),制如玄宫,亦有大石坛,并无积物,想系妃嫔厝柩之所,其右壁亦有穹门严闭,当备陆续入葬者攒入之便门。余等所入者为左配券,度右配券制必相同,惟便门在左壁耳。匆匆一巡,为时不多,地室幽邃,仅临时架设电灯数盏,多处俱用手电筒济之。仅得梗概,殊未谛悉,且空气渐感窒息,不得不返身而出,仍缘梯而上。据朱君言,八九月间即将公开展览,想届时必可畅观耳。凡历三道大石门,礼制都相仿佛,门上俱横架大铜梁,名曰管扇(配券入口处亦有大铜梁,想当时亦拟置门而未果),约有尺许见方,黝绿可爱。帝王葬制略窥一斑。其时物力已不如前,则长陵、永陵诸处必更有甚于此者矣。自墓门以远玄宫石坛地上皆横铺木板,已枯朽。据云当时运柩入藏用此为荐,以资滚木转运者。

　　出井后,复登明楼一览大明神宗显皇帝之陵大碑,然后下。诸人皆以有事先驱车回城,独余与圣陶(一车)及西谛、空了、佩佩(谛子,三人共一车)犹贾余兴,往游永陵,登明楼,并绕步宝城一周,西谛父子更步上宝顶一眺也。时已五时,夕阳西下,乃驱车南归。六时许,同抵黄化门大街,即在西谛家晚饮。出自制枸杞酿(用甘肃徽酒浸枸杞子)见饷。与其太夫人以次同餐。空了夫妇与焉。饭后,又谈至八时四十分,乃辞归。圣陶车送至南小街小雅宝胡同西口而别。徐步归家,与诸儿略谈所见。十时就寝,仍与湜儿同榻。

　　接叔道宁波信,谢撰文。

2月3日（十二月十五日　辛亥）星期一

晴，和。

晨五时三刻，唤醒湜儿，六时同起。六时二十分，湜即辞家赴校。八时写信与漱儿，促来京，并告湜不来沪，有许多事非面谈不能详也。即交许妈于出外购菜时付邮。

竟日伏案翻书。夜饭后，偕润、滋两儿出散步，以明日立春，思得粉制汤圆为供，乃先至南小街一带，无所见，继乘十路往东单，在祥泰义、德昌厚等家询问，亦无有，平时触目皆是，俟余欲购则遍觅不得，诚大奇。只得废然而返。只索徒步而行，免再白受十路车厢之狂挤也。到家少坐即洗足拭身，就炉旁易衷衣，十时就寝。

接默存复书，知所拟选目已见到矣，为之一慰。

2月4日①（丁酉岁，十二月小，建癸丑，丁酉朔，越十六日，壬子，立春）星期二

晴，不甚朗，夜月色佳，亦时有云翳，气寒稍减。

晨六时半起。竟日未出，看《唐才子传》。道衡书来，催送工作汇报表。

夜小饮。九时后就寝。十时后入睡。

2月5日（十二月十七日　癸丑）星期三

晴阴兼至，仍寒。

晨六时一刻起。八时后，写信两封，一寄道衡，填送一月份工

---

①底本为："一九五八年二月四日至四月二十三日日记。巽斋容叟。"

作汇报表。一寄圣陶,送《唐诗选》计划,请商榷。

十时后,清儿来省,升基、建新从。至午去。

午后三时半,滋儿归,因与同出散步。以久坐腰酸,两腿且觉硬硬也。先走至东单,在古典门市部及群众书店等处一转,无所可购,扬长至王府井,顺逛东安市场,乃在摊上购到孙子书《重订中国通俗小说书目》等数册。然后分乘三轮返家。

夜小饮,临睡饮秋梨膏,九时即寝。中夜一时半醒,连嗽,遂难入睡。

2 月 6 日（十二月十八日　甲寅）星期四

晴,较和。

晨四时朦胧入睡,频频醒觉,至六时五十分强起。周身感紧绷不舒也。九时,勉坐看书,点阅宋尤延之《全唐诗话》,及午而止。饭后,潜儿来省,为购到古籍出版社重印圣经纸《通鉴》四巨册。谈至上班时去。

闷坐目花,无聊已甚,偃卧打盹片晌。四时滋儿归,始稍破岑寂。

漱儿既有来京之意,而去书促之反杳无答音,至以为念。不识究竟云何也。

夜小饮,九时就寝。睡较昨好,嗽亦稍平。

2 月 7 日（十二月十九日　乙卯）星期五

晴,和。

晨六时四十分起。元孙亦早起,余为之洗脸,甚嘉之。佩媳以参加大扫除感累,未能起,因休息在家。

竟日未出,点阅尤延之《全唐诗话》,并及《事类统编》地舆部山东省济南一府。

夜接湜儿电话,谓明后日未必遂能回家,届时再电告禀云。晚小饮。九时半就寝。听转播马连良、马富禄等所唱《胭脂宝褶》。十时半乃合眼,良久始入睡。

2月8日(十二月二十日　丙辰)星期六

晴,和。

晨六时半起。八时续点《全唐诗话》,并及《事类赋》山东兖州、东昌二府。

午后乃乾见过。以再版《元人小令集》相贻,并馈其家制肉粽十二枚,至感高情。立谈片晌即去,以须赴社出席会议也。

午后二时,湜儿归。寒假已开始,惟尚有事,后日仍须再往云。

接漱儿三日函,谓准备来京,而不蒙上级批准,只得作罢。余徒吃一空心汤团,不免惘然耳。

夜小饮,潏、汉两儿及昌硕来,因同饭。饭后,谈至九时半乃去。十时就寝。与湜同榻。

叔道寄来鳗鲞等物,提单已到,且有致佩华信,俟明日属佩往取之。颉刚下午见过,谈移时去。

2月9日(十二月廿一日　丁巳)星期

晴,有风,但不甚寒。

晨六时半起。八时出,徒步至朝阳门乘一路无轨电车往白塔寺下,南行至政协礼堂,已九时,在门口遇藏云,同入第二会议室。济济一堂,殆百许人,京中老辈如援庵、旭生等,京外各省市代表之从事文教者,如森玉、子敦等皆在,盖古籍整理小组正式成立,特召此盛会也。颉刚、乃乾、冠英、西谛、其芳、斐云、调孚、圣陶、灿然、循正、谷城、杨晦、扶庚、国恩等皆晤。谈有顷。九时半开会,燕铭主席,周扬作指示,十二时始散。定明后上午续开云。散会后附圣陶车到其家,即饭。饭后三时,乃乘三轮归。

在圣陶屋壁见新张夷初书轴,乃卅一年秋写贻丐尊者,颇存当时故实,爰录之:

> 垂头丧气踞胡床,空指银瓶没酒尝。臣朔亦曾思解毂,只愁无处得仙方。

下题访丐尊兄归后贻。此调之回忆抗战困居沪堧,苦况历历在目,而故人久逝,不禁泫然矣。

傍晚,晓先夫妇见过,因留夜饭。饭后七时半去。十时就寝,仍与湜儿同榻。

2 月 10 日（十二月廿二日　戊午）星期一

晴,有风,气较昨略寒。

晨六时半起。八时,湜儿返校。余亦乘三轮往八条,附圣陶车去政协礼堂,与圣陶、藏云、调孚联坐,续参昨会。燕铭致辞后,西谛说明文学书目起草经过,伯赞说明历史书目起草经过,梓年说明哲学书目起草经过。休息后,芝生、守素、森玉、天行先后发言,十二时十分散。订明日上午仍续开全会,下午开分组会。余仍附圣陶车东行,到东四下,转乘三轮而归,已将一时,乃令许妈炒饭供餐。

饭后,濬儿来省,一转即去。盖出外诊病旋返上班也。下午,默坐休息。四时,滋儿返。夜小饮,九时即寝。

2月11日(十二月廿三日　己未)星期二

晴,大风扬尘,转寒。

晨六时半起。八时出,风中乘三轮过访圣陶,仍同车往政协礼堂出席古籍整理小组大会。吴辰伯、邢赞亭、章行严、金子敦、嵇文甫先后发言。十一时休息后,由康生讲话,颇切实有味,十二时四十分乃散。余与调孚均附圣陶车行,仍在东四下车,各转三轮返家。到家已一时廿分,仍炒饭当餐。三时半,滋儿归。

接所中电话,明日开全所会,询出席否。当即请假,明日本尚有古籍分组会,余以不胜其累,亦谢不往矣。

傍晚,风扇愈急。夜饭时,湜儿归。九时就卧,与湜同榻。

2月12日(十二月廿四日　庚申)星期三

晴,寒,仍有风,料峭戟人也。

晨六时半起。上午,为润儿同事华偎烟之夫沈啸寰解答关于《小腆纪传》六事。下午三时,清儿挈建新来省。适予同见过,谓昨甫自沪来京,将出席科学院会议,住西郊宾馆。遂与长谈,移时乃去。清则傍晚始去。

澄儿入暮下班来省,因共饭。

饭后,余独出,乘三轮往吉祥看新华京剧团演出,坐楼下一排一号。居中而近,真佳座矣。七时开,先为徐东明主演之《李陵碑》,八时许即完。休息后为徐东来、关韵华、徐东祥主演之《红娘》,十时十分亦毕。戏甚精炼,而售座奇惨,余不禁为之叫屈不置。散出仍乘三轮返。

湜儿守门未寝。及余小坐有顷,乃同睡。时为十一时。

2 月 13 日（十二月廿五日　辛酉）星期四

晴，寒。

晨六时三刻起。九时，属湜儿往吉祥预购春节戏票，不久即回，居然买到。盖不先布告时间，免去排队拥挤，亦改进工作之一法耳。

写信复谢叔道惠食物。

午后偕湜儿出散步，并顺便购书。先乘十路车到西单，在桂香村及西单市场等处一巡，继即乘电车出前门，在大蒋家胡同下，入新华书店闲翻，得购数书，挟以过劝业场，复走至中山公园对过，仍乘十路车回无量大人胡同，徐步归家。

夜小饮，九时就寝。

2 月 14 日（十二月廿六日　壬戌）星期五

晴，较和。

晨六时半起。体不甚舒，腹泻三次，不痛，但感彭亨，泄后反觉松快，谅无大碍也。

偶翻潘景郑校订之《鸣野山房书目》（清山阴沈复粲撰），颇见秘笈，近日上海古典文学出版频出书目之籍，于社会人士好书之风或有推动作用乎？

下午聂氏外孙昌颉、昌硕来省，颉甫自天津大学放寒假归省其家，硕近好描画，余为购一维纳斯像奖之。欣然而去。二时后，湜儿独自一人大扫除北屋，擦窗拭橱，至五时半始已。滋儿归后，帮许妈操刀割治猪肉，备度岁烹以自飨者也。今年大为省约，然仍免不得忙碌二字耳。余精力日颓，家事接肩有人，亦一慰也。

夜小饮,九时半就寝。琴珠夜饭后出看话剧。

2月15日(十二月廿七日　癸亥)星期六

先昙,后晴,气仍较和。

晨六时半起。竟日未出,略翻所中送来阅看之东海文艺出版社稿件《唐诗选》。

傍晚,潽儿来省,因共饭。饭后,余独出,乘三轮往吉祥看燕鸣剧团演出,坐楼上特一排六十二号。七时开,十时毕。先为安晓峰、阎元靖之《武松打店》,继为赵燕侠等之《追鱼》。《追鱼》为神话喜剧,文武唱做俱有。越剧先上演,今京剧亦搬演之。燕侠首唱也,居然能武,表现双枪一字步,皆合式,宜其台誉日进矣。散戏后仍乘三轮归。

湜儿偕琴珠在天桥大剧场看歌剧《茶花女》,尚未还也。有顷亦返。

十一时就寝。

2月16日(十二月廿八日　甲子)星期

晴,有时多云,气仍如昨。

晨六时半起。今日虽星期例假,以提倡少休息,且与明日除夕移调使用,故诸儿及元孙皆照常上班入学。真新气象也。余竟日未出,点阅尤延之《全唐诗话》。

午后,湜儿为余出购新出《又玄集》等书,归来后登录入架。滋儿又为余购得梅花两盆、月季一盆,年景亦楚楚可观矣。

夜饭后,汉儿及元鉴外孙来省,九时半去。十时就寝。

2 月 17 日（十二月廿九日　乙丑　大除夕）星期一

晴，和。

晨六时半起。整理拂拭，及午方定。

文权午前来省，因留共饭。午后二时，独乘三轮往访农祥、亦秀，同游西郊动物园。本拟就荟芳轩茶，不意又停闭矣。仍茶于豳风堂廊上，闲谈至五时起行。各乘无轨电车分道各归。余至南小街北口转乘三轮，返家已六时许。

夜合家聚饮，同吃年夜饭。饭后清儿、达婿、建昌、建新两外孙来省，谈至十时三刻辞归。余等亦各自料理过年。十一时洗足濯身，易衷衣，就寝时已十二时矣。

2 月 18 日（戊戌岁　正月大　建甲寅　元旦　丙寅朔）星期二

晴，和。

晨六时半起。八时后儿辈始起。九时，余偕润、滋、湜、琴、佩及元孙、宜孙往章家贺岁，略坐便还。振甫、蕴玉来，少坐便去。有顷，晓先、雪英、士中来。濬儿、权婿、昌预、昌颉、昌硕三外孙来。清儿、达婿、建昌、建新及小逸来。澄儿、升埒、升基、升埩、升坝、升垲、升培、升增及女佣来。汉儿、芷婿、元镨、元镇、元鉴及大璐来。调孚亦于十时来谈。见余家人多，匆匆即去。午刻同坐进年朝饭。凡卅八人，分三席。余与晓先、雪英、濬、权、清、达、澄、汉、芷、士中、湜儿同桌，馀皆在南屋。欢笑杂谈至三时许，建新跌破额角，一时扰攘，即由其父母送第三医院诊治，打针包扎，近暮始返其家。濬等亦各散归。一团高兴未免冷浇一瓢水。是夜本有张君秋《珍妃》票两张，在虎坊桥北京市工人俱乐部，因是之故，殊不欲往，儿

辈亦不愿熬夜,于是,润、滋两儿乃同往院前退票。琴珠则应其五
妹之邀,挈元孙往其家晚饭矣。

夜九时后,润、滋、琴、元先后归。十时就寝。

2月19日（正月初二日　丁卯　雨水）星期三

晴,和。

晨六时半起。八时,润、滋、湜率元孙及预、颉、硕、锴、镇五外
孙同往福田展墓,顺游八大处。余则于九时乘三轮往八条访圣陶,
并向老伯母拜年。晤至善、至美、蝼生。因留共饭。饭后偕圣陶、
至美、满子、蝼生等乘电车至小经厂实验剧场看话剧《百丑图》。
穷形极相,挖苦之至。五时散,余即辞圣陶等,乘三轮遄返。

抵家未久,清儿来,润等亦归。知芷、汉、清、达、建昌皆去福田
云。六时夜饭。饭后与清、琴及许妈往吉祥看北京市京剧四团演
出新排之戏《武则天》,吴素秋主演,场面颇热闹,表演亦长,至十
一时十分始散。在场遇调孚、志公等。出院则四散矣。

就寝已十二时。

2月20日（正月初三日　戊辰）星期四

晴,和,下午刮风。

晨六时半起。九时,偕湜儿出,先乘十路到六部口,转十四路
车往琉璃厂一趁年例逛厂甸。为时尚早,旧书摊颇多,然尚未开箱
展出。有顷,始陆续摆设。余择得字帖及旧书都五种,令湜挟以
从。迤逦而南,到虎坊桥,再走至菜市口,就美味斋菜饭店午饭。
质量大逊于初来时矣。岂饮食之业亦有橘不逾淮之感乎?然则,
老正兴之类,殆亦难免变质耳。饭已,复返虎坊桥,同诣工人俱乐

部,看北京京剧团演出,与湜联坐第二排五、六两号。一时卅分开,五时散。剧目为裴盛戎、赵丽秋、马胜龙、张洪祥、茹富华等合演之《铡判官》,即曩所常演之《探阴山》也。散出后,风沙大起,乘公共汽车、电车等都不得上,乃独三轮遄返。比到家已将六时,而湜儿挤公共汽车,转得先到也。夜本有尚明珠《红娘》可看,以太疲累,属湜儿往看。余则灯下摩挲日间所得旧帖,所谓《玉虹楼帖》者,赏玩之。字为张得天临摹之作,迄未知《玉虹楼》主为谁耳。

十时就寝。未久,湜亦归矣。

2 月 21 日 (正月初四日　己巳) 星期五

晴,和,较昨稍冷。

晨六时半起。八时填写工作情况调查表。九时半,得农祥电话,谓即来看我。有顷,便至。谈至十一时,余偕农祥、湜儿同出,乘十路到天安门,再转电车出正阳门,同上老正兴楼午餐。餐后,湜儿径回校去。余则与农祥乘电车到天坛北门,入憩于皇穹宇西侧之茶棚中。二时半起行,闲步圜丘东北部一带,仍出北门,共乘电车到崇文门,步入城关。农祥转车往游隆福寺,余则乘三轮径归矣。到家未及四时。滋儿尚未返家也。坐定,志华挈建新来省,谓甫从医院中拆线归,特过门告慰者。略坐即去。滋亦归来。余写信致友琴,填送表格,并提东海文艺出版社《唐诗选注》稿读后意见,请派人来取去。此信即交滋儿先投邮。想明日当可到达,不致误期乎?

夜接湜儿电话,知抵校无事,余属安心考毕后再归省。

澄儿傍晚来省,因共饭。饭后建昌来,澄、润、滋、昌四人同往潏儿家,阅时乃还。澄、昌亦各归去。十时就寝。

2月22日(正月初五日　庚午)星期六

晴，大风，气温仍如昨。

晨六时半起。八时登录上架新书。十一时，冒风出，步往灯市口油房胡同博氏幼儿园接绪芳，同至东安市场访地求食。虽号召突破常规，春节照常营业开门，应市者究不多，最后诣五芳斋，仅乃得食。十叩九不应也。与元孙各啖春卷、馄饨而已。食已下楼，遇空了、君箴、佩佩等，匆匆即别。知西谛亦将踵至耳。余与元孙过百货大楼，再返市场，购得新书四种，即挟以往吉祥登楼，坐特一排六十、六十二两号。一时半开。先为董文华主演之《水帘洞》《闹龙宫》。继为尚明珠、姚玉刚主演之《勘玉钏》。戏甚好，而卖座仍惨。真为叫屈也。四时五十分即散。挈元孙乘三轮东归。到家仅五时许耳。

夜饭后，滋儿出买戏票，移时乃返，仅为佩华购到越剧《落绣鞋》票而已。九时就寝。

清、达、汉、芷、锴来谒，余已寝，与润谈，越时而去。知达与汉口舌得咎，即将去东北从事劳动，余无辞可以慰勉，只索未起，倚枕听之，久久不能入寐。

2月23日(正月初六日　辛未)星期

上午阴，有微雪，下午晴，气较寒。

晨六时半起。十时许，芝九、尔松见过。承九兄抄送治喘咳偏方，极感之。谈至十一时四十分去。滋、佩上午出访友，下午往看越剧。润上午陪达先买物，琴则挈元孙出浴于清华园。午饭后，余偕润儿出散步，在东四南大街工艺品商店看到顾若波画山水四屏

条及李思本七言联,出币五元购之。继到隆福寺一转。购得搪瓷
漱口盂两具,备送达先、汉儿下乡之用。出隆福寺复往东安市场,
在丰盛公啜核桃酪,顺摊略看,购得新书两种。乃往百货大楼一
转,即乘三轮遄返。

夜小饮,十时就寝,倚枕读宋朱希真《樵歌》数阕,始得入睡。

2 月 24 日 (正月初七日　壬申) 星期一

初阴,有雪,旋放晴,气更寒于昨。

晨六时半起。点阅尤延之《全唐诗话》,并写信复友琴。十一
时许,汉儿来省,谓已决定被遣往黑龙江密山从事劳动。达先亦同
月内可能成行云。匆匆共饭后,汉即去。午后仍点《全唐诗话》,
至四时许毕之。

夜,潜、澄、汉、权、达、芷等俱来,锴、镇两孙亦至。余与即将远
行之儿女共饮,不免逾量,饭后,竟致使气,数十年来仅见之发风
也。何不能自抑至此耶? 为之凄然。十时,儿辈皆去,余亦就眠,
辛酸压胸,如何入睡,展转甚苦矣!

2 月 25 日 (正月初八日　癸酉) 星期二

阴转晴,气转暖。

晨六时一刻起。今日文研所上下午俱有会,余以精神衰靡辞
未往。伏案刻许,头岑岑然,乃取架上王元美、敬美兄弟《全唐诗说
艺圃撷余》看之,及午而毕。

午后二时,乘三轮往北长街访乃乾,伊新病初愈,与谈《辛亥以
来藏书纪事诗》出版事。顺及《鸣野山房书目》,乃湖州人沈韵斋
钞集《澹生堂书目》等,伪托之本。古典文学出版社未之察,贸焉

印出,现有人发覆云云。书林掌故谈何容易。潘景郑又碰一钉矣。不禁叹惕。谈至五时辞归。仍乘三轮行。到家颉刚在,与谈移时,及暮而去。

夜饭后,潘、权、澄、汉、锴来省,九时半去。十时就寝。

2 月 26 日（正月初九日　甲戌）星期三

晴,有风,下午稍戢。陡感料峭。

晨六时半起。八时后,看杨家骆《唐诗初笺简编》。午后坐看瞌睡片晌,神思恍惚。四时,滋儿归来,因与同出散步,乘十路至王府井南口下,徜徉抵东安市场,在丰盛公啜核桃酪,然后徐步东归。到家已六时矣。

夜饭后,权、汉、鉴来省,九时去。余即就卧。

韵启来,带到漱寄食物。

2 月 27 日（正月初十日　乙亥）星期四

晴,料峭春寒。

晨六时半起。十时许,晓铃、贯之见过,谈所中即将成立资料室事,且知友琴亦已调到资料室云云。仍拉余多出主意,余实无能,且畏事,奈何介入? 姑俟明日赴会时再谈。近午,二君辞去。午饭后,独出,乘三轮往官马司访农祥。谈至四时半乃行,农祥送至六部口,看余上十路车乃别。

余到家,接慧珠电话,谓明日仍雇车来接,属顺接平伯、淑明,同赴所中。

润儿以参会未归晚饭,晚饭后,滋、佩往省清家,九时归。有顷,润儿亦归。余乃就寝。

2 月 28 日（正月十一日　丙子）星期五

晴，有风，较寒于昨。

晨六时起。七时半，所中雇车来接，即乘以过老君堂接平伯，又出阜成门接淑明，同驰中关村科学院社会北楼文学研究所，参加全所大会。其芳以患颈疖住医院，会议由棣华主持。八时半开，十二时止。因随介泉过饭其家。下午二时续开，六时乃散。于规定工作指标及稿费归公，开题展开辩论情况，极为热烈。余意指标必须规定，稿费亦当定出妥善处理办法，只待制度确立，余决遵守无贰。散会时，王积贤约下星一下午来访，谈陈友琴以所著《韦应物生平事略辨误》一文，属读。旋于大风中仍坐雇车入城，偕乘者淑明、晓铃、秀贞、水夫，先后送伊等到家，然后及余，比车到禄米仓中龙凤口，忽抛锚（彼中术语，机件有损，不能行走之谓也）。遂步以归家。

汉儿、芷芬在，因共夜饭。饭后，达先亦至，谈至九时半，辞去。知后日一早，达、汉即须出发也。余多方鼓励敦嘱，接受改造，伊等亦怡然见从。余心虽不免别有滋味，而大义所在，毅然出此矣。十时就卧。

3 月 1 日（正月十二日　丁丑）星期六

晴，大风，寒。

晨六时一刻起。宜孙眼皮手术本约昨日往作，及至医院，仍云不能贸焉动手，诘以屡拖不决，终当有一了断。乃约今日十一时半再往。及时雇车冒风前往，则又云主任大夫有事他出，属于下星三再去。如此迁延，殊非医院所宜出，莫可奈何！琴珠则风中骑车往还于人教社、同仁医院之间,仆仆未得一饭。而李妈挈宜孙徒然冒风一趟,思之实可恨恨。

午后写信复潊儿,告家中近况。又写信备便致友琴,对所撰文略提意见(拟俟王积贤见访时托带去)。

三时许,达先来省,谈至四时许,去。接外孙女聂昌显哈尔滨来信,告已出院上班,并下放至工厂当装配工人云云。澄儿来晚饭。饭后,达、汉、芷、清、锴、镇均来省,达、汉告别,明晨七时即出发,先在双桥农场学习一时,然后再赴黑龙江密山云。余只有勉慰而已。十时后辞去。余亦就寝。

3月2日(正月十三日　戊寅)星期

晴,午前后及傍晚俱有风,颇寒。

晨六时一刻起。七时半出,乘三轮到八条叶家,以墨林逝世已一周年,集体去福田扫墓。余亦附车一行展视也。用人教社大轿车载行叶家亲属及晓先、雪英、亦秀等,凡廿九人。八时二十分开车,九时十分到福田展阅。无恙。十时许,离墓,折至卧佛寺一游。十一时回到颐和园。圣陶设饭石丈亭,遍享同行者,凡三席。食毕,登后山迤逦而东,憩于谐趣园。二时许出园,乘原车入城,余在东安门大街下,转三轮而归。到家只三时半。

润、佩俱到办公处所加班,垂暮乃返。韵启见过,因留共饮。饮后,谈至九时半,辞去。知尚有十日句留也。

韵启行后,余拭身洗足,易衷衣就寝。

3月3日(正月十四日　己卯)星期一

晴,微风,仍有料峭之感。

晨六时半起。八时半,电约静庐往晤,以其有印行光绪《东华录》之凡例见商也。余步往古籍出版社,雪村亦在,兼晤调孚。谈移时,濬儿导余过访彬然,小坐至十时,辞出,仍过静庐、调孚谈,皆得解而别。缓步归家。抵家得西谛电话,约明日下午二时半过其家,再商前所拟文学书目。四时五十分,积贤始来,谓先过平伯久谈,是以来迟云。询悉其芳颈疽开刀已过四天,可无大险矣,为之稍慰。继谈工作情况,并对现状看法。均属转达其芳,阅时乃去。

夜饭后,鉴孙来省,谓接伊母电话,属来此接听云云。言下颇露孺慕之态,不能掩其泪痕。余睹此安得不生舐犊之心。有顷,电话果来,属鉴明日送毯子、绳子等物去双桥云。时已九时,余强作精神,以好言抚慰之,令归家安息。余亦不自持,只能就卧矣。如此况味,讵能骤忘耶!

3 月 4 日(正月十五日　庚辰　元宵)星期二

晴,有时多云,微风,仍感料峭。

晨六时半起。八时半接湜儿电话,谓已考毕一课,六日将再考一课。十时便见回来。午饭后二时,余乘三轮往应西谛之约,仍与斐云三人共商,抵五时散,清代部分属余重草,约周内交卷。

到家已六时。是夕,与滋、湜、琴、元、宜共饭。润仍在部未归饭。

饭后,清儿挈昌昌、新新来省,因买花筒两枚,点放之,聊应节景,亦强自排遣之一法耳。九时,清等归去。余亦与湜就寝。

3 月 5 日(正月十六日　辛巳)星期三

昙,温。偶显日光。

　　晨六时半起。八时,清儿电话来,谓九时在禄米仓口十路车站相候,同去西郊,一游动物〈园〉。届时余与湜儿往会之。因偕乘十路至文化部前转一路无轨电车,径往西郊。昌、新二孙从。余坐豳风堂前啜茶,伊等往游河马、犀牛、长颈鹿各馆及鸣禽室,近十二时乃回看余,余已冷坐久盼矣。遂起行往狮虎山、猴楼等处一巡而出,诣西郊商场广东餐厅午饭。饭已,湜儿乘卅二路车回北大,余等四人仍乘一路无轨电车回南小街,缓步各归。到家仅二时半,以疲累,默坐而已。五时半,夜饭,与滋、元同餐。

　　餐已,独出,乘三轮往吉祥看新华京剧团演出。七时开,十时半散。先为李万春、张鸣川之《十字坡》(李系右派分子,牌上削其名),继为徐东来、关韵华主演之《彩楼记》。其中《评雪辨踪》一场最精彩,盖吸取川剧精英之故。惜东来嗓音口差,逢唱均不能令人满意矣。殆哉!散出,仍乘三轮回家。少坐便就寝。

　　一路归来,月色尚明,讵知破晓时竟有积雪被庭也。

3月6日 (正月十七日　壬午　惊蛰) 星期四

　　阴,时飘微雪,向午晴,气温与昨相埒。

　　晨六时一刻起。八时半,接慧珠电话,谓今日下午二时半,所中召开全体大会,讨论五八年度修订工作计画,放车来接,并属过接平伯同去。

　　九时,汉儿来省,谓顷自双桥请假归取春衣,九时准行。情绪尚好,余为一慰。十时半辞去,当俟到达密山后再有信来云。午饭已,天又阴,一时二十分,所中雇车来,即乘以过迓平伯,同载出城,径赴中关村科学院社会北楼,在二楼会议室开会。冠英主席,到力扬、路坎、范宁、象钟、妙中、荷生、道衡、绍基、友琴、贯之、毛星、平伯及余等十馀人。其芳尚在院中。讨论工作都为原则性问题,未及具体事例。五时半散,约后日上午八时半续开再商云。

散会后,仍由所雇车送余及平伯归。平伯到鼓楼下(车特绕路就之),然后送余回家。到家已六时廿分矣。湜儿考毕归,亦适到家。遂共饭。夜九时半就寝。润儿犹未归也。近十时,润始返。湜亦归卧。

3月7日(正月十八日 癸未)星期五

晴,冷。

晨六时半起。八时,小同来,谓高先生(尔松)属送首都话剧券两张,系王先生托转者(想系芝九),因令湜儿偕小同往看之。余乃伏案修订清人诗文集书目,至午粗毕。实未能惬意也。接农祥约明晚过饭其家。又接慧珠三次电话,约明日上午七时有车来接,并属过接平伯、晓铃。(第二次谓平伯不去,第三次告午后四时全所大会,作"双反",询去否,余实不胜紧张,只得善意谢之。)

湜儿校中有电话,催归,亦为午后三时开会,因于饭后敦促即去。下午复看上午修订目录,略加改定。夜饭后,九时就寝。寝后,电话响,亟起接之,乃汉儿者,谓一切准备就绪,后日即动身出关矣。本日接上海弟妇信,欲挈其两外孙往就其女,请挪款济之。余甚觉不妥,即写信转与漱儿,属就近了解,相机应因,拂逆心情扫之不开,殆哉!

圣陶转到云彬来信,谓将从事《史记》集注工作。

3月8日(正月十九日 甲申)星期六

晴,转暖。

　　晨六时起。七时四十分,所中派车来接,即乘以过纳福胡同接晓铃夫妇,共载出城,径赴中关村文研所。八时半,本组先开会,接续前天馀绪,仍无结果。十时召开全所大会,唐副所长主席,传达昨日科学院他所的挑战,要本所于下周内贴出"双反"大字报一万张。平均分配每人须写一百张云云。时语所谓热火朝天,紧张极矣。余衰暮之身,实无法追随也。奈何! 十二时半仍车送入城,先送淑明、晓铃,然后到家,已将一时,即草草具餐。餐已,少休至二时,又出,乘三轮径赴朝内大街文化部,登三楼就会议室,应古籍整理小组文学分组座谈会。到齐燕铭、郑西谛、金灿然、徐调孚、邢赞亭、孙蜀丞、章行严、钱默存、余冠英、吴晓铃、叶圣陶、赵斐云、王瑶、林庚、王任叔及余十六人,并一书记。商谈文学书目,决定就新修订者付印,然后分寄各方广征意见。散会已六时。余即附圣陶车径赴官马司倪家,应农祥之邀。有顷,至善、满子、亦秀皆来集。遂合坐同饮。欢谈至十时始归。仍附圣陶车行,送我至小雅宝西口而别。

　　到家家人都已就寝,润儿来开门,余少休即寝。知潜、芷、清皆曾来过,未及晤之也。

3月9日（正月二十日　乙酉）星期

　　晴,煦,饶有春深之感。

　　晨六时半起。午前闲翻架书,亦尝构念写大字报事,终未有合适者,甚感促迫。

　　午饭后,偕润、滋两儿出,气暖不能御裘,易衬绒袍而行,步至朝阳门上一路无轨电车,径往北海公园,先在道宁斋看日本书法篆刻展览,颇有佳构,终不失东瀛风格。继由山后登诣揽翠轩,求坐啜茗,而星期休假,竟无隙地,候久之乃得坐,闲畅至四时起行。仍乘一路无轨电车东归,在南小街下,徐步返家。

午前,芷芬来省,知到双桥送汉儿、达先,已安然登程矣。因共午饭。饭已即去,谓须赶回写大字报也。足见近日各机关俱忙于此事耳。

夜饭后,电话约韵启未得通,属接话者令其明日打一电话来,因有少物托其带沪也。九时就寝。

3 月 10 日(正月廿一日　丙戌)星期一

晴,暖。

晨六时半起。八时,为答云彬问,查书写信。嘉其深自刻责,勇于服善,备致慰勉。抵午始写完。

午后为所中贴大字报拟出三条,一请郑所长经常到所,二言既定研究计画必须贯彻执行,三言工作指标亟应制订。余亦想不出许多,姑俟明日写寄道衡,属为书贴。

濬儿午后曾来省,上班时去。韵启曾通电话,谓尚有多日句留云。

夜九时就寝。

3 月 11 日(正月廿二日　丁亥)星期二

晴,暖。

晨六时半起。八时后,写信与道衡,寄大字报稿,属代办书,尚未封,接慧珠电话,谓所中属往一看大字报,一时半放车来,仍请过接平伯、淑明同去。继又云平伯以患疖不去,只接淑明可耳。届时车来,即乘以出阜成门接淑明,同诣文研所。二时许即达,先从楼下看起,登楼晤积贤,稍憩,然后看二楼所张贴者。在场晤冠英、晓铃、素贞、蔚林、慧珠、肖玫、妙中、大冈、家槐等。复上三楼,一看,更多矣。上下约计不下二千张,形形色色,细大不捐,确可看出问题不少。余即以上午所写之信面交道衡,时已五时,乃偕淑明、晓铃、素贞同车入城,沿路送下,最后始到小雅宝。

夜饭后,潚儿来省,谈至九时许去。余亦就寝。以三小时立看大字报,腰酸脖扭,疲乏已甚也。

接漱儿八日晚九日寄书,答余一日去书者,分析汉等获咎之由甚悉,毕竟个儿思想独进也。为之惋美交作。

3 月 12 日 (正月廿三日　戊子) 星期三

阴,微雨,轻寒恻恻。

晨六时一刻起。九时,平伯见过,出所撰《片玉词补注》稿属读。余因顺将昨所见大字报中涉及伊本身者告之,亦朋友切磋之道也。谈至十时一刻去。近午天霁,清儿挈新新来省,出达先明片见告,知已与汉儿等一行过皇姑屯,想此刻当可安抵密山矣。有顷,志华来接新新,清则留侍午饭。饭次,乃乾见过,因拉共饭。饭后,天色放晴,气亦转暖。潚儿来省,二时,潚、清偕去。余与乃乾长谈,移时乃去。三时后,又写大字报稿两条。

所中派人送通知来,即以昨日归家时车资馀款交其带去,并属回复明日不能出席。既又写信与道衡,寄所写大字报两条去。又托向冠英说明明日不能出席之故。六时,韵启来,谓会已结束,明晚即须附车回沪。并购得广和戏票邀同往观。因留共饮。七时一刻与同出,各乘三轮径赴前外广和剧场。坐六排第十三、十四号。(本购三张,滋等皆以事不克同去,即在场前转让于人。)余托伊带

款百元,并送还手表及空器皿等与漱儿,亦随带前去。备戏毕径携
招待所,明日不复相见云。至感厚谊。

余等入座后,戏已演出四十分,剧目为《野猪林》,李少春饰林
冲,袁世海饰鲁智深,侯玉兰饰张氏,娄振奎饰高俅,骆鸿年饰陆
谦,孙盛武饰高子,李世霖饰张勇。阵容极强,戏亦精彩紧凑,至十
时即终场矣。韵启送余登三轮而别。到家十时卅五分。润儿亦甫
归未久。告知工作将调回图书馆编目云。又知澄儿曾来过也。十
一时就寝。

3 月 13 日（正月廿四日　己丑）星期四

阴,大风,午后晴,风亦稍戢。气仍如昨。

晨六时一刻起。八时后,看平伯《片玉词补注》,提意见作书
告之。

午后二时,农祥见过,以风大,未偕出,坐谈至四时辞去。

王佩璋初选唐诗篇目,日前冠英交我,拟明日为核看之。夜饭
后,看滋儿写大字报。润儿九时乃还,谓明日即迁回东总布胡同十
号原图书馆。十时就寝。听转布杜近芳《蝴蝶杯》,十一时后始
入睡。

3 月 14 日（正月廿五日　庚寅）星期五

阴,偶露日光。较冷。

晨六时一刻起。八时后为沈啸寰问六事查书写答,至午后三
时乃讫。佩璋选目遂未及看。接慧珠电话,明日下午二时所中请
潘梓年作报告,仍于一时来车,过接淑明云。并告平伯今日上午已
去过,明日不去矣。

前托邵志英装钉〔订〕之杂志及修补之书本，今日下午送来，修补之件大差，只得强受之。

夜饭后，小坐至八时半，即寝。

3月15日（正月廿六日　辛卯）星期六

晴，还暖，微感地润，其将致雨乎？

晨六时一刻起。八时半，核对王选唐诗篇目，至午尽四册。午饭后一时十分，所中派车来接，即乘以过淑明，同驰科学院文研所。询悉作报告在化学楼礼堂，遂与淑明往就座。在场晤介泉、妙中。二时一刻，潘梓年作报告，传达聂荣臻、陈伯达在国务院科学规划委员会上讲话，四时半乃毕。因过文研所看大字报，憩于积贤办公室，兼晤肖玫。五时半仍由所派车送归。淑明先下，尹锡康、朱静霞附载，亦先后在西四及灯市口下。六时一刻，余乃返抵家门。

夜饭后，芷芬、清儿、建昌、建新来省，知汉曾在大虎山站发片，达曾在哈尔滨站发一片，想此刻必已到密山云。谈至九时半辞去。余亦就寝。润儿九时始归也。

3月16日（正月廿七日　壬辰）星期

阴，寒恻恻，时有微雨。

晨六时半起。心闷气郁，颇思出外一游，藉纾磊块，而诸儿多加班写大字报，或有去农庄义务劳动者，竟无人作陪，而且天阴地润，首施难决，只索摊《唐诗》续核王选篇目，抵午又毕四册。午饭后，天虽阴，尚无雨，遂与滋儿出散步。走至青年会，乘环行电车往北海后门，在少年宫参观水力发电建设展览会，绕行一周，颈酸背痛矣。乃迤逦走至园西南部，就座啜茗，藉资休息。见二女生（市

十二女中)在彼义务劳动,擦窗抹桌,极周到,可感动,由此造成勤
工俭学之风于社会主义前途实大有裨益也。五时起行,出园西侧
门,度金鳌玉蝀桥而东,乘无轨电车回南小街,途遇贾芝,且行且
谈,至演乐胡同东口而别。余父子徐行到家,已六时许。润、琴、佩
皆已归,遂共夜饭。

夜饭后,文权、潏儿来省,谈至近十时去。余亦就寝。

接漱、淑两儿信,知弟妇挈其两外孙决于十六日成行矣。无可
奈何,只得听之。

3 月 17 日 (正月廿八日　癸巳) 星期一

阴霾,禹中黄雾涨天,疑为沙降。未几,而大雪飘堕,有如舞
絮。向午日出,雪亦渐止。午后复阴,偶一露光,而雪又随下,惟气
已转暖,终未见堆积耳。晡时霁,竟未见日。

晨六时半起。八时后续核王选唐诗篇目,至午尽六册。午后
赓为之。至五时,又尽八册。前后通得十四册。奇迹也。

接云彬十四日复书,托代购郭氏札记等。暇当为一物色之。

夜饭时,滋未归,电话告我须俟开会过后乃得返。余于饭后洗
足拭身,易衣衣,九时半就寝。着枕后始听见滋儿启门归来也。

3 月 18 日 (正月廿九日　甲午) 星期二

晴,夜转寒。晨起见窗上玻璃又复凝汽作晕矣。阴森带润。

早六时一刻起。八时续核王选篇目,至午复尽十册,于是全部
完毕。心为一松。

午饭后,晓先见过。写信两封,分寄上海漱、淑两儿,复十六日
来信。自出投邮。思欲往东安市场一转,以忘带钱钞,折回。(近

来长有此等事,可见老耄日甚矣。)甫坐定,而西谛电话来,谓将前来看我。三时半,西谛来,谈平伯事,谓须共劝毋萌退志。因电知圣陶,共载过之,三人长谈,余却以年衰引退之意倾吐之,此意圣陶早知之,西谛则未闻也。今一告之,或朋友心心相印之道乎?谈至五时,三人驱车同出,先往地安门桥北马开湖南馆谋饮,以寻不着,转至八面槽椿树胡同康乐餐馆晚饮。肴核尚精,吃过桥面,极佳。六时五十分散,车送余至禄米仓西口而别。到家琴珠、元孙方夜饭。润、滋、佩皆未归也。八时后,润等方陆续回。九时半,余就寝。寝后,清儿电话见告,达等已在密山来片,报安抵。惟究竟转派何地,则尚未定局耳。

3 月 19 日(正月三十　乙未)星期三

阴寒恻恻。

晨六时半起。八时半,接慧珠电话,谓下午二时半要听报告,一时半放车来接,属单接平伯后径放文研所,然后陪往听讲处云。

下午,天略霁,而黄沙弥漫,景色殊黯淡。一时十分,所中派车来,即乘以过平伯,偕驰出城,径赴文研所,晤之琳、力扬、慧珠、范宁诸人。因同诣所东南地球物理研究所三楼大会议室,参加开会。至场甫二时十分,而座已挤满。见颉刚、嘉生、厚宣、刚主都在,盖科学院各所同人汇听该所整改经验,将有所推动耳。二时半开始,由院长郭沫若主持,继由赵所长及其他四位讲话,然后由郭总结。精警透辟,发人深思,真宏论也。七时一刻始散。扶梯而下,仍由所雇车送回。颉刚亦附车以行。

比归家,已将八时。合门待饭已久矣。遂共饭。饭后略坐,即睡。与湜同榻。湜儿午后即归省也。今日植坐近五小时,不溲不饮,疲累极矣。时代正在大跃进,内心亦甚愿奋追,其如年力不济,徒滋疚心何!

3 月 20 日 (二月大　建乙卯　丙申朔) 星期四

晴,暖。晨六时一刻起。上午令湜儿出购书,归来即分别登记。下午农祥有电话,未果应,竟不出,督湜儿理书架。终日碌碌,心境惘然,不自知其何以尔尔也。

夜饭后,九时即就卧,润犹未归也。

3 月 21 日 (二月初二日　丁酉　春分) 星期五

阴。

晨六时一刻起。七时一刻,湜儿辞家返校。九时,余独出散步,扬长竟至王府井百货大楼,购得茶叶、糖果等,又折至东安市场,购得香烟一条。时已有细雨,即乘三轮而返,到家正十时。坐思《唐诗选》着手事宜,备组长召开会议时有所提供。晡时日微露。

接漱儿十九日信,知韵启已到,物款皆收得,并告余十五去信亦已接悉矣。

夜饭后,九时即寝。润儿十时乃还。余睡至深夜三时醒,即未能再睡。

3 月 22 日 (二月初三日　戊戌) 星期六

晴,较昨略暖。

晨六时一刻起。精神恍惚。八时一刻,接所中电话,谓八时半开会,其人湖南口音,不知为谁,余答以昨日已接慧珠电话,因身体不佳,嘱伊代为请假矣。如此牵萦,两无所益,中心痛苦之至。午饭后,晓先、潘儿来,上班时去。晓先借去五十金。

看范祥雍《洛阳伽蓝记校注》及杨明照《文心雕龙校注拾遗》。近日出版中较有分量之作也。

五时即饭,饭后乘三轮往西长安街首都影院看新片《海魂》,盖佩华先已买票,约余届时前往者。至则伊已在门首候余。同人登楼入座。先映彩色片无锡景物,继演主片《海魂》。其故事为鼓浪号军舰在台湾起义,还归大陆。颇激昂合时也。八时半散,仍乘三轮归。佩御骑车从。九时十分到家。芷芬在,因与谈至十时乃去。余亦倦极思寝矣。

3月23日(二月初四日　己亥)星期

阴霾,下午有黄沙撒降。气尚不冷。

晨六时一刻起。九时,亦秀电话约于午后去政协礼堂第三会议室,参加北京昆曲研习社第九次同期(请柬一星期前已接到)。有顷,至善亦有电话至,谓其尊人亦去,约同车前往。余因于十时后乘三轮过东四八条圣陶家,即留饭焉。晤至美、蠖生等。午后一时四十分,余偕圣陶、至善父子,同车驰往政协。则平伯、敦敏等已先在,开唱矣。坐有顷,亦秀始至。听社友唱曲至十二支。五时乃行。仍附圣陶车行。亦秀偕焉。车绕西单长安街东行,先送亦秀下,至禄米仓西口,余亦别圣、善下,徐步归家。知瓦工徐成田曾来看过,惜余等都不在,未能作出决定耳。

夜饭后,九时即就寝。

3月24日(二月初五日　庚子)星期一

阴霾竟日,气象萧索。

晨三时醒,朦胧后,五时又醒,六时一刻亟披衣起,不且气涌鼻塞矣。年来常有是征,近日更甚。起后神思恍惚,心目皆督,伏案稍久,则怔忡频作,总觉坐立俱非,又遑论凝思工作哉? 午饭仅勉进大半碗耳。午后默坐久之,自揆厥因,殆以大家猛飞跃进,而余体力日颓,随进则实有未逮,落后则亏职疚心,遂致精神负担加重,无法排除周围紧张之局乎? 若得卸去职责,援例退休,或可度此馀年,必欲以老秃翁强随青年之后鼓扇腾踔,我恐残喘亦难保也已。奈何! 奈何!

四时接道衡电话,谓明日下午二时本组集会,讨论具体工作,有车来迓云。越一时许,所中湘音者又有电话来,谓去时请自雇汽车,顺接平伯、晓铃两先生云。

夜饭后,清儿挈新孙来省,谈至九时半去。十时就卧。

3 月 25 日（二月初六日　辛丑）星期二

晴,下午大风扬尘,入夜风更大,终宵撼户震窗。气温乃骤降。

晨六时一刻起。八时后,翻阅新购各籍,分别记录上架。十时前后,电话与首都汽车公司及平伯、晓铃二君联系,约下午一时,车由余家开出,沿途接二君到文研所,参加会议。依昨日所中通知也。届时实行并素贞亦接行。一时三刻便已到中关村。二时开会,冠英主席,到唐棣华、王燎荧、毛星、孙剑冰、钱默存、王贯之、陈友琴、邓绍基、曹道衡、蒋荷生、吴晓铃、乔象钟、徐凌云、梁共民、周妙中、范宁、路坎、王积贤、俞平伯及余。盖古典文学两组并开,且由领导及民间文学组参加。专就"双反"心得检查工作状况耳。发言盈庭,而以贯之为最激切。近六时始散。仍偕平伯、晓铃、素贞同车入城。晓铃伉俪在新街口下,平伯在东安市场下,最后送余到家,已六时五十分矣。

夜饭后,小坐至九时,即卧。以终夜风声,竟影响睡眠也。

3月26日(二月初七日　壬寅)星期三

晴,有微风,气大寒于前昨,入夜非炉火不暖。

晨六时二十分起。八时后,伏案重拟《历代诗文评汇编》计画草案,受晓铃之托也。下午,清儿来省,携来炖鸭、干贝、包子等物,为余暖寿。盖后日为六十九岁初度之辰,乘其假日特有此举耳。陪话半日,余遂辍笔。傍晚,潧儿、芷芬先后至,因共小饮。昌、新两孙亦同饭。饭后,文权来,谈次知达、汉抵密山后,尚无信寄归也。余自悼亡以还,念逝抚存,时难去怀。平日人多以旷达评我,又岂知我内心之苦,只持强颜为欢乎?由是每值令节、生辰,余必倍增凄感。今日清儿所为,自是孝意,余却陡钩万斛,深愁竟无法强自排遣矣。九时许,清挈二孙去。十时许,权、潧、芷亦去。余随即就床引被偃卧,心头重压,几等窒息,展转至十二时,始朦胧入梦。竟夕为之不宁也。

午后三时半,接道衡电话,明日下午二时续开会,当即婉谢,属为请假。

3月27日(二月初八日　癸卯)星期四

晴,寒,仍见冰。

晨六时一刻起。八时后着手重拟《诗文评汇编集材计画草案》,直至下午六时上灯后始竣事。凡写十一纸,将函送晓铃,了一心事。接汉儿十五日宝清来信,已安抵彼处,仍与达先同组编入八五三农场第二分场新第一大队(文化部大队)第四组。安住后即将入山采林,当伐木工人,藉以锻炼身体,改造思想。未始非前程之福,惟遥祝平安耳。

接友琴函,对力扬所持唐诗摸索理论不同意,询余有何意见。此实难于置答者。真感为难矣。

夜饭后,看新购到孤本《元明杂剧》,盖佩华为余甫买得者。坐至近十时,润始归,滋亦未归饭,夜九时乃还。迩来大家忙碌,晤言时稀,殊寂苦。十时乃寝。

芷芬午后来取信(汉函中附来者,余电约来取),不久便去。

3 月 28 日(二月初九日　甲辰)星期五

晴,寒。久坐竟感手僵,春寒料峭,一至于此乎?

晨六时一刻起。八时后,写信两通,一致晓铃,寄昨拟《计划草案》去,顺论抄书之益,或亦为培养青年之一道。一复友琴(昨日接来书),论唐代近体诗特形发展之原因,抵午方毕。

宜孙以同仁医院有电话来,谓有病床空出,可即往。遂于十时左右,由琴珠、李妈陪同前往。十二时半,琴珠归报,已洽妥,可属李妈陪住云。余虽悬悬难释,而为彻底治疗计,亦只得如此矣。下午写一长信稿,备致冠英求退者。抵暮始毕,拟俟有机会时提出。

今日为余六十有九岁初度之辰,夜合家进面,独宜孙住院,不与,颇感不舒。

下午接道衡电话云,明日上午八时半所中开会,询去未,当属请假。

夜九时半就寝。

3月29日（二月初十日　乙巳）星期六

晴,寒。

晨六时即起。滋儿以微染感冒,请假未上班。佩华亦以余生日,今晚设宴家庆事,上午假休在家,为料理一切。余因身体不舒,转觉多事,顾影寂寞,既感无聊烦嚣喧聒,复嫌嘈杂,胸次矛盾无以自解耳。

午饭后,滋儿觇余状,亟请出外散闷,遂陪余同出。徐步往米市大街,乘电车出前门,至山洞口下,转乘五路汽车到陶然亭,茶于慈悲院西轩中。坐至四时起行,北走果子巷,乘一路汽车至东安市场,买得果饵等物,然后各乘三轮归家。未及六时也。湜儿已在家。

夜家宴,特客惟雪村夫人及其外孙女小逸。馀则俱为家人妇子,计预席者有濬、清、润、滋、湜五儿,文权、芷芬两婿,琴珠、佩华两媳,元孙及聂氏外孙昌预、昌硕、章氏外孙建昌、建新、黄氏外孙升埝、升基、升埒、升坝,卢氏外孙元镇、元鉴等。十时后始散归各家。十一时始得就寝。

3月30日（二月十一日　丙午）星期

晴,有微风,较昨更寒。

晨六时一刻起。八时半独出,乘三轮往访乃乾,谈至十一时还,仍乘三轮行。润儿星期加班,湜儿往人民剧场听音乐。一时始同进午饭。饭后一时三刻,余偕滋、湜两儿出,步往朝阳门乘一路无轨电车到北海,茶于西岸茶点部。四时起行,绕至五龙亭,渡到道宁斋,参观常书鸿油画习作展览,顺道出前园门,仍乘无轨电车回南小街,缓步以归。

夜饭后,振甫见过,有顷,文权、潜儿来省,九时许,振甫去。近十时,权等去。湜儿亦于八时辞家返校矣。余于人散后洗足拭身,易衷衣,就寝已将十一时矣。

3 月 31 日 (二月十二日　丁未)星期一

晴,寒如昨。

晨六时半起。八时半,接慧珠电话,告下午二时所中开会,有车来接,并属顺接平伯云。因即将圈选定本《全唐诗》卅二册并佩璋所填之册一并包扎,备下午携去交与友琴,并填好三月份工作汇报表,备交道衡。

前数日所中转来长春市宋占岐信,并附来所译《留侯世家》,属提意见。今亦复出,先寄长春。下午本购有大华《群英会》影戏票(佩华所奉),以须开会,只得于午前出门寄宋件时顺访雪村,转赠此票。

午饭后一时,所中车来,即乘以过接平伯,同驰出城,径赴中关村文研所。二时参加组会,仍由冠英主席,到力扬、陈友琴、范宁、钱默存、吴晓铃、乔象钟、周妙中、曹道衡、蒋荷生、邓绍基、徐凌云、王贯之、王燎荧、路坎、毛星等。大家向毛星、范宁提意见。五时半散,仍乘原车入城。先送晓铃,次及平伯,最后乃及余。

到家,潜儿在,知澄儿已自十三陵工地还出版社。有电话来告,或且来省云。乃夜饭后,未见至。想已出城回宿舍矣。九时许,潜去。润亦归。滋、琴、佩先已回来。

十时就寝。

4月1日（二月十三日　戊申）星期二

晴，下午有风，气较昨稍和。

晨六时廿分起。八时后，写信两封，一复云彬，一复汉儿。俱于午饭后，润儿归视上班时交伊带出投邮。下午整理架书，随手翻览。傍晚，潜、澄两儿来省，因共饭。澄新自十三陵工地回。十二日锻炼，居然博得表扬，虽面目黧黑，而身体必加强健矣。为之大慰。

九时潜、澄去。余亦就寝。

清儿亦来，与潜等同去。

4月2日（二月十四日　己酉）星期三

晴，又较昨暖。

晨六时起。七时四十分车来，即乘以过接平伯、晓铃、素贞，同出西直门，径赴文研所。九时开全所大会，西谛亦至，棣华作二次检查报告。十一时四十分毕，西谛接讲，十二时十分散。下午接开组会。盖紧紧转第四阶段矣。余以不任竟日植坐，仍与平伯同车回城。一时乃到家午饭。饭后，润、琴相继归报，宜孙已施过手术，十一时起，一时乃出手术室。病根已去，只待向痊云。为之一慰。

闻所中人言，其芳项疖未愈，创口旁又生一疖，殊为之担心不置也。

夜饭后，潜儿来言，已得领导批准，退职并给有退职证云。伊血压颇高，难胜烦剧，乞退亦好。有顷，文权来接。九时后同去。越半时，余亦就寝。

4 月 3 日（二月十五日　庚戌）星期四

晴，暖。下午有微风。

晨六时起。待车至七时五十分始至。中间两电促之乃行。先后接平伯、晓铃、素贞，一同出城，幸车行尚速，赶及八时半开会也。

今日组会出席者余冠英、毛星、范叔平、曹道衡、俞平伯、乔象钟、钱默存、吴晓铃、徐凌云、蒋荷生、梁共民、邓绍基、陈友琴、周妙中及余。冠英主席。主题为叔平自检及大家提意见。余亦略有陈说。象钟请代余写成大字报，余只得额之。十二时一刻散。仍偕平伯同车返城。到家已一时许。许妈为余作蛋炒饭供餐。午后得农祥电话，约看我。二时半来，遂偕之同出，在禄米仓口乘十路车北行，至朝阳门大街，换乘一路无轨电车往北海。今日起南小街兼行六路公共汽车，故挤势大减矣。到北海公园，仍在西岸茶点部小憩，坐至四时半起行。经五龙亭、天王殿等处，出公园后门，乘环行路电车到东四下，再乘三轮归。余毫荒日甚，出门竟忘却钱袋，故农祥迂道送余至东四，且为付三轮工也。诚惶感交并矣。

濚儿傍晚见过，谓将往西总布胡同出席同人欢送会，少坐即去。

夜饭后，滋写大字报，润仍上班夜工。余九时半就寝。宜孙施手术后，无浮热，甚高兴，润、琴皆往视之。归报无恙，为之大慰。

4 月 4 日（二月十六日　辛亥）星期五

阴，冷，时有细雨。下午霁，晡时日出，气又转温。

晨六时半起。气力甚惫。下午有会，昨已请假。晓铃曾电询去否，即告之平伯亦有电话来谓牙痛面肿，明日不去云云。

　　许妈今日归去，晚间无人作饭，因于傍晚偕滋儿、元孙同出，乘六路车到前门，即登老正兴楼饭焉。遇刚主夫妇，伊等先行。余等于近八时始行。仍乘六路车归。九时半就寝。

4月5日（二月十七日　壬子　清明）星期六

　　早起多云，旋日出，仍时阴。下午大风，又冷。

　　晨五时半即起，备赴会文研所。至七时半，电首都汽车公司，催询车子，谓未得所中通知，可即放车来（以前日误时，故一为催询）。因电知晓铃，约仍过接之。回云昨日散会决定今日不开会，所中曾有电话告我云。余恍然，即电首都公司，止车。诸事多不接头，往往如此。但昨晚或有电来，适余父子祖孙掩关俱出，室无居人，因而不通乎？然则，今晨当再有电话，竟尔缺如，终未可解。倘不先与晓铃电洽，不且徒驰城郊耶！

　　下午独出散步，乘十路至王府井南口下，信步至东安市场，在稻香春买得肉饺十个，再走至灯市口，乘三轮归，犹未及三时也。接乃乾电话，对余《廿五史补编》、吴卓信《汉书地理志补注》及吕吴调阳《汉书地理详释》两跋备致称许。余事过境迁，殆已忘之，经伊一提，爰翻出重看一遍，居然亦自感首肯，此两跋实代表余治学之精神。现在衰龄转不能复作此等文字矣。为之怃然。

　　夜接湜儿电话，告有事不能归省云。

　　九时半就寝。十时入睡。

4月6日（二月十八日　癸丑）星期

　　晴，不甚烈，初有风，午后止。

　　晨六时半起。七时三刻，与滋儿、佩华同出，乘十路至东单，转电车直达西直门,换六十二路车,往八大处。人挤而调配车辆不称职,竟立待风中三刻之久,始得登车。十时抵射击场下,走福田公墓,一展珪人之茔。今日星期,昨日清明,以故扫墓之人极多,车挤半为此。可见风气之未能免俗也。在墓次摄景三片,然后再走至射击场,复乘六十二路车西去,径达四平台。时已十一时,即在山麓食堂进膳。十二时后,至秘魔崖一游。旋过翠微山,由大悲寺、三山庵达于灵光寺,觅坐茶憩。三时下山,仍在四平台乘六十二路车还城。至动物园转二路车入阜成门,在灯市东口下,走史家胡同等处,回家刚五时。

夜饭后,芷芬来省,知汉儿、达先久无信至,彼此甚念云云。谈至九时许,去。余亦就寝。

今日走路较多,满拟得一酣睡,不图天气忽变,影响至切。十一时即醒,种种不舒服,既而朦朦入梦。二时又醒,自此以往迷迷糊糊,直达五时,遂更倦懒矣。

4 月 7 日(二月十九日　甲寅)星期一

阴霾竟日,午后有雨,不破块而止。气则陡转寒冷矣。

晨六时半起。神思懒倦如中疾。八时半,接慧珠电话,谓今日下午之会不开,明日上午八时半行之,七时半有车来云。有顷,晓铃亦来电话,知照。盖恐蹈前日覆辙,故转相告语耳。至感美意。

午后无聊益甚,乃独出散闷。走至外交部街东口,乘六路车去前门,本想乘新辟廿路车往陶然亭,以寻不到停靠之站,废然出城。信步由西河沿穿劝业场,至廊房头条,更穿门框胡同,到大栅栏,复出东口,在前门大街新华书店一转。无所可购,即在蒋家胡同口乘电车返城,至王府井南口下,走至百货大楼及东安市场药房,欲购天津所出桑椹蜜(报纸有广告谓可治失眠,并平血压),均以售缺对。可见,广告效力之大,购求者竟如一窝蜂也。顺道在书摊购得章太炎旧作《訄书》新印本一册(上海古典文学出版社新排印)。时已雨,即挟以乘三轮归家,正三时也。

归后,又惟有默坐而已。夜九时就寝。仍未得好睡。

4月8日(二月二十日　乙卯)星期二

晴,有风甚厉。下午风稍戢,气仍薄寒。

晨六时起。七时半车来,即乘以行,先后过接平伯、晓铃、素贞,同赴中关村文研所开会。八时半开始,由冠英主席,到俞平伯、吴晓铃、钱默存、陈友琴、范叔平、力扬、路坎、毛星、梁共民、徐凌云、曹道衡、乔象钟、周妙中、王贯之及余。仍对叔平提意见,十二时十分散,约明日下午二时再开会。余仍偕平伯、晓铃同车入城。到家午饭已一时许矣。

饭后小憩至三时,独出。乘六路至前门,换廿路(两路俱新辟)往陶然亭,在先农坛西墙根下,即步入公园东门,迤逦而西南,登慈悲院,茶于西轩。五时起行,循原路乘车返。到家正六时。

接漱儿六日信,复滋、湜者。陈说一篇大道理,可嘉也。

夜饭后,九时即就寝。之后接清儿电话,由润儿接听,谓连接达先两信,前后相距而同时到,是邮路无阻,惟僻处须觅便带出耳。

4月9日(二月廿一日　丙辰)星期三

晴,和。

晨五时半即起。八时,建昌送其父来书两封与余阅。芷芬亦有电话来,谓亦接得汉书两封,将于晚饭后送呈一阅。

十时,潏儿来省,留家午饭。下午一时,所中车来,即乘以过晓铃,同驰出城,径抵文研所。二时开会,仍由冠英主席,出席人与昨同,仅缺平伯。是会晓铃检查自己,力扬、道衡、叔平、象钟提意见。五时半散。约明日上午八时半再开。余请假,偕晓铃同车回。凌云、妙中附乘焉。到家已六时廿分,李妈之弟在,谓自顺义赶来,欲见其姊,有话云。七时许,琴珠归,导伊往同仁医院晤李妈。琴珠即留彼伴宜孙。李妈导一替工来,谓即将与其弟归,以其夫病重,不得不去云云。于是,悉允其请,属料理后即来。

夜饭后,芷芬、清儿、建新俱来,出信互看,于敫、汉二人情绪尚佳一端,大家引慰也。十时许,伊等归去。余亦就寝。

4 月 10 日（二月廿二日　丁巳）星期四

晴,微有风,气尚和。

晨六时起。七时,替工来,润儿即导往同仁医院,俾琴珠去上班。八时一刻,余独出,乘十路往西长安街,走访农祥于官马司,遂偕之出,乘电车到前门,转廿路去陶然亭,茶于慈悲院西轩。十一时起行,绕西岸出北门,乘五路到前门,即在西交民巷口玉华食堂午膳。

一时许,偕步中华门北首一瞻,人民英雄纪念碑矗立双成白石台上,俊伟之至。其前近又密植松林一片,苍翠又令人起蔚然深秀之感。徜徉而北,在中山公园对过立待十路车,遥看太庙及社稷坛一带,红墙黄瓦,墙头嫩柳舒绿,掩映入画,为出神久之。比车至乃别农祥,登车逶迤北归,到家正一时三刻。润儿适归,知方自院中还,宜孙尚与替工相习,惟出院则尚有时日耳。

下午,摊书续点《事类统编》,将山东省武定、青州、沂州、泰安、曹州五府点完,至五时半,山东全省已毕。

夜饭后,小坐至八时半,就寝。中宵痰起促醒,殊不适。

4 月 11 日（二月廿三日　戊午）星期五

晴,较和,晡后日昙。

晨六时起。八时后,续点《事类统编》山西省,至午毕太原、平阳、潞安、汾州、大同五府。

接慧珠电话,告下午有组会,询去未。余以腰背痛,属代向冠英请假。下午二时,出散步,乘十路到新开路,在中国书店购得瞿凤起《虞山钱遵王藏书目录汇编》及陈垣《通鉴胡注表微》后,信步至王府井转入东安市场,在稻香春购得饼饵等,即乘三轮遄归。到家已四时。

傍晚,澄儿来省,因共饭。滋儿以参加开会,未与焉。

夜八时半,润、滋、琴等皆归。九时后,澄去。佩亦归。九时半,余洗足,易衷衣就寝。

4 月 12 日（二月廿四日　己未）星期六

晴,较和。

晨六时起。上午闲翻架书。下午独出散步。先乘十路车至中山公园,一巡而出。复乘电车到天坛北门,入茶于皇穹宇西侧茶棚中。四时起行,一登圜丘,仍循祈年门等处出北门,乘电车到崇文门,走入城,复乘六路车回禄〈米〉仓。比到家已五时半。元孙已返家矣。傍晚,滋、琴、佩俱返。湜亦归。因共餐。并知宜孙明日可出院。至以为快。积日闷寂为之一舒云。

夜饭后,潗儿、文权来省,谈至九时半去。余亦倦而思寝,仍与湜儿同榻。

4 月 13 日（二月廿五日　庚申）星期

晴，和。

晨六时起。上午未出，看诸儿撤火炉，播花种。八时半，琴珠往同仁医院接宜孙。九时，润儿挈元孙往城外天文馆参观宇宙旅行表现。十一时，琴、宜归。替工刘妈随归。久离膝下，今始安返，为之欣慰。据云尚有余脓，不无遗憾耳。

十二时，润、元亦归，佩华上午加班，至此亦返，遂同进膳。

是晚起，润儿一房实行分炊矣。午后，余偕润、湜两儿出，乘六路车到前门，换廿路车到陶然亭，赁一小艇，荡桨为乐，遍历东西湖，费时一小时，四时乃就茶于慈悲院西轩露台上。五时起行，仍乘廿路、六路归。

夜饭后，潸儿、权婿来省，九时去。十时就寝。

4 月 14 日（二月廿六日　辛酉）星期一

晴，和。

晨六时起。竟日未出，吴海来拭炉囱，筛煤及扫除庭院，上午九时至十一时半，下午二时至五时方毕。

乃乾于下午五时半见过，查书闲谈，近七时去。

接所中电话，约明日上午八时半开会。看北京出版社新出《北京街道的故事》，援古证今，引人入胜。终日披阅，竟不忍释，终读完焉。

湜儿上午入校，定后日结队诣十三陵水库工地劳作十天也。

夜九时半就寝。

4月15日(二月廿七日　壬戌)星期二

晴,午后大风,气尚不冷。

晨五时三刻起。七时三刻所中车来,即乘以过平伯、晓铃、素贞,同往文研所开组会。其芳已于前日出院,今亦出席。仍由冠英主席,到何其芳、余冠英、钱默存、俞平伯、陈友琴、范叔平、毛星、力扬、路坎、唐棣华、梁共民、周妙中、徐凌云、曹道衡、乔象钟、邓绍基、吴晓铃及余十八人。由晓铃作第二次检查。十二时未竟,本定下午续开,余以不任久坐,请假归饭。仍与平伯偕乘入城,到家已将一时。匆匆进膳。下午小卧未出,觉倦甚也。

夜九时就寝。

4月16日(二月廿八日　癸亥)星期三

晴,较昨暖和。

晨六时起。八时写信两封,一致余冠英,一致郑西谛,俱为陈病乞退事。适潚儿来省,为余往清儿家缝被单,遂付伊投邮。

电话告张慧珠,今日下午开会请假。

接湜儿电话,谓昨日临时通知不必去十三陵,而留校劳动云云。不识就里,只得听之,闷闷而已。宜孙又出就诊,并往医院复视眼疤,据云无所谓,仍上眼药些许而还。午后三时,潚儿偕晓先夫人来,逾时,清儿亦挈建新来,因留共饭。饭后,文权、芷芬俱来。芷出汉来书,谓又新编为六队云。九时后,潚等皆去。余亦就寝。惟润、佩皆以在本单位开会,十时后乃返也。

曹道衡有电话来,明晨八时半所中开会,余仍请假。

4 月 17 日 (二月廿九日　甲子) 星期四

晴,暖。

晨六时起。竟日未出。午前看陈援庵《史讳举例》,并书复平伯见询数事,顺告已向所中陈退,请假不参会议。

午后仍看《史讳举例》。

三时许,毛星、余冠英见过,并传达其芳、棣华之意,坚劝不必过于矜持,仍望暂时回南摄养,返京后量力工作,勿萌退志云云。意挚谊长,至可感激,但余自揣恐终追随不上,陡滋歉疚,只得勉从其言。先乞假一月,赴沪调节,如不见好,转当重申前请。恳谈至五时许,乃行。

夜与诸儿告语,咸请准备南行,藉换空气。总期恢复健康乃为正常。九时半就寝。

4 月 18 日 (二月三十日　乙丑) 星期五

晴,暖,有风,向晚增大。

晨六时起。八时后,续看《史讳举例》,抵午毕之。午后,闷损出散步,先乘六路车到前门,再由天安门广场走还天安门,乘电车到王府井下,步往百货大楼一巡。无所可购,转至东安市场,在稻香春购得饼饵等物,然后乘三轮东归。到家已四时,偃息久之。夜九时即寝。

4 月 19 日 (三月大　建丙辰　丙寅朔) 星期六

阴雨。

四时润儿即起,到班驱除麻雀。须臾,响器四作,间以爆竹,盖今日起,全市动员围剿麻雀,家家户户都投入此役也。我家昨已扎挂象人,用备驱除,今日拂晓,亦全家发动焉。七时许,清儿入厂过省,余即以暂假赴沪事告之。禺中日出。写信两封,分寄汉、漱两儿,告将赴沪暂休。下午晴。二时走访平伯,将《片玉词补注》稿本面还之。顺告将回南暂住。谈有顷,辞出,走至老君堂西口,乘三轮往八条访圣陶,亦谈近情,四时半乃归。乘六路行。到家正发动晚潮驱雀也。

夜饭后,滋、佩出看电影。文权、潜儿来省,九时半去。润儿才自工作岗位归。余亦就寝。一时,滋、佩始归。

4 月 20 日(三月初二日　丁卯　谷雨)星期

晴,暖,向晚风起扬沙。

晨四时即为驱雀浪潮所搅醒,随披衣起。家人投入轰赶之役,润儿为下水道淤塞揭粪窨导之,积日为患,因之一通。虽劳苦污染,实一功德也。佩华为余理晒皮棉等衣,分别归箱。惜近午忽阴,匆匆即收却耳。

午后二时,余乘三轮往访圣陶,偕其乔梓同乘电车赴北海后门,茶于仿膳厅前广场上。时日出无风,茗谈尚佳,至四时后,天又上云,且起风,乃行。循西岸出阳泽门,乘一路无轨电车东行,圣陶邀饭其家。余以风作,天黑恐致雨谢之,伊父子在东四下,余则至南小街口下,步行以归。冒风沙,颇感累,而沿途围捕麻雀之队伍却正热烈投入战斗中,登屋者、手旗挥喊者、击响器者织成一片。诚哉! 群众力量之伟也。滋儿为余电话购定廿三日晚十一时二十分通车票,约明日送来。是去沪有日矣。

夜接瓦工徐成田电话,谓日内将抽空来为我家修屋云。

九时就寝。是日起,宜孙能自行走。

4 月 22 日(三月初四日 己巳)星期二

晴,暖,已不能御棉。

晨五时半起。七时半,湜儿归,知连捉麻雀三天,今得休,且入城诊耳疾,故来省,而十三陵未去之故,全为照顾身体不觳觫云云。因与偕出理发,乃店门虽开,而格于成规,须九时半始开业,竟遭拒绝。遂折回,即由湜为余修剪之。九时,再偕出,乘十路到下斜街,一探善果寺公园。迤逦西南行,由王子坟出广安门大街,乘一路回前门大栅栏,正十一时。徜徉于大栅栏、廊房头条及劝业场等处书店、书摊,历四十分,乃登老正兴楼午餐。餐后,走至中华门前乘六路回禄米仓,走归家中正一时半。

知冠英及一王姓者来访,未晤为歉。三时,湜往北大医院诊耳疾,五时半归。有顷,澄儿来,遂约夜饭。饭后,芷芬、清儿及建昌、建新俱来省,至九时,芬、澄、清等各归。湜亦返校。十时后,余就寝。以明日即须赴沪整备诸事,不免萦心,因而未得好睡。

4 月 23 日(三月初五日 庚午)星期三

初阴,近午晴。仍暖。

晨五时三刻起。上午浇花、饲鱼,为田舍翁之所为。今日将离家南游,心意惘然,真不可解之矛盾矣。十一时,湜儿有电话来告,昨晚安抵宿舍,且告已代买《于谦诗选》等三书。午前打五关数盘,即将牙牌收藏。饭时啖鲜黄花鱼,小饮三杯,竟陶然。

下午四时,颉刚见过,谈至五时半去。

濬儿来省,同夜饭。十时半,唤一小汽车赴前门车站。润、滋

侍送。一刻许即抵站。入一号月台,登第六包房十三号下铺。十
四号为一李姓军人,系往徐州公干者。颇得其照顾。十二时就枕,
二时许抵天津,对面十五号铺亦来一军人,未交谈,十六号上铺始
终无人。

　　后详别册第二次南行日记中。①

5月24日②（戊戌岁　四月小　建丁巳　丙申朔　越六日　辛丑）星期六

　　晴,暖。

　　五时起,整理积件。去家仅一月,书刊、信札等已充案盈几,稍
稍清除,亦良费时光。八时后,写信五封,分寄伯衡、叔道两亲家、
君宙同学、翼之内表弟及淑儿,告离沪到京情形。十一时许,湜儿
自校归省,因属先将五书投邮。午饭后,又写一信与漱儿,详告旅
况,并谢其姑介绍伴侣,属为婉却。三时与湜儿出散步,即投邮。
乘十路车到中山公园,茶于筒子河边柏林中。四时三刻出园,一展
人民英雄纪念碑,正式落成开放后初次瞻仰也。旋由南面新植松
林中步出中华门,乘一路车到东安市场,先在浦五房购熟肴,后至
市场书摊购书六种,乃乘三轮遄返。到家已五时半。滋儿及元孙
都已由办公处所及幼儿园中归来矣。

　　夜小饮。饭后,潗儿、权婿来省,谈至九时半去。

　　十时就寝。与湜同榻。

　　晨接介泉电话,明日上午将来访谈,极欢迎。

----

①底本为:"第二次南行日记"。原注:"1958年4月24日至5月23日(缺)。"
②底本为:"一九五八年五月廿四日日至八月廿一日记"。原注:"小雅一廛。"

5 月 25 日（四月初七日　壬寅）星期

晴，暖，已需单衣，较上海转热矣。傍晚有雷阵雨，即止。

晨四时半即唤浞儿起，盖伊须于七时前赶回北大参加大扫除运动也。余亦随起盥洗，补记昨日应上架之书籍于册上。

十时许，介泉来，因与长谈，顺留家共饮。于余乞退事多所襄赞，仍主不坚执。至以为感。午饭后，与之同游陶然亭。滋儿、元孙偕焉。先乘六路到中华门，转二十路至陶然亭东大门，入憩于窑台南麓之茶棚中。坐至四时三刻起行，循西岸至儿童运动场，元孙尽情玩乐。旋绕过云绘楼、清音阁、慈悲院，由中堤出北门，乘五路至前门。时已六时，约同餐老正兴。未果，遂分道各归。介泉乘二路无轨电车行。余祖孙父子仍乘六路回家。比坐定，雷声作矣。在听雨声中夜饭。饭后，雨过转凉。

九时就寝。厚被不胜其暖，时时露肘也。

5 月 26 日（四月初八日　癸卯）星期一

晴，暖。

晨五时起。八时后，写信三封，分致冠英、积贤及介泉。前二者告归，后一则询问昨日出城途中未遇雨否。十一时自出付邮，即归。

下午，闲翻新上架诸书，并假寐片晌。佩华午自十三陵工地归，同饭。饭后，滋儿归视，上班时去。佩则下午休息，明日仍须上班也。夜饭后，清儿及建昌、建新来省，谈至九时辞归。余亦就寝。润儿十时始返。

5月27日（四月初九日　甲辰）星期二

晴，暖。

晨五时一刻起。看花灌花，亦越一小时也。看刘少奇在中共八届全会第二次会议时所作工作报告及华沙条约缔约国政治协商委员会会议发表之公报与宣言，半日之力，尽矣。

午饭后，偃卧自休，读邑先辈叶鞠裳《藏书纪事诗》，四时乃起。又翻阅《历史研究》第五期所载郭沫若、范文澜、陈经、侯外庐、吕振羽、刘大年诸人关于研究历史应当厚今薄古之文章。盖响应陈伯达之说而加以阐发，对专钻故纸堆之流真顶门一针也。

夜饭后，小坐至八时半，即寝。卧听广播新闻，十时许，润方归，余亦入睡。

5月28日（四月初十日　乙巳）星期三

昙，午后阴翳，闷热。

晨五时起。今日下午三时起，至翌晨六时止，本区为熏杀潜鼠计，将下毒于下水道，烧硫磺以导之，故凡沟道之口及厨、厕下泄之路，当堵塞焉。于是，清晨，润、滋毕作，先将庭中各下水之口用泥砖封之，迨午后一时余处泄水之道亦密掩之矣。迢迢十小时，颇感不便，但为公众安全，自当谨守弗失也。十时，清儿来省，为寻被面被单包钉毛绒毯，权当薄被，良久始毕。建昌、建新来接，近午皆去。

贯之十一时一刻见过，谓见及余去信，知我返京，特来相访，并知去京之日，亦曾来相送，未晤之，真感惭交并矣。谈不多时，亦辞去。下午假寐，户外喧声不绝，盖里弄工作人员正揭大沟之盖，准备下硫点火也。扰扰至五时始燃火封盖,人声亦寂。

三时许,接慧珠电话,谓明晨八时半唐副所长有传达报告,询能参加否,当以在假,谢之。

夜饭后,芷芬来,潩儿亦来,至九时半去。余亦倦极思寝矣。

5 月 29 日（四月十一日　丙午）星期四

晴,暖。竟日仅穿汗衫短裤,似暑天矣。

晨五时起。六时撤除昨日所封各下水之口,顺便灌花。八时,看《花间集》,将调名用朱笔钩出,俾以后翻检可得便利。十时写信两通,一致汉儿黑龙江,一复漱儿上海（顷得漱廿七日寄复余廿四日去书）。午后假寐,卧听中央广播之评弹节目,适为刘天韵、徐丽仙之《杜十娘》。婉转动人,至五时始起。六时,滋儿归,即饭。饭后,属其出投邮,并为购后晚吉祥戏票。夜八时,乃乾、晓先有电话来,余约明日往看乃乾。旋就卧。

九时许,慧珠电话相告,由滋接,询明日本组讨论业务,约进去参加否,滋就卧榻转陈即应之,并再电乃乾,撤明日之约。十时后入睡,睡尚好。

5 月 30 日（四月十二日　丁未）星期五

阴,时有雨,不大,午后但阴,气骤转凉,较前昨顿隔一季矣。

晨五时起。七时三刻,所中派车来接,即乘以往。八时十分到所,晤友琴、晓铃、贯之,略谈。旋晤冠英、力扬、叔平、樊骏、肖玫、积贤、道衡、妙中、毛星。八时半开会,讨论本所工作跃进的几项意见。盖所中整风小组及党支部合提者,并有郑所长意见在内。余未先接到文件,只能饱听盈庭之发言。十二时散。下午尚须续开,余则仍乘原车返城。午后一时饭。饭后假寐,三时半起。

神倦意懒,枯坐而已。夜饭后,接所中慧珠电话,明晨仍有会,讨论厚今薄古,询去否,当属滋儿回谢之。

八时半就卧,十时入睡。

5 月 31 日（四月十三日　戊申）星期六

晴,暖。

晨五时起。竟日未出,闲翻架书。午后假寐,四时起。五时半,晓先见过,谈有顷去。夜饭后,独乘三轮往吉祥。坐楼上特一排六一号。看京四团演出。七时半开,先为萧英翔之《敬德钓鱼》,继为姜铁麟之《小商河》。休息后为吴素秋、李德彬、杨元才、汪鸣辰、阎韵喜、张志甫等之《选女婿》。盖新排之喜剧。妙趣环生,殊可玩赏也。十时半散,仍乘三轮归。润、滋、湜三儿亦正自体育场听音乐归。有顷,佩华始自长安看越剧归。

十一时就寝。与湜同榻。

6 月 1 日（四月十四日　己酉）星期

昙,温。夜半雨。

晨五时起。七时半,偕润、琴挈元、宜两孙出。先乘十路到朝阳门大街,拟乘一路无轨电车往动物园,以今日为儿童节,特携游郊外,一新见闻也。乃排队甚挤,返走至朝阳门,人愈多,度一小时后亦未必能攀登也,遂雇小汽车,径往西郊。余坐牡丹亭茶憩,润等诣各处玩赏。十一时出园,拟乘二路无轨电车往前门会滋、佩、湜于老正兴,因今日为佩华生日,故约聚餐于此耳。亦以人多队长,挤不上,仍雇小汽车以赴之。至则伊等俱在,且携得建新焉。

甚慰,但食客皆满,立候至半小时,乃获坐一席,欢酌畅食,一时半始已。

离老正兴后,琴、元乘电车往东四看电影,湜御骑车去东安市场买书。佩以不适,先乘三轮归矣。余与润、滋、新、宜走至车站,仍雇小汽车行。以两孩均有睡意,当谋速归也。先送新,后返家。有顷,湜儿亦返,书都买到。

夜饭后,芷芬、农祥、清儿、锴孙先后来,共谈至九时半,皆去。余亦就寝。湜于夜饭后返校。

6 月 2 日 (四月十五日　庚戌) 星期一

阴,禺中有雨,即止。近午开霁,午后风发,时昙,气温如昨。

晨五时起。昨晚接所中通知,谓今晨八时半有全所会议,讨论工作指标,但无电话联系。七时三刻并无车来,遂亦不往。登录新买诸书入册,并分类庋上书架。十二时午饭。昨日在西郊公园偶赋一绝云:

翠柳萦环拥碧塘,戏鸿水面任回翔。

豀畔为有浓荫蔽,只见卧波略彴横。

盖浓翠密荫之中,仅露磊桥得见耳。

为系当时实录,故存之。

潇儿午后来省,少停即去。余仍就榻假寐,四时方起。此次沪游归来,午睡竟成常课,岂体衰不胜之征乎? 起后,红日西照,竟成晚晴。

六时半,滋儿自社归,因共元孙晚饭。饭后,偕滋出散步,走至外交部街东口,乘十路车到王府井南口下,步而北,见路西五兴等店已改成稻香春分店。遂入视一周,复走百货大楼,刚八时,遍历三楼,买糖果,归赐两孙。因穿东安市场出,顺道在丰盛公啜奶酪,在金鱼胡同乘三轮东归。

到家九时许,佩已归,润则尚未返来也。逾半小时就寝。近十时,润始归。

6月3日(四月十六日　辛亥)星期二

晴,暖。

晨五时起。拂拭整治,八时后乃得坐定。看冯梦龙《喻世明言》许政扬校注序。

接漱儿一日来复余廿九日去信,附上海妇女刊物载有儿作短文多篇请正。写来尚简洁干净,可喜也。饭前打五关数盘,藉遣闷怀。下午假寐,四时起。

夜接慧珠电话,谓明晨八时半开会,七时三刻派车来接,并属顺接平伯、晓铃云。

九时半就寝。下午有风。

6月4日(四月十七日　壬子)星期三

晴昙兼施,暖。

晨五时起。七时三刻所中派车来接,即乘以过接平伯、晓铃,同往中关村文研所,在二楼会议室开会。到古典文学甲乙两组全体。除默存未到,西谛亦暗及之。子书亦勉到。为赶订跃进计划,并向历史二所应战,各人大都热烈。十二时散。仍三人同乘返城。到家潜儿在,因共饭,已下午一时矣。

午后小睡以休,四时起。夜饭后,洗脚濯身,易衷衣,将就寝,潜、清、澄、权、芷皆来,并携新新,因起坐与谈,移时皆去。十时,乃安枕焉。

6 月 5 日（四月十八日　癸丑）星期四

晴,热。

晨五时半起。八时后,写信三通,一复老同学章君宙,二则分复漱、淑两儿,俱告近状。十一时许,亲出付邮,并顺购敦煌烟一条归。

接伯衡亲家复书。农祥电约下午四时一刻在中山公园相候。午饭后,假寐至三时起。四时出门,乘三轮诣中山公园,遇农祥于筒子河畔柏林中,遂就座茶憩。兼晤农祥同事贾君。六时起行,仍乘三轮归。

夜饭后,小坐至九时就寝。

滋儿以会未归饭。八时半始返。润儿则十时始返。是夕初服人参再造丸,盖受鸣时、叔道之教,每逢廿四节气之前夕,服一丸耳。此丸从沪童涵春堂购带来京,据致仁言,其父业参茸,深知此中玄秘。目前贵药奇缺,多半为代用品,故售价不昂。余姑试之,不审其效果如何也。

6 月 6 日（四月十九日　甲寅　芒种）星期五

晴,热,偶昙。

晨五时起。竟日未出,翻检架书,有分类稍杂者重为调整之,亦遣寂之良法也。午后仍小睡,四时乃起。夜与滋儿、元孙同饭。迩来大家忙迫,虽晚间亦难得相见。润儿尤甚。今夜归来已十时,余早于九时前就寝矣。据云下周起,可稍减忙耳。

6月7日（四月二十日　乙卯）星期六

晴，热。

晨五时起。上午看画看碑，藉遣悲思。盖后日为珏人逝世三周年，时时往来胸中，竟不能少息片响也。强挥耳目外移，冀或稍淡此念。其奈终无以遣之何？午后仍就枕假寐，并听转播昆曲，但未能合眼也。四时即起。

六时，佩华归，为余购得今晚广和戏票，一排二十号。余匆匆夜饭毕，即独乘三轮往看之。至则已开演一刻矣。正为《法门寺》贾桂读状，此角由阎韵喜扮，尚称职。赵廉则为姜铁麟扮，做工神情都合，究系武生，唱工却远不如人矣。休息后，为吴素秋、李德彬之《红娘》，素秋以此剧成名，演来正如初写黄庭，恰到好处。诚数观不厌矣。十一时始散，仍乘三轮归。到家后，濯身洗足，易衷衣就寝。比入睡已十二时矣。

6月8日（四月廿一日　丙辰）星期

昙，热，有微风。

晨五时起。七时许偕润、滋将出省珏人墓。濬儿亦至，乃偕同三儿，并挈元孙共往。先乘十路到朝内大街，转一路无轨电车到西四，再转电车到西直门，复转四十七路径诣射击场下。循道往福田公墓，展视珏人墓及墨林墓，在墓次摄景四帧，自九时至九时五十分，乃离墓行。仍西行至疗养院前，复乘四十七路至四平台，已到八大处山麓矣。即其地食堂憩息，早进午饭。饭后，登山，径至五处龙泉庵暂歇，时为十二时十分，茶于庭中大松荫下。直至下午二时半，始起下山，径赴四平台。适四十七路将驶回西直门，即相将登焉。三时三十分开,四时十分即到动物园。下车再转一路无轨电车东归。潘儿直往朝阳门径归。余父子祖孙四人则在南小街口再转十路到禄米仓,然后步归,未及六时也。

洗脸、拭身,从容进夜饭。饭后小坐至八时三刻,便就寝。

是日走路较多,颇累,而心中又百无好处,就枕后却立时入睡也。

6 月 9 日 (四月廿二日　丁巳) 星期一

阴,闷热,午后雨阵时作,气塞如故。

晨五时起,今日为珏人逝世三周年之期(以阴历说为四月十九日,应提早三天矣)。六时半,清儿即来行礼,匆匆早食讫,即去上班。九时许,志华领建新来行礼,少顷即去。十一时许,建昌来行礼,因留饭。饭后便上学去。余闷坐默数,心如刀割。午饭似觉过饱,饭后便不敢偃卧,徘徊一室,窗外又时洒雨滴,真令人坐立难安。至三时,倦极,不得不就榻假寐,片时即醒,竟受凉。起御夹衣。

傍晚,澄儿来,因共饭。饭后,潘、清、权皆来,谈至九时半,分取日间斋供果饵,各自归去。余亦就寝。十二时起溲,旋复入睡。

6 月 10 日 (四月廿三日　戊午) 星期二

晴,午后有风,颇大,旋止。气转热。

晨五时半起。看吴瞿安《戏曲概论》两卷。大东书局所出旧书也。

大房替工拙甚,炉火灭未及时添,九时重生,烧柴甚多,烟雾涨庭,眯人欲窒。而许妈垂手笑之,不一援手,余稍呵之,以其肆刁,乃尔也。直至午后一时,始燃旺,脱无副炉,今日将致午饭乏供矣。不怡之至。

　　接慧珠电话,明日上午八时半,组中将开会,仍于七时三刻派车来,属顺接平伯、晓铃云。午后二时小睡,以腰酸故,四时起,犹无精打采也。傍晚,李妈来销假,夜饭后,替工去。思之可叹,一似为许妈吓走然。九时就寝。

6月11日(四月廿四日　己未)星期三

　　晴,暖。

　　晨五时起。七时半车来,乘以过接平伯、晓铃。八时十分便抵中关村文学研究所。八时半开会,西谛、其芳、冠英、友琴、叔平等俱到。仅未见默存耳。通过各人自报五年内工作规划,余只能勉完注释《唐诗选》工作,未敢订出必然兑现之计划也。同人亦心谅之矣。休息时,西谛招谈,亦嘱从容为之,不必急于求成云。顺告月内我离沪前日曾车过寻访,始恍然,许妈所告之不真,误认为冠英也。十二时散,即与平伯、晓铃附西谛车入城。至地安门下,换乘三轮归饭。到家已一时矣。

　　饭后,满子电话告余,谓其舅已归,约往晚饮,并知八日及今日上午都有电话相告云。家中龙钟老妪之不中用,往往贻误如此,可恨也。二时后,小睡片晌,四时半出,乘三轮径诣圣陶,晤之。并及至善、满子,谈别后情形,至悉。六时半小饮,有顷,亦秀亦至,同饮。饭后,复谈至九时半始行。与亦秀偕行至魏家胡同东口,伊上电车,余仍乘三轮遄返。

　　到家,滋儿告余,刚主曾见过,接谈移时始去。未克把晤,至歉!十时半就寝。

6 月 12 日（四月廿五日　庚申）星期四

晴,热。

晨五时起。七时,农祥电约同游,因于八时,乘十路车以赴之。至其家晤其同事兰凌我(其厂中会计同事也)。余以其姓甚稀,叩其邦族,据云山东烟台人,即当地同族亦甚少也。三人同出,乘西直门往体育馆之电车,到天桥,步至新建之自然博物馆参观展览会。此会包括武汉长江大桥、宝成铁路、鹰厦铁路三大部,模型与图表甚富,间有示例用之实物,极有意义。虽走马看花,亦费三小时,仍惜未及兼看配合放映之电影也。十一时半走天坛皇穹宇侧茶棚小坐茗憩,十二时行。乘电车到大栅栏,饭于老正兴。供应品多缺,猪肉尤鲜,不知近日何以至此也。一时许,食已,即下楼各归。余仍雇三轮行。初次在京获乘双座者,价亦与单座同,惟两人坐则须加百分之五十耳。此类车新创之国营事业也。闻诸蹬车者,一两月内将有大批上市供应,宽敞洁净,较现存破旧之车远胜倍蓰。真造福居民不浅矣。到家后,就床假寐,四时乃起。滋儿以赶画歌谱,在家施工,余遂让座供之。

接慧珠电话,谓十五日院中组织一批研究人员去十三陵工地参观,须自携饭榼云云,询余参加否,余属滋儿回谢不往也。

夜饭后,偕润儿出,乘十路到王府井南口下,走至三条口,有雨,急走入百货大楼以免。在楼下,润购得防暑药品等,即往东安市场一转,余亦购得新书九册。时已雨过,凉风袭衣裾,夷然乘三路无轨电车到东单,再换十路车回禄米仓,徐步归家。滋儿尚在工作也。十时,滋儿辍工归寝。余亦就睡矣。

6 月 13 日（四月廿六日　辛酉）星期五

晴,暖。

晨五时起。滋儿竟日在家画歌谱,几无休息,而社中仍从电话中不断催询,现在工作跃进之程度诚可惊人矣。直至夜间八时始已,犹留一小部分,须明日携入社中毕之耳。余让座与滋工作,就别座看书,翻阅二刘《隋唐嘉话》及《大唐新语》,并题识旧藏书两种。

傍晚,澄儿来省,因共饭。饭后,谈至九时去。余亦就寝。润、琴、佩都延长工作至十时许乃归。余已入睡矣。

6 月 14 日（四月廿七日　壬戌）星期六

晴,暖。

晨五时起。昨接姨甥蔡顺林上海来书,谓昨晨乘直快车来京,预计今晨可到。因候望之,抵午未至,想先向工作处所报到矣。

晨起洗足修剪趾爪,拭身易衣。午前,翻看阿英《近代外祸史》及《小说二谈》。潜儿晨来,少停即去。盖买菜路过,顺候也。

午饭后,小睡至三时半起。五时,顺林来,夜饭后,出访友,十一时半始返。留宿我家。据云十六日前往路局报到也。

晚七时,滕云见访,长谈。文权、潜儿、芷芬、清儿俱至。九时半,滕云、清儿皆去。十时一刻,权、潜去。十时半,芷乃去。余亦不及俟顺林而就寝矣。是夜颇感烦热,或灯下久话之故乎?

6 月 15 日（四月廿八日　癸亥）星期

晴,热,午前曾有阵雨,少顷便过。

晨五时半起。润加班,顺林出访友,滋、佩挈元孙及建新往游北海,惟琴在家管孩。十时半,顺林偕其女友周伟华来,十一时三刻,滋、佩、元、新乘雨后归。十二时,润亦归。湜亦于八时自校归省。于是共饭。饭前后,湜佐余理书架。下午三时半,顺偕其女友去。有顷,湜儿亦辞家返校。余乃假寐,至五时乃起。

夜饭后,独乘三轮诣王府大街文联大楼看昆曲研习社彩排演出,坐第二排中间,适与西谛父子联席。第一出为周铨庵之《思凡》,第二出为苏锡龄、张茂滢、吴南青等之《定情赐盒》,第三出为王剑侯、张允和之《守岁侍酒》,第四出为胡保棣、许宜春、袁敏宣、伊克贤之《游园惊梦》。铨庵炉火纯青,茂滢丰容敛媚,敏宣尤老到无懈可击,皆可佩。而保棣之稳练、宜春之活泼,以十馀龄之少女而难能如此,更令人心赏不置矣。是夕,极舒适。在场又晤及平伯、乃乾、刚主、农祥、万里、佳生、敦敏诸人,致怡怡也。十时半散,附近无三轮,走至灯市东口乃得一辆,仍索两角始肯载行。

到家已十一时,顺林已入睡乡,不知其何时归来也。余洗面拭身,然后就寝。十二时后始入睡。

6 月 16 日(四月廿九日 甲子)星期一

晴,热。

晨五时起。竟日未出,翻检架书,有类从未妥者复调整之。午后仍假寐二小时。顺林晨出往路局报到,夜饭后乃归。知即派在前门车站附近电机修配厂工作。以宿舍尚未定,仍须暂居我家云。

湜儿有电话来家,告为余购得两书。

夜十时就寝。

6 月 17 日（五月大　建戊午　乙丑朔）星期二

晴，热。

晨五时起。六时，顺林去上班。

午前写信复漱儿。午后仍小睡，就枕看《豆棚闲话》，三时三刻起，盥洗，小坐。

薄暮灌花，近月以来，晨夕以为常课，亦自遣之一法也。夜饭后，本想出外散步，以须扎扮，欲行又止。矛盾如此，宜其无可奈何矣。

顺林夜仍住来，日间即使用湜儿留家之骑车，大约半月以内，未必住入宿舍耳。

九时三刻就寝。

6 月 18 日（五月初二日　丙寅）星期三

早晴，时昙，午后微雨，旋朗晴，入夜阴，气热如深夏。

晨五时起。九时，清儿挈新新来省，近午去。

午后假寐至三时半起。看《古今小说》。夜饭后，与滋儿偕出，先乘十路到东单，在邮局续定《参考消息》，继乘三路无轨电车到东安市场，在百货大楼购得毛巾被等物，仍南行，在霞公府口稻香春分店饮冰，然后乘十路回禄米仓。先是清来挈元孙往游其家，至是，滋往清家领元孙同归。十时就寝。

6 月 19 日（五月初三日　丁卯）星期四

晴，热，闷，午后时昙，傍晚阵雨，夜亦阴。

晨五时起。顺林早出，告余今日将往宿舍一视，或不归宿，请勿待门云。是夕果未至,其已住入宿舍乎?

九时半,农祥来访,因共往北长街访乃乾。十时到彼,长谈留饭。饭后,复谈至四时,三人同往北海登山,茶于揽翠轩。乌云四起,闷热益增,惧遭雨,五时即行。出门与二君别,匆匆乘三轮遄返。到家未久,雨已至,幸未沾湿耳。

七时,滋儿始归。盖亦避雨耽延之故。今日午后,滋曾诣医院复查,据云一切正常,出证恢复全日工作矣。为之一慰。

夜洗足濯身,九时即寝。

6 月 20 日 (五月初四日　戊辰) 星期五

晴昙兼作,气温如昨。

晨五时起。抽架得李笠翁《十二楼》小说,遂披览之,不觉难释手。十一时,顺林来告,已办妥户口,住入崇外中国强胡同铁路第十单身宿舍五十八号三楼矣。今来取物。因留饭,饭后即去上班。门钥及骑车仍携去,谓过日再还云。二时,余小睡,三时半即起,仍看《十二楼》。

午间,晓先来借旅行被囊,盖其宿舍又须迁至演乐胡同中间矣。

夜饭后八时,即就寝。

6 月 21 日 (五月初五日　己巳　端阳节) 星期六

昙阴兼施,热较昨略减。

晨五时起。啖粽子应景。九时,看毕《十二楼》,觉笠翁未必不逮龙子犹也。是书一名《醒世名言》,是厕诸三言之列,实无愧色耳。十一时,濬儿来省,因共饭。饭后濬去。余亦假寐,惟未能入睡,强卧至三时起,精神反觉欠佳也。

夜与润、琴、滋、佩共饭,并酌酒以度端节,亦晨间啖粽子馀绪也。

晚饭后,颉刚偕谷城见过,长谈至十时,乃别去。老友握晤,倍觉恳切,至感之。客去就寝,看钮琇《觚剩》。

6 月 22 日(五月初六日　庚午)星期

晴,时昙,热。

晨五时起。乃乾电约往吃粽,谢之。九时三刻,偕滋儿出,乘十路到王府井南口下,走往百货大楼购茶叶等。旋往大街取照片及买得金奖白兰地,顺入东安市场,即将欲购书单交与大明书店代配,约明后日送来。然后徐步而归。

午后,科跣偃卧,竟未出,手清初王胜时《漫游纪略》看之。此书一名《瓠园集》,盖记其幕游南北之闻见,笔调颇类《水经注》,尚可观。尽半日之力,毕览焉。其人籍江南之松江,历游周亮工及蔡士英、毓荣父子幕,于时政得失颇有指陈。康熙夷吴三桂等三藩事亦具本末,惜新文化社排印草率,破句讹字随处多是,不能得原刻本一校之为恨恨耳。

夜饭后,润、琴挈元、宜游中山公园,滋、佩则往省清儿家。余一人默坐而已。十时就寝。

6 月 23 日(五月初七日　辛未)星期一

昙,热,夜月尚明。

晨五时起。竟日未出,看乔象钟所作《李白从璘事辨稿》,文长两万余言,取征当时史实,为太白开脱,颇亦自圆其说,可嘉也。

傍晚,顺林来谈,九时后取衣物去。

十时,洗足濯身。就寝良久,佩华始归。十一时后润儿亦归。盖工作跃进及参加开会。近月以来,经常如此也。

6月24日（五月初八日　壬申）星期二

晴,时昙,仍热。

晨五时起。看曾孟朴《孽海花》,此书余从未寓目,今偶购得之,翻阅遂不忍释手,以其写清季政治社会极深刻生动也。

午饭后,小睡片晌,仍起看《孽海花》。傍晚,小同送潘所制包子来,因留与共饭。

夜九时就寝。看《孽海花》至第十四回,入睡。

6月25日（五月初九日　癸酉）星期三

昙,热。

晨五时起。六时接湜儿电话,谓立即回家。七时许,果来。以今日阿拉伯语系埃及专家指定在百货大楼上实习课,故得抽空先回云。八时三刻即须诣大楼报到。因偕之同出,在马市大街上海小吃店进早点,又同行至大楼前而别。余一人走至新闻路西口,乘十路车遄返。

十时,平伯见过,还我《东坡集》,谈至十一时,辞去。有顷,濬儿来省,十二时一刻,湜儿亦归家,遂共午饭。饭后,濬归去,湜亦赶返校,因须参加下午二时的身体锻炼云。

濬、湜行后,坐定写信,一致云彬,一复象钟,竟抵暮方毕。其间,清儿、新新及昌预先后来省,昌预留家共进晚饭。滋儿归饭,余即以两信付之,令持往邮局发寄,以象钟稿件须挂号也。

夜饭后,昌预去。澄儿来省,谈至九时半去。十时就寝。

6 月 26 日（五月初十日　甲戌）星期四

昙,热如昨,晡时曾有大点雨,未破块即止。

晨五时起。农祥电告今日仍上班,不能访谈。余亦竟日未出,续看《孽海花》。午饭后假寐,三时起。看《文物参考资料》最近期（五八年第六期）,中多论中国古画者,颇耐一读。送报人索还第五期,谓中有印错,须收回重印,然后补来云。

夜九时就寝。润儿仍于十一时后乃还。近日工作之紧张如此,谅为赶出全国出版总目录耳。

6 月 27 日（五月十一日　乙亥）星期五

晴,热,傍晚有雷阵大点雨,润瓦而已。入色月色皎洁,照耀一庭。

晨五时起。竟日未出,上午看毕《孽海花》,下午看《吹剑录》。饭后亦曾小睡片晌。

午前,接汉儿十日信,知余前此寄去两书俱已收到,详告当地生活情况。多慰藉之词,读竟转觉心念难任,万里云天如何不思。

又接翼之前日信,复余两月前去信,亦云事冗会多,竟无修札之暇耳。

连日所看各书,多为新出版排印古籍,破句讹夺触目皆是,又多因简体纠缠,干乾不分,馀余乱假,不免棘目。掩卷时兴浩叹,安得万千思适斋主随处一一诶订之耶?

夜饭后,拭身,换席,九时即就枕,但仍展转至十一时,听润儿归家掩门,始得入睡。

6 月 28 日（五月十二日　丙子）星期六

晴,烈,午后曾略昙,炎歊类三伏。傍晚阵雨即止。

晨五时起。七时三刻,澄儿电话相告,谓早出携有炊饼,中午将取来共啖,嘱转令许妈熬粥佐之云。九时写信复汉儿,属与达先同观。强作壮语,以勖之耳。

午次,澄来共啜粥啖饼。食后,澄以上班亟去,不得不冒烈暑遄行。余即以寄汉书属带出付邮。澄去,余就榻小睡,乃汗沈淋漓,竟难安枕。三时半即跃然起矣。看张阆生校辑《吹剑录全编》,亦上海古典文学出版社新出版者,错字破句依然不免,更误事者排校之人浑无辨识,曲意见好竟将种放排成種放,彼其意以为种即时行简体之種,今印古籍宜加刊正。遂尔转成笑柄。呜呼! 作践名校本其何以对张公乎? 然则,简体字之推行,不几等荆公之新法耶? 事有初心极美,而无意中竟蹈作法于凉之谄者,此类是矣,其如天下后世何?

夜饭后,芷芬来省,即以汉儿信示之,谈至十时去。余亦拭身就寝。时冰轮涌现,朗照一室,而余暑未散,仍难于帖席也。良久始得入睡。

6 月 29 日（五月十三日　丁丑）星期

晴,热,午后昙闷,夜有阵雨。

晨五时起。六时三刻,偕润、滋两儿挈元孙同往东四大同酒家啜茶并进早点。在禄米仓西口遇清儿赴厂上班,遂同乘十路北行。至朝阳门大街而别。余等到大同,正七时也。食点心数事,并各啜粥一碗,颇惬。八时,滋以有事先归,余与润、元乘一路无轨电车径诣故宫,以时尚早,在神武门外略候至八时半,乃入。又在御花园坐候至九时,复得登神武门楼一览关汉创作七百年纪念展览会。陈列物品照片及书本为多。又略以清升平署旧藏砌末(今称道具)点缀之。费时不多,实欲一览城楼耳。(居京将十年,尚初次登楼。)近十时下,南经内外三殿,出午门,在乾清及太和殿、保和殿驻足瞻览,并在乾清宫门坐憩片时,保和殿中方展览近五十年中国画,得饱看吴昌硕、陈师曾、吴待秋、冯超然、赵叔孺、徐悲鸿、齐白石、金拱北诸家之画。最使余留念者,吴兴俞涤烦(明)所作《李清照词意图》,写清照揽镜照影状,殊靓艳。有叶玉甫、张菊生、吴待秋、向迪琮诸人题识,赠首殆满矣。在御花园遇晓铃,约后日上午来看我,一谈诗文评长编如何着手也。出午门,雇一双人三轮,父子、祖孙乃同载以归。

至家,琴珠之妹慧英携小女秋梨在,滋、佩适出购物,近午归,遂同饭。饭后假寐片时,倚枕看周栎园《书影》,三时半起。

接漱儿廿七日来信,知托妇联潘世媄乘来京开会之便,带到余拖鞋及宜孙小皮鞋(前寄去调换者)。四时后,命润儿前往万明路东方中国饭店潘处一取之。骑车往还,一小时许乃归。小皮鞋换大正好穿用。余之拖鞋为乌绒面驼绒托底,甚好。

傍晚,接湜儿电话,知本日无事,以先未明晓,遂未归省云。夜与润、滋、佩、元孙共饭。七时许,起雷阵,琴珠幸雨前赶归(今日仍加班)。慧英亦及时先去。否则,淋湿矣。

阵雨势猛,而雨并不大,却滴沥至中夜乃止。余九时拭身洗足,就枕后愁听至十二时后始入睡。以是颇厌此声矣。

6 月 30 日(五月十四日　戊寅)星期一

晴昙兼施,仍炎热。

晨五时起。竟日未出。看蓬园《负曝闲谈》。饭后,假寐至四时始起。

接滋儿、琴珠电话,俱以参加开会不回家晚饭云。又接湜儿电话,属润买音乐会票。风闪电音不清,余话竟不甚了了。

《负曝闲谈》阅毕。此书写社会色相方面颇广,刻画淋漓,亦能入木三分,惟凌乱乏统绪,逊《孽海花》多矣。

夜饭后九时即就寝。

7 月 1 日 (五月十五日　己卯) 星期二

晴,热。

晨四时一刻即起,与元孙灌花,看牵牛、凤仙、向阳初放,别饶佳趣。

晓铃约上午来看我,过午竟未至,想为他事所牵乎? 看乾隆刻本田石斋《金壶字考》,颇见增订之功。今人漫不识字,又从破坏之,正须以此等书药之也。

接满子电话,知圣陶已自十三陵工地回,顺告有姚澄所演锡剧票两张,将遣人送我云。

夜饭后,雪英来。有顷,清儿、新新来,共谈至近十时去。余乃洗足拭身就寝。气热难散,十二时始入睡。

傍晚起阵未果雨,夜月尚明。

接友琴书,以所拟白居易诗评论汇编目见示,将签注意见复之。

7 月 2 日 (五月十六日　庚辰) 星期三

阴翳,闷热,下午略有昙象,倏焉即过。夜月色模糊。

晨五时三刻起。竟日未出,午后假寐。看谢在杭《五杂俎》。晚饭后顺林来谒,还门钥及骑车,谈至九时乃辞归宿舍。及余拭身洗足就寝,已十时矣。

是夕闷热,展转不能入睡,钟鸣十二记,犹未安神。想失眠旧疾复作矣。奈何!

7月3日(五月十七日　辛巳)星期四

晴,炎歊郁蒸。

晨五时起。看《金壶字考》。午后小憩。二时,圣陶饬人送锡剧团戏票两张至,盖江苏锡剧团来京公演,特邀请友好共赏之耳。遂起,续看《字考》。傍晚,滋儿归饭,因属将昨购吉祥张君秋票退却之,即于夜饭后,携元孙乘三轮,径往长安戏院看锡剧。至则已开演,第一场将过矣。剧为《红色的种子》,演一女共党员深入白区,历险建立敌后组织,终于胜利解放事,凡十场,姚澄饰主角,王兰英等辅之。极机灵热烈之致。十一时十分方散。仍携元孙乘三轮遄返。到家拭身就寝,已十二时矣。一时后始入睡。

在场除晤及圣陶全家外,兼晤藏云、晓先、农祥、龙文等诸伉俪。余与元孙坐楼下五排廿、廿一号。

7月4日(五月十八日　壬午)星期五

昙,闷,炎暑。

晨五时半起。写长信复友琴,为诠次所拟白诗述评汇编目次寄还之。顺告余前编李谱不拟刊行,良以近日作家出版社先后出有黄锡圭《李太白年谱》及詹英《李白诗文系年》都已先我着鞭,虽智水仁山,各有所乐,而著述公器究非积薪之比,又何苦与人竞爽耶?

　　午后许妈假归。余亦于三时半出,先乘十路车到东单,在邮局挂号寄出友琴信件,复乘电车北行,到魏家胡同下,走至八条访圣陶。因与长谈达暮,因留共饮。夜饭毕,圣陶以须到人民教育出版社开会先行。余乃与满子谈至八时半,始辞归。行至北小街,始得乘三轮。到家只李妈及元、宜两孙在。有顷,滋儿归。又有顷,佩华归。又有顷,琴珠归。最后润儿乃归。时已十时半,余亦拭身洗足就寝矣。至十一时,许妈始来。

　　连接淑儿信,知弟妇去港后,因患心脏病于六月廿三日(五月初七)晚十一时半,在医院逝世。遗体经火葬后将运回上海,与亡弟合葬于保安公墓云。闻耗悲悼,惟有临风发叹而已。

7 月 5 日 (五月十九日　癸未) 星期六

　　阴,郁蒸,午后晴昙兼施。入夜尤闷,终夜浴汗。

　　晨五时起。写信三通,分致翼之及漱、淑两儿,处分弟妇身后事。午后三时半,湜儿自校归。

　　夜饭后,偕滋、湜两儿及元孙游北海,澄儿适来饭,亦共行。在双虹榭小坐啜茗,并饮冰,以人多气热,且灯下虫飞蔑蔑,九时即起行,绕琼岛一周而出。澄儿西去,余等东归。到家已十时。浴身就卧,闷热难道,挥扇至腕酸不解,竟未好睡。今年第一热潮也。

7 月 6 日 (五月二十日　甲申) 星期

　　昙,热。晡时阵雨甚大,竟延绵及于夜分。

　　晨四时半起。七时前,润儿挈元孙往颐和园。盖其服务机关招待者也。八时半,余偕滋、湜两儿往故宫。乘十路至天安门,由端门、午门入，径过三殿，诣皇极门，入览养性殿新陈列之珍宝馆。顺得一览乾隆花园之一角及珍妃井与怀远堂。养性殿与珍妃井、怀远堂在昔皆开放参观，近年停放已久，前日始开乾隆花园，则余实第一次见到开放也。涉历一周即出，看绘画馆之清代画，旋往隆宗门茶憩，已将十一时。湜儿又往别院略看。十二时始出神武门，乘一路无轨电车，转十路车归于家，已十二时四十分。在神武门口曾遇鉴孙，立话片刻即行。

午后，滋、佩出看电影，湜在家小睡，四时雷阵作雨渐盈。五时后，润、元雨中归。六时一刻，佩、滋先后乘三轮归，皆值雨矣。独湜不能到校，甚急。余留之晚饭。饭后雨益盛，而时不可待，延至八时，竟在大雨中出门去。至念也。

顺林夜饭后来取其家信，谈至九时去。知宿舍已迁往西站云。

十时就寝。寝前服再造丸。

7月7日（五月廿一日　乙酉　小暑）星期一

晴昙兼施，有风，较昨为减暑矣。

晨五时起。七时四十分，所中派车来接，即乘以过接平伯、淑明，同赴中关村文研所开会，八时半赶到。其芳主席，报告整风转入第四阶段，嗣由象钟传达科学院党组开会情形。十时结束，转入大组讨论，至午仅讨论跃进口号，尚有其它各项下午续谈。余与平伯、淑明俱未参加，仍乘原车送还。到家已将一时，即以馄饨充饥。

《唐诗选》篇目已确定，当将余原圈《全唐诗》收回，俟剪贴之件送到后再函商。前答象钟、友琴书，均尚满意云。在场晤介泉，惟未见默存也。

下午未睡，看宋人俞文豹《吹剑录》。

傍晚接湜儿电话,声细几不辨作何语(此机恐已待修),但意度昨夜雨中安抵而已。六时半,滋儿下班归饭,为余购得吉祥今夜戏票(楼下一排十七号)。余匆匆晚饭后,独乘三轮往之。七时半到,越五分开。先为李小春主演之《白水滩》,次为徐东来、关韵华合演之《评雪辨踪》(徐家明来剧团已与李万春剧团合并称新华京剧团)。九时半休息,余即乘三轮归。其下李万春等之《古城会》未看也。

抵家滋儿尚未睡。余小坐片晌,即就寝。今日大凉,不须拭身也。

润儿十一时半始返。

7 月 8 日(五月廿二日 丙戌)星期二

晴,热。偶昙。

晨五时半起。看《吹剑录》。近午接慧珠电话,告今日下午二时有会,询参加否,余辞未往。午饭时,修绠堂伙翟姓送粤刻《四库全书总目》一百一十二册至,附木夹板八套,价二十五元,盖乃乾前日电话绍介者。余家旧有此帙,为一百二十本,附有《四库简明目录》者,此则失附册,而尚干净如新,仅有数册边缘微有蛀损,尚不损字,旧藏本经余点阅一过,殊有香火情,乃罹于倭侵淞沪之燹。二三十年以来,时往来于胸中,迄未一遇。先后仅得石印缩本两部(一大一小),老去眼昏已弗克负荷辨析之任,以是需此大字本尤切。今乃获此,足尝曩失。虽非孤椠秘笈,而在我却大慰于心已。寒士素风,思之可笑。

夜饭后,早睡,拭身洗足,九时即登床。只以润儿尚未归,仍延至十一时许,闻其归来始合眼。

7月9日（五月廿三日　丁亥）星期三

晴，热，午后有风。

晨五时起。七时得慧珠电话，谓八时半本组有会，即放车来接，并属顺接淑明（平伯现请假可不接）云。有顷，车至，即乘出城，过迓淑明，则已觫门先行矣。比到所时尚早（八时一刻），晤贯之及道衡，告今日上午之会已移下午，并属秘书处电话通知。乃竟以接头未妥，致兹误会。余乃坐西谛室中稍憩，继又过友琴室，与友琴长谈。一面由道衡往询冠英，如无必要，我将于午前返家休息；一面向佩璋取到已剪贴之唐诗选篇，与友琴谈着手之方。十一时，道衡回言，冠英云如不能久坐，仍希自酌。余乃辞友琴、道衡、贯之，挟书乘原车返城。到家为十二时十分。

午饭后，就榻假寐，近四时始起。潘儿来省，谓久不来家，因近患膀胱炎，曾打针服药之故。滋儿归，遂共夜饭。饭已，少选，潘即归去。夜九时即就寝。

7月10日（五月廿四日　戊子）星期四

昙，闷。午后云翳大起，傍晚大雨时作时辍，中夜后淋漓，达旦不休。室内暑气弥增，殊不适也。

晨五时起。七时半，农祥电话约往中山公园啜茗，看荷。八时乘十路车赴之。晤于来今雨轩之前棚，茶叙至十时起行，历唐花坞、水榭等处，见池中翠荷万柄，充植殆满，花正盛放，红白相间，弥望皆然，今岁牡丹作花时，余适南行，交臂失之。若值芙蓉当令偶得饱览，不虚此年矣。十一时，同往百货大楼一逛，顺便购到不锈钢表带一具。继往三条鑫记南饭馆午饭。饭已，复走东安市场一转,至金鱼胡同西口,与农祥握别,乘三轮径归。

到家热甚,卸衣大解,拭身就榻偃卧,盖已大感疲累矣。元孙、滋儿、琴媳先后返。幸免值雨。佩媳已三日未归,盖留店赶办积件。每至夜分不及遄返耳。润儿仍至晚十时许冒雨归。

余八时半即拭身洗足就榻偃息,只以内热外湿(室内郁蒸,室外风雨),且心萦润等久淹在外,竟尔难睡。直至润归后,听时钟鸣十二下,始朦胧入梦。

7 月 11 日(五月廿五日 己丑)星期五

阴雨,气转凉。

晨五时起。颇感凉,竟日未出,上午看《四库全书》奏进表文。接漱儿九日复信,谓措款属淑儿取用云。下午假寐,四时起。又感凉,室内泛湿,想雨季来临,久旱之象必当一扫耳。

夜饭后,复漱儿,汇百元去,备明日令滋儿付邮。

九时就寝,看《一士谈荟》数则。十时半,润归。

是夕佩华亦归,已中夜,余未之闻。

7 月 12 日(五月廿六日 庚寅 初伏)星期六

阴雨,湿闷。

晨五时半起。七时,滋儿出上班,即以寄漱函属之。旋接十日淑儿信,知弟妇骨灰已接得,安葬于仲弟之旁,且漱拨之款亦已收到云。又了一大事矣。

午饭后,雨益甚,假寐片晌,而湜儿自校中冒雨归,正缘天雨无可作室外活动,乃得归省耳。

阻雨不得出,看瞿兑之《杶庐所闻录》。雨延绵通宵。九时就寝。浞儿雨中过访清儿家,十时半乃还。与余同榻。

7 月 13 日（五月廿七日　辛卯）星期

阴雨连日,夕湿气蒸人,房屋难免不渗漏。颇有三年前威胁之象。

晨五时半起。九时后,清儿挈建昌、建新来省,近午去。浞儿为余出购书,回家午饭。润儿全日加班,惟中午晚间两饭皆归。佩华上午加班,午后乃返。琴珠、滋儿得休假在家耳。

下午三时,芷芬来省,出汉儿信呈阅,知安好,则亦聊慰矣。四时半,清儿电告澄儿在其家。滋儿即往会晤,并约同来家晚饭。傍晚,清、澄及升增皆来,遂共饭。难得叙话,颇感亲切。饭后,清、澄、滋、佩、芷、浞、增同往濬家访问。余以倦累,即就床偃卧。十时许,滋、佩、浞归。为言芷、澄、清等各归去矣。遂与浞就寝。

夜深后雨声益喧,达旦未休,殊可厌也。

7 月 14 日（五月廿八日　壬辰）星期一

晨雨,禺中渐晴,仍时有云障。午后渐阴,晡时又雨,入夜止。

早五时起。六时半,浞儿雨中赴校。八时写信,复淑儿,并看完汉致其家前后四信。

接介泉电话,怂恿我同去华中或华东地区体认生活。此事所中本有通知,未及答复,今有伴即允之,并属就近为我向工会报名。电话中因询其如何写思想总结及个人规划,承指点甚悉(此事亦有通知寄来提纲)。至以为感。午饭后,因试写规划及总结。抵暮未竟,当待润、滋归来细谈。盖此等事生平所未尝为,不得不向后辈咨询耳。

　　四时许,贯之亦来电话,询是否旅外观察,因以先与介泉联系告之,仍托就近再洽。大约行期在八月初云。夜与润、滋谈思想问题,伊等各陈所见,多可采者。

　　十时就寝,寝前拭身洗足,犹感鏖糟,不能入睡。十二时半后始得引被而眠。

7 月 15 日 (五月廿九日　癸巳) 星期二

　　阴、昙、雨间作,湿益甚,闷益烈,不减南中黄霉也。殊不好受。

　　晨五时半起。竟日伏案草完思想总结,凡得二千馀言,恐将来讨论时终须再加修改耳。

　　夜饭后,一滋儿略谈,九时即寝。润儿十时半归。佩归已近十一时。惟琴、滋回家晚饭。可见近日工作开会之忙。

7 月 16 日 (五月三十日　甲午) 星期三

　　阴,午后晴,气较爽,湿润则未减也。

　　晨五时半起。八时,缮正昨所拟稿件,抵午方毕。接汉儿八日写密山十三日寄出信,复余上月廿八日去信,告近况。是迩来邮途已渐畅矣。但愿更快,则尤慰耳。

　　午后小睡,三时半接所中电话,谓明日上午八时半开会,何其芳讲思想总结及红专规划事,询参加否,余当答以赴召。彼仍言有车届时来接云。五时,又来电话,谓会期延后一日(另易一人,听不出为谁)。

　　晚间慧珠又来电话,重申改为后日开会。盖恐蹈上次徒劳往返之覆辙,特为加慎耳。

　　晚饭后,偕滋儿乘十路车到王府井南口下,走过图片门市部,往百货大楼购日用杂物,如罐头、茶叶等,一转便出,仍返东长安街乘十路归,到家已九时。余即取汤拭身洗足,就榻偃息。手不停扇,犹难遣烦热也。

有顷,佩华归。十时半琴珠归。十一时四十分润儿乃归。工忙至于如是,向所未有也。诚大跃进哉!

7 月 17 日 (六月小　建己未　乙未朔) 星期四

晨起微雨,旋放晴,午后朗澈,偶有纤云,迩来难得之境,仍热,但闷抑稍逊耳。

五时半起。八时,复看日前在所中携回之唐诗初选稿。除三人共选之稿不复再看外,就余与友琴合选稿八百馀篇,余与佩璋合选稿百馀篇,通阅一过,认为可删者即在自己姓字上作一 X 号以志之,直至下午六时,始看毕。大倦矣。盖明日赴所开会,可以携还陈、王二人也。

傍晚,滋儿归,谓适从天安门参加游行回,为美帝国主义者最近出兵干涉黎巴嫩内政,且将胁制新成立之伊拉克共和国,故各地奋起示威也。有顷,湜儿亦归,亦从天安门来,遂共夜膳。

晚膳后,始尝西瓜,今年初食,尚甜脆。大氐较早之故。

九时拭身就寝。仍与湜儿抵足而眠。

7 月 18 日 (六月初二日　丙申) 星期五

晴,热,仍闷湿。

晨五时起。七时半车来,乘以过接平伯,同驰出城,八时一刻抵中关村。西谛、其芳、冠英、友琴、佩璋、毛星、蔡仪、象钟诸人都已在会议室矣。届时开会,由其芳讲写思想总结及红专规划。十二时始散。余与平伯仍乘原车归。当将《唐诗选》剪贴本四册交还友琴,并与佩璋洽过矣。

一时午饭,饭后炎热难贴枕,仅伏案瞌睡片晌,已见浴汗淋漓,窘甚。

傍晚,滋儿浴汗归,为言今日又参加示威游行,在英代办馆前抗议英兵昨日在约丹登陆,是明明与美狼狈串连,干涉中东。据闻,夜间尚须继续进行,到场群众已达卅万人云。

夜饭后,润儿归为言,明日将扩大游行,伊亦前往。闻有百万人参加云。帝国主义疯狂已极,既冒天下之大不韪,而悍然出此,不可不严加警惕着意防备事态之突变也。

润、滋挈元孙出散步,见寄售商店有八成新骑车(钻石牌)一架,润遂购归,代价一百卅元。八时许,润仍去办公处所作夜工。

九时半,余浴身,扇风勉就床席卧,竟困于热,难入睡也。

7 月 19 日(六月初三日　丁酉)星期六

晴,偶有云翳,炎歊难拂,浴汗竟日夕,夜卧无法着衣也。

晨五时起,即感热,昏昏然。上午展看日本人所作《唐土名胜图会》,于北京掌故颇有裨益,但舛讹处亦不少,大都字形缠误致错。是则日文通病耳。

东安市场大明书店前日即有电话来,谓代配各书又收到一批,将于今日上午送来,乃迟至终日,迄未见来。旧习未除,累人久候,是可厌也。

傍晚,清儿来省,因留共饭。饭后,新新亦至,盘桓至九时半去。余亦拭身就榻,竟未能一用单被。睡眠当然可想矣。炎威可畏如此,甚于冱寒多多,难怪疰夏中暑者在夏天特夥也。

7 月 20 日（六月初四日　戊戌）星期

炎暑如蒸，终宵浴汗，执扇挥拂两肱皆楚，真奇热矣。

晨五时起。怕穿衣竟未敢出门。

东安市场大明赵伙迄未送书来，真京油子作风也。

午后假寐无法，贴枕坐定难宁，苦甚，不图北地竟甚于南中矣。无可奈何中，强看吴趼人《二十年目睹之怪现状》。夜十时入室，浴身就寝。竟夕汗沈浸淫，屡起拭除，扰扰达明。

7 月 21 日（六月初五日　己亥）星期一

晴，热，夜半有雨，并带闪电。浴汗终宵，仍如昨。

晨五时即起，神疲体惫，百无聊赖，竟日挥扇肱腕俱酸，勉看《二十年目睹之怪现状》以遣之，终莫能宁静也。今年酷暑至此，据老于斯土者言，亦奇遇云。

傍晚，大明赵伙送书至，凡九种，计廿馀元。

澄儿来省，因留夜饭。滋儿亦以开会，至九时半始归晚饭。润儿却于九时归休。九时，澄儿以恐值雨，即辞去。

余拭身就寝，屡起，出庭中纳凉，十二时后乃得少寐。

7 月 22 日（六月初六日　庚子　中伏）星期二

阴晴间作，时有阵雨，气仍闷热，炎威却减。夜半后，居然可以安睡。

晨五时半起。依然昏昏，且两颧骨隐隐作痛，右辅尤刺戟，手抚即满脸不舒，想积热所致，今晚本须服再造丸，遂停服。

午后，潘儿来省，长谈及暮，因共夜饭。饭后，文权亦至，复谈至九时半,乃去。余亦拭身就寝。盖倦甚矣。是夕润儿仍直宿办公处所。

7 月 23 日(六月初七日　辛丑　大暑)星期三

上午阴,下午雨,气稍凉,仍闷湿。

晨五时半起。九时接慧珠电话,谓午后唐副所长作报告,询去所否。余以连日受热不适,属请假,明日上午之会则参加。大氐仍有车来相接也。右颧作痛,延及眼眶,若有物紧绷,然不知酿何病也,心绪不痛快,实为主因。只索听其变化耳。

下午二时假寐,四时起。颉刚见过,长谈,知伊近来忙甚,亦开会频仍也。

傍晚锴孙来省,颉刚去。锴孙今日考大学甫竣事,故来告知,或尚有录取希望也。夜饭后,芷芬亦来,谈至九时半,伊等父子辞去,时滋儿方自出版社参会归。余即拭身就寝。十时后,始闻佩、琴先后返。润则仍宿办公处,未归也。

夜半雨,淅沥达旦。

7 月 24 日(六月初八日　壬寅)星期四

阴雨,午后放晴。气转爽。

晨五时起。七时五十分,平伯乘所中车来接,即共载出城,见西山山色甚清,知天将转晴也。

八时三刻在所中二楼会议室开会。到西谛、冠英、友琴、力扬、道衡、佩璋、象钟、平伯及余。先由象钟检查思想,继由友琴检查,迄午散。(今日起组中上下午俱有会。)余与平伯仍乘原车归。与冠英言明后日上午皆到会,并知明日上午即轮到余检查云。

午后小睡,至三时半起。刚主见过,长谈,五时去。濬儿来省,因共夜饭。润、滋亦归来同吃。难得也。

今日购一新出品缝衣机,此后儿童服装或可自家动手乎?夜九时就寝。

7 月 25 日(六月初九日　癸卯)星期五

晴,热不甚,天气正常矣。

晨五时起。就昨日张伯山所属,草一短文,为美英干涉西亚事出《文学研究》增刊用。余先令润儿写初稿,然后删润之,仅二百馀言。七时半,所中派车来,平伯仍先在,乃共赴中关村。八时半开会,先由先秦至宋组及元明清组合开,为王佩璋提意见。休息后,元明清组另去开会,余略提佩璋意见后,即由余自己作检查发言。就前所草就之件,读讲一过。力扬、象钟、友琴、佩璋、道衡、冠英、平伯以次为余提意见。竟多不虞之誉,攻短者甚鲜,大都以老见怜,曲加护惜之,故而余乃愧悚交至,转感不安。及午散,仍乘原车归。

饭后假寐,看毕《平妖传》。此书虽有来历,而导迷入虚颇有流弊,实为晚近武侠神怪小说之先河。古典文学出版社印以行世,我甚不谓然。

雪村夫人为滋儿今日三十初度,特制包子百枚,炖鸭一件,饬志华送来。甚感戚谊之厚,惟有铭刻而已。

五时,濬儿来,傍晚润、滋、琴陆续归,因共吃面。雪村适携孙来访,亦拉同小饮。饮后,村归去,滋送之。余偕濬儿携元孙过其家,晤文权及昌预,谈至九时半行。濬送余祖孙至朝阳门而别。余等乘三轮归。佩亦先归矣。拭身就寝,已十时半。

7 月 26 日 (六月初十　甲辰) 星期六

阴,晡时雨,旋止,入夜又雨,延绵通宵。

晨五时起。七时半,平伯乘所中派车过接,遂同驰出城,顺接淑明,共赴中关村。八时半,先秦至宋及元明清两组合开检查会于所长室。邓绍基主席,先由平伯检查,继由王贯之检查。十二时散,仍乘原车归。

下午小睡,三时起。

六时,携元孙乘三轮往金鱼胡同森隆聚餐,许妈亦同往。在三楼辟二室设席,到雪村夫妇及小逸与志华,外馀俱为亲属,濬、澄、润、滋、琴、佩、权、芷为一辈,预、错、镇、鉴、硕、基、昌、埒、垲、新为一辈,分两席。盖为滋始壮举觞也。清儿在厂羁工至八时十分始到,湜则留校未及返。终席不见其来,颇念之。

九时散归值雨,雇汽车送章家诸人返,余各分头归家。到家电话询北大宿舍湜儿,居然接话,盖七时至九时正在开会,顷方归舍,本准备归省矣。十一时许,湜乃在雨中归。余俟其来乃就寝。仍与同卧。

7 月 27 日 (六月十一日　乙巳) 星期

晴,热。

晨五时半起。十时,湜儿为余出购书,与濬、清偕往,十二时归饭。饭后余应刚主之邀,独往虎坊桥工人俱乐部看北京京剧团演出。先乘十路到天安门,转一路行。一时五十分到剧场入座(十四排卅二号)。开幕后,刚主始来,坐卅一号。剧为全本《秦香莲》。张君秋饰香莲,谭富英饰陈世美,马连良饰王延龄,裘盛戎饰包拯,李多奎饰国太,马富禄饰张三阳,黄元庆饰韩琪。希有好戏也。五时半散,与刚主同乘一路到鲜鱼口,上老正兴楼小饮。七时半毕,复同乘六路车返。余先在禄米仓口下。到家知滋、佩偕澄、清往看澄家。湜则一时许已返校去矣。

热甚,取汤浴身就榻扇凉,终难入睡。

7月28日(六月十二日　丙午)星期一

晴,热。夜月甚皎。

晨五时起。七时半,平伯乘车来接,因同出城,过接淑明。八时廿分到文研所。八时半开会,两组并行,由冠英作思想检查,各人提意见后,已十一时五十五分,即散。余等仍乘原车返城。

一时午饭。饭后本拟往访乃乾,以倦且热,电知作罢,俟再订期再晤。即偃卧假寐。三时起,看昨日湜儿为余购致各书,约略翻纸而已。

滋儿为突击工作须两个月不归夜饭,以此午晚皆独餐,虽令元孙陪食,终不能解孤寂之感也。佩华归述其意云,滋既不归夜饭,可否请余与润房合餐。余觉似此推挹实令余终处被动,左右倚赖,大非了局。因将余意剖告之,似非觅老伴不可解决当前局面矣,伊亦谓然,并云小辈早有此意,惟未敢启请耳。俟滋归,当与商量云。

九时三刻就寝。十时后,滋乃还,润则仍宿于办公所未归也。

7月29日(六月十三日　丁未)星期二

拂晓浓雾,禺中散,旋放晴,而炎蒸。近午渐阴,午间雨,日昳晴,旋阴。傍晚又雨,旋止,夜仍有皎月。雨后稍凉。

晨五时半起。七时,滋儿请谒,长谈,谓即午书告漱,托进行觅侣事,余允之。终日看商藻亭(衍鎏)《清代科举考试述录》,历数由来,并述其亲身经历,以为佐证,且附图片,致足欣会,岂仅资考证而已哉。凡看一百四十面,及半矣。

午饭后小睡片晌。夜九时,润儿归,九时滋儿归。佩华亦归。琴珠则十一时许始归也。余九时拭身洗足,越半时就卧。

7 月 30 日(六月十四日　戊申)星期三

晴,有风,虽热而爽,殆报秋矣。

晨五时半起。竟日看《科举考试述录》。午后曾假寐一小时。夜饭后,建昌、建新来省,有顷,清儿亦来省。润儿归饭。饭后仍去上夜班,直宿。滋儿九时归。佩华亦随至。

十时,清挈两孩去。余拭身就寝。时朗月照空,一庭莹澈,展转至十一时始入睡。竟未闻琴珠于何时归来也。

7 月 31 日(六月十五日　己酉)星期四

晴,热而爽。夜月姣好。

晨五时半起。仍看《科举考试述录》。下午小睡二时。四时,乃乾见过,长谈达暮乃去。知云彬将来北京就中华书局编古籍事云。

润儿傍晚一归,旋去上夜班,仍外宿。滋儿九时半归。佩华继归。余已就卧,琴珠归来则已将十二时矣。翌晨乃知之。

8 月 1 日(六月十六日　庚戌)星期五

晴,热,入夜阴,月遂掩于云。

晨五时半起。仍看《科举考试述录》,至下午四时乃毕之。此书不独保存一代掌故,而于科举之源流利弊亦言之綦详。藻亭为光绪甲辰末科探花,又克享大年(今年八十五岁),神明未衰,遂能写传故实,留示后人考文征献理宜并重,乌可藐视老耄,概以腐朽而忽诸。

外孙升基午后来省,夜饭后遣归。知升埙折臂,已送北大医院,将予割治,故其母今日下班径往医院视之,不来小雅宝矣。此儿多故,实令人操心难释也。然而,澄儿苦矣。九时前后,润、滋、琴、佩皆先后归来。暂得休息,真近日仅见之事矣。九时半就寝。

8 月 2 日(六月十七日　辛亥)星期六

阴,近午雨,后遂延绵滴沥,竟日连宵不辍,殆成秋霖矣。气陡转凉,夜须撤席用薄棉被也。

晨五时半起。元孙以九月一日须入小学,本月起休假在家。宜孙得伴嬉嚷甚乐,家中清寂之境大为突破,转感喧闹为患矣。近人云生活在矛盾中,信然。

澄儿来午饭,知昨看升埙尚无结论,仍先按中法处理,再经照查后决定开刀与否也。今晚下班后仍须往视云。二时即上班去。

润、滋、琴、佩均归夜饭,难得之至。夜九时就寝。初凉殊适。

8 月 3 日(六月十八日　壬子)星期

阴雨竟日,午后略见间歇,气更凉于昨。

晨五时半起。作书跋三首。十时,澄儿来午饭,饭后芷芬来,清儿来。清儿傍晚归去。芷、澄俱同夜饭。饭后,潜儿来,九时芷、澄皆去。潜留谈至十时乃去。为余觅伴事,儿辈已互商过,原则赞同。

十时半就寝。

8 月 4 日 (六月十九日　癸丑) 星期一

晴，爽。

晨五时起。八时，平伯乘车过接出城开会，过淑明则已行矣。盖慧珠忘派车，经催询始来，故延迟耳。到所已将九时，亟登楼入场，会已早开，唐棣华作整风总结报告。休息时，晤介泉，知外出参观事恐打消矣。十二时散。下午尚续开，余与平伯、淑明则告假先行。仍乘车送归。

一时饭。午前接漱儿复滋信，对觅伴事提出意见供商榷，俟得复再进行。具见郑重，可嘉也。

午后写思想检查和初步红专计画，就前草之稿加入同人意见，重缮之，直至晚十时乃毕。

诸儿皆于十时前归来。漱儿信俱已传阅，亦深赞考虑周密云。

十时半拭身就寝。

8 月 5 日 (六月二十日　甲寅) 星期二

晴，近午阴，有雨意。下午二时后，又晴，入夜闷热。

晨五时起。八时，所中未有车来，因电平伯一询，其家云已乘车来接，久待仍不至，焦甚，至八时一刻许，平伯叩门入，谓车在东城根出事，故走来，遂迟，乃重电首都汽车公司，再放车。八时半，始成行。比到所已过半小时，甚窘。余等到后，冠英召集古代两组合开讨论会，讨论中苏首脑会谈公报及昨日唐副所长总结报告。十一时半散。十二时，仍与平伯乘车返城。伊径赴南河沿政协文化俱乐部午餐。余送其到彼后，再折回家中，已将一时。

午饭后小睡，至三时起。

夜饭后，潜儿来省，九时去清儿所，径归矣。十时就寝。滋、佩亦归。琴已前返。润则仍宿馆中未返也。

8月6日（六月廿一日　乙卯）星期三

晓雾，旋昙阴兼至，转闷热。

晨五时半起。八时后，写信五通，分寄上海章君畴、漱、淑两儿，沈阳黄婿业熊、宝清汉儿，都系复书于漱儿信中，颇示意进行了解陆姓事。十一时，平伯见过，谈至午间去。

农祥昨今皆有电话，告明日即须赴八达岭劳动半个月，约今晚在和平餐厅叙谈。午饭后，小睡片时。六时半出，乘三轮到百货大楼一转，旋入东安市场，在书摊上购得《诗品注》及《剧谈录》。已七时，遂走诣和平餐厅，农祥、亦秀及孝丞之子小丹已在。有顷，孝丞夫人至，八时半孝丞乃至，余等已食过半矣。农祥明日即须赴八达岭，孝丞一家日内亦将调赴广西南宁工作矣。农祥夫妇特为饯行，顺邀余一叙云。九时散出，余仍乘三轮径归。

到家，滋、佩方归，润亦旋至。惟琴珠则十一时后始返也。余已就寝久矣。

8月7日（六月廿二日　丙辰）星期四

晴，热，时昙。夜九时、十二时、翌晨二时，三次雷电大雨，彻明始已。

晨五时半起。宜孙九时许突发热，啼哭，无汗，因电知润、琴，属午饭时归视。十二时三刻，伊等先后归，即抱往赵家楼本区门诊部就诊。移时返，告注射连霉素及配尼西林，如无变化，不致有妨云云。润、琴仍去上班。宜孙亦居然安睡,心为稍定。正欲就榻小休,而乃乾见访,遂与长谈,直至五时半方辞去。

琴珠归晚饭,见宜孙热仍未退,心不宁,遂电招张静容大夫来诊,据云无他疾,只扁桃腺略胀而已。雨未作前,张去。润、滋、佩亦已先后归来,乃各就寝。饱听雷雨矣。

澄儿今午来饭,知升埙已出院,静养在家。

锴、镇两孙上午来省,近午去,未饭也。

8 月 8 日 (六月廿三日 丁巳 立秋) 星期五

阴间昙,午后三时半大雨,转见西照,闷湿难任,至感烦热。四时雨止,浓云旋起。五时半又雨,其后时断时续。夜九时后雷电大作,雨势倾盆,檐溜激越,迄旦方休。中夜苦热,比明乃凉。

晨五时半起。宜孙已痊,竟日嬉戏,方以为慰,及暮,琴珠归,按其额,又有微热。入夜增高,咿嘈自烈,户外雨声冲击,室内啼声应答,润、琴为之彷徨,余亦提心难睡。挟元孙共榻,稍分伊等操心。佩华十一时未归,滋持伞立雷雨中候于禄米仓口汽车站良久,越半小时始偕归。

8 月 9 日 (六月廿四日 戊午) 星期六

多云转晴,气大爽,诚有秋意矣。

晨五时半起。积雨初晴,微风送凉,心胸为之一扩。午饭后,滋儿以出外采购图书,顺道归省,余因挈元孙偕之同出,滋骑车,余祖孙乘三轮,俱诣王府井百货大楼,即在四楼新辟之冷饮部各进冰结涟一盂,然后过市场及新华书店等买书。三时三刻,滋往北京图书馆借书,余与元孙复偕行,往游北海,约于双虹榭相待,俟滋回社工毕下班时,过园接取同归。

余与元孙入园后随意登陟,择荫小坐,偶遇上海弹词艺人蒋月泉,知伊等应全国曲艺会演来京,住文化部云。惜已演过,未及一聆其弹唱耳。五时半,就茶于双虹榭,复见蒋等七人亦茶焉,知其中为刘天韵、唐耿良、朱慧珍、杨仁麟及月泉,其馀二人则不识也。又遇沈静芷,匆匆立谈数语而别。

六时半,滋儿如约来接,乃雇三轮,三人偕返于家。

夜饭后,清儿来省,建新亦来,谈至九时半去。余亦就寝。仍令元孙同卧。

8月10日(六月廿五　己未)星期

晴,爽。虽热可忍也。

晨五时半起。七时一刻偕润、滋两儿挈元孙同往东四大同酒家啜茗进点。楼下已满座,登楼待至八时,始得食。九时许,散出,过隆福寺人民市场一逛。久未来此,又觉气象日新矣。在大街旧书门市部,见余季豫(嘉锡)《目录学发微》铅印本一册,久耳其名,未尝一睹,今无意中得之,甚喜慰,出价一元易归。又在市场购得大西瓜一枚(重二十馀斤),夹竹桃一盆,遂与润元分乘两三轮携之同返。滋则骑车赴首都电影院会佩华,同看电影矣。十一时,潜儿来省,顺就缝纫机为昌预制衣。盖暑后预孙无论考入大学或分配工作,均须襆被出门矣。

午后一时半,滋、佩归,始与潜等共饭。饭后,潜陪清去百货大楼买物。三时后回,已代为购得本色熟罗两端,一端自用,一端则备送雪村夫妇七十庆寿之仪者,并言买到今晚中山公园园游晚会票四张,因属滋往招文权来同饭。饭后清儿亦至,七时后,余遂偕濬、清、权同乘十路车往中山公园。走至禄米仓西口,遇芷芬,因告之故,且属往晤滋儿等而别。到中山公园时,游人甚挤,演技之临时凡八九处,大都为大鼓相声之类,展转寻到坛南门之西侧,在人丛中遥见上海评弹团正在大合唱《东风压倒西风》,由朱雪琴领唱,刘天韵、唐耿良、严雪亭、杨仁麟(中间一人不识为谁)并立其后和之。坐在队左伴奏者为蒋月泉(弹三弦)、朱慧贞(弹琵琶)。濬儿挤至后台,欲一询究竟,则该团已移往别处演奏矣。据工作人员言,正移向坛西门左侧去。余等复折回探之,已不可得。遂在坛西侧草地上觅坐稍憩,至九时半,相将出园,权、濬乘电车归去。余与清则行至汽车站,欲乘十路返,讵知排队甚长,清坚待,余则乘三轮而归。

宜孙今日热仍未退,却发现周身类似出痧子。下午琴珠抱往东单三条儿童医院求诊,余离家时犹未归,深为惦念。比出园时,电话先询家中,方知出风痧,无大碍,大家为之一慰。及余到家,元孙已先睡在我床上。宜孙正在房内大声呼笑,惟热仍不能退净耳。

十时半就寝。

8 月 11 日 (六月廿六日 庚申 末伏) 星期一

晴,时昙,气仍爽。

晨五时半起。竟日读余氏《目录学发微》,其有误排之字,随笔校正,醰醰深味,不知日之潜移矣。

夜九时就寝。仍与元孙同榻。宜孙仍续医(热未尽退故)。

8 月 12 日 (六月廿七日 辛酉) 星期二

多云,时晴,气温如前昨。

晨五时半起。续读《目录学发微》，抵午乃毕。其书洞究流变，辨析疑似议论，通达不为古囿，以今日视之，犹多可以起而行者，诚不刊之典也。读竟不胜服膺之至。

午前，潛儿来省，旋去。午后，查填所中指索的干部简历表，啰嗦疙瘩不胜麻烦，直至五时乃了，尚有自传须写，只得稍俟神复时再为之矣。傍晚，润、滋皆归，澄儿亦来饭。饭后，芷芬至，出示汉儿近信，正忙于刘麦也。八时半去。琴珠以宜孙故，请假两日，抱持就医兼看护，今晚基本退热，大氏无事，明日即照常干工作矣。佩华九时后回，明日起又须苦干突击，每晚非十一时不能返休云。

下午接湜儿电话，索另用，即晚属润儿往邮局用保价信封寄十元与之。十时就寝。仍与元孙同卧。

8 月 13 日 (六月廿八日　壬戌) 星期三

晴，爽。

晨五时半起。八时草自传，年远事多，费思索，直至下午六时始停笔，得三千言，仅写至沦陷期间耳。后事只得再俟续草矣。

四时许，接漱儿十一日回信，又另有所图，余却不以为然，当再去书指示之。

夜九时就寝。仍挈元孙同卧。滋儿晚间作歌谱，以待佩华，十一时半乃返。

8 月 14 日 (六月廿九日　癸亥) 星期四

晴，爽。

晨五时半起。写信与漱儿，复告一切并指示了解陆氏，不必别树炉灶云。

九时，偕元孙出，将沪函投邮后，乘十路车到中山公园，在园巡游一周，十一时离园，乘电车出前门，到蒋家胡同口下，顺过中和剧院，见今日日戏头排座尚有馀位，乃购得廿五、廿六两号，遂登老正兴楼午饭。饭后，逛大栅栏，至十二时三刻，乃入院就座。一时开幕，为新华京剧团所演全部《龙潭鲍骆》，自《嘉兴府》起，连演《四杰村》《酸枣岭》《巴骆和》。是日无节目单，仅知徐东来饰马金定、李小春饰骆宏勋而已。四时半散，仍乘电车回青年会，再转三轮返于家。疏散终日，稍舒郁结耳。

晚饭时，澄儿来谈，至九时去。余亦拭身洗足，挟元孙就寝。

今日为六月小尽，长夏告终矣。

8 月 15 日（七月小　建庚申　甲子朔）星期五

晴，爽，入晚微闷。

晨五时半起。八时，草自传，至下午五时，仅写至初入文研所。神倦不能再写而止。今晚街道动员薰蚊虫，余挈元孙夜饭后乘三轮出，诣东安市场一游。至吉祥买得当晚中国戏曲学校学生演出票两张，为南楼特一排五九、六一号。以时尚早（七时半开演），乃过百货大楼一逛。届时复返吉祥登楼观剧。剧目为全部《浔阳楼》，自乌龙院坐楼杀媳起，至酒楼题诗、闹江州、劫法场止。十一时十分始散。仍乘三轮归。学生演戏皆见认真争好，将来出头之日俱在此数年苦练之时也。故老看客皆喜看小班。十一时四十分就寝。仍与元孙同卧。

8 月 16 日（七月初二日　乙丑）星期六

晴，微较前昨为热。

晨五时半起。竟日未出,草完自传,并誊清三分之一,已下午六时矣。疲倦只得停笔。

傍晚,接湜儿西郊电话,知即将归来。适澄儿亦来,乃共待晚饭。七时,始与澄、湜两儿及元孙同饭。滋儿、佩华本约归饭,临时往看电影,未果回。九时,澄儿去清所。滋、佩乃归。十时半就寝,与湜同卧。

8月17日(七月初三日 丙寅)星期

晴,有时多云,背风处极闷热。

晨五时半起。七时三刻与润、滋、湜三儿挈元孙出游,走至青年会,乘电车至大栅栏,在老正兴楼下进早点。食已,复乘五路车往陶然亭,赁两小艇分乘荡湖为乐。余与润儿、元孙坐一舟,滋、湜两儿坐一舟,均划至东湖,历一时半乃登岸。即在埠头茶棚啜茗小憩。坐至十一时起行,仍乘五路回大栅栏,即登老正兴楼午饭。饭后,信步入正阳门、中华门,陟瞻人民英雄纪念碑。遂由天安门迤逦而东,经东长安街至王府井,一逛百货大楼。余适里急,乃入厕大解,然后乘三轮归家,已三时许矣。湜儿即赶回北大。

清儿来省,有顷,潜儿亦至,小逸、建新同来,遂共夜饭。饭后,芷芬至,共谈至九时后,乃各归去。余亦就寝。佩华下午加班,中夜始还。余竟未之闻也。

8月18日(七月初四日 丁卯)星期一

晴,时昙,午后四时大雷雨,不久即停。入晚已晴,但气燠不舒,中夜又凉,须盖被矣。

晨五时半起。八时起,续誊自传,至下午六时半乃毕。计廿一纸。平生经历略具于斯。传示后昆亦复可考，不虚此数日工夫矣。若无组织指索，绝不会平空抽时写此也。可感也已。

下午接漱儿十六日信，仍言蒯姓事，余颇不谓然，姑俟我十四去信得复后再指示之。

夜九时拭身就寝。

8 月 19 日 (七月初五日 戊辰) 星期二

晴，晨有薄雾，气较昨爽。

晨五时半起。整理拂拭积日作案之书，一一为之上架。眼前稍清。午后电话约圣陶，拟一往把晤，答以今日要开会，俟明后日再电约而罢。

清儿今日往八大处集体劳动，须十天后乃还。午间曾来告辞，并知滋儿亦将继其后，伊回则滋将前往十天云。盖青年团中央所属各单位已指定八大处为劳动种植场所，凡干部均当轮流前往也。

午后为漱儿介绍蒯姓事作书回绝。晚上滋儿归，与看，决定俟明日发出之。夜八时半就寝。

8 月 20 日 (七月初六日 己巳) 星期三

晴，爽。

晨五时半起。闲翻《四库总目》于焉半画。午后假寐片晌，四时后，自出寄信。夜饭后，无聊甚，独出闲逛，先乘十路到王府井南口下，走至东安市场，在五洲书店购得《洛阳伽蓝记校释》等三书，即乘三轮归。诸儿皆未归也。闷坐片晌，即就寝。迩来生活枯寂，大氐类是矣。

8月21日（七月初七日　庚午　七夕）星期四

晴，爽。

晨五时半起。许妪骄蹇日甚，出言挺撞颇恼之，此妪佣我家已六七年，自先妻见背，家无主宰，两媳皆出外工作，鲜问家事，以故积渐生骄，所谓年老成精也。屡以去相挟，两媳曲挽之，益自大，今又作态，当听其去可耳。而事过又赖住，现律又不便强驱之，真堪呕人也已。

濬儿午前来，盖昨午属润儿送钱往，令代购东四剧场上海评弹票，故今送票来耳。凡五场（今明后四天，第四天带日场，每场三票，为余及濬、权，共十二票，豪矣），今晚即得畅聆乡音，一纾积郁。此后且得连续贯听，不亦大快耶！

午饭后小睡，看纪晓岚《滦阳消夏录》两卷，虽颇装点狐鬼，实亦反映当时社会景迹，非尽可以荒唐目之也。

夜饭后，乘三轮往隆福寺，正七时，在人民市场略逛，即入东四剧场，适濬儿、文权亦至，又遇雪英及汪北溟。余坐十四排四号，濬、权则五、六两号也。七时半开，先为刘天韵、朱慧珍、唐耿良、陈卫伯、严雪亭、蒋月泉合唱社会主义总路线，钱雁秋弹弦子，次为陈卫伯评话《飞快车》，次为刘天韵、钱雁秋弹词《钱半仙求雨》。休息后为严雪亭弹词《十五贯》刺尤，次为蒋月泉、朱慧珍、唐耿良三档弹词《过年》。场场精采，个个卖力，洵稀有之遇矣（此在北京说）。见西谛夫妇、广平母子及昆曲研习社诸人，皆在前排，以距远未招呼。十一时十分始散。余仍乘三轮独归。

抵家，滋、佩亦甫归未久。润则竟留宿馆中云。少坐后，拭身就寝，已十二时许矣。

8 月 22 日①(戊戌岁七月小　建庚申　甲子朔　初八日　辛未)星期五

晴,爽,较昨微热,弦月亦微晕。

晨五时半起。竟日缮正自传,以字细费目力,抵暮仅及太半耳。此事滋儿本请代缮,因伊连日突击工作,实已无暇可抽,而馀人亦复同感,不得已,只能自为之。垂老作此,殆如白首童生入试场矣,不禁自哂。

夜饭后独乘三轮往隆福寺,潘儿已先在,谓文权明日凌晨即往居庸关劳动,今晚之票已退去云。遂相偕入东四剧场,续听评弹,坐七排四、五两号。遇陆庆贻,立片刻,知伊已得退休矣。

七时半开书,先为严雪亭之《川江轮下水》,与昨日《飞快车》同为上海工业跃进之实事,反保守之好资料也。次为唐耿良之《三国》,说云长曹营识赤兔马一段。休息后,为刘天韵、钱雁秋之《饮食业服务大跃进》,亦上海实事也。殿以蒋月泉、朱慧珍之《玉蜻蜓》、庵堂认母一段,俱臻佳妙。虽在上海亦未必能同时遇到,况北地乎! 宜其场场满座矣。十时半散,仍乘三轮归。昨晚一破车且为单人座,索四角,今晚得一新车,且双座,却只索二角五分,足见待淘汰者必有其因,新兴起者,自有其故耳。时代推进伟矣哉!

十一时就寝。佩华十二时后始返云。

8 月 23 日(七月初九日　壬申　处暑)星期六

晴,微热。

晨五时半起。七时起,续缮自传,至十一时完。接缮前已写过

之思想检查及规划等(因须照定式纸张),直至下午三时乃毕。以先接农祥及亦秀电话,知农祥因在工地跌伤右足,在家休养,即乘三轮于三时半往候之,见其神色尚好,惟略为憔悴耳。脚背肿处已渐平,诊治后偃卧数日,当无大碍矣。与谈至四时三刻行。乘十路车归。

夜饭后,与潘、滋两儿及元孙往东四剧场听书(潘来夜饭,滋亦以周末无夜工),坐十排一、二、三、四号。蒋月泉、朱慧珍之《白蛇传·游湖》及刘天韵、蒋月泉、唐耿良之《风雪山神庙》最佳。馀亦宣传时事之力作。十时半散。余挈元孙乘三轮。滋骑车从,潘则乘无轨电车归去矣。十一时就寝。

湜儿本有电话来,谓今晚可归省,旋续得电话,知适开会,须明晨一早回来云。

8月24日(七月初十　癸酉)星期

晴昙兼至,气温如昨。

晨五时半起。七时半,湜儿归,因同早饭。九时半,介泉来,承送小猫两头来,谓其夫人赠与潘儿者。同时又接满子电话,谓其翁购得书票,邀余过饭,同往一赏。余以今午须赴雪村宴,并午后书票已早得,谢之,约在书场一晤云。介泉因其夫人及两孙俱在戚家,须同饭,亦于十一时辞去。余因偕湜儿、元孙与之同行,至金鱼胡同而别。余等径诣森隆三楼,赴雪村之宴。盖雪村夫妇七十双寿,藉以会餐耳。余家除琴珠、宜孙外,俱往焉。潘、澄、汉三家亦皆到。挤挤两席,不啻专为我家而设矣。甚以为惭。

饭后,余先行,偕潘、澄、湜三儿乘三轮径赴东四剧场听书。坐十一排。书为严雪亭之《杨乃武》(夏日善激发醇亲王一段),唐耿良之宣传实事,陈卫伯之《飞快车》,蒋月泉、朱慧珍之《夫妻之间》。休息时,与圣陶、至善晤谈。四时即散。湜儿归校。余亦径还。适振甫来访,与谈久之而去。

晚饭后,余又独往东四剧场,续听评弹。盖最后一场,明日即须返沪矣。仍坐第十一排。潗儿、芷芬俱在。书为严雪亭之《杨乃武》(刑部告状一段),蒋月泉、朱慧珍之《白蛇传》(许宣投书一段),刘天韵、钱雁秋之《营业时间》(亦宣传新事)。十时半散。余仍乘三轮返。十一时就寝。

8 月 25 日(七月十一日　甲戌)星期一

晴,多云,傍晚微雨。气较凉。晨五时半起。

八时接农祥电话,约在中山公园来今雨轩茶叙。余乃挈元孙乘十路车以赴之。在园晤刘天韵,谈知明日即返沪,据云今后来京演出机会将较频繁云。

十一时许,起来徐行至西路瑞珍厚食堂午饭。饭后伴元孙在儿童运动场嬉戏良久。遂送农祥出园西门,视其上车乃别。复入园穿行出南门,仍乘十路归于家。

夜九时就寝。澄儿来,携小猫一,谓今晨小同送往,以其家乏人饲养,故送来我家云云。余颇为生气,潗既乞猫于前,复又推养于人,澄儿不知,却送还于我,岂不可笑?澄坐半小时,辞归。余乃复返寝。

8 月 26 日(七月十二日　乙亥)星期二

昙阴间作。

晨五时半起。润儿命元孙抱小猫仍送潗家,居然一人往还,初次脱手也。藉此训练,亦大佳。

竟日未出,下午二时半,锴、镇、鉴三外孙来省,就缝衣机补缀旧衣服,因母外赴东北劳动,一切须得自己照料。亦藉此训练耳。并知今番投考大学,锴孙已取入北京师范学院。预孙亦取入北京医学院矣。亦大可慰也。

五时半,锴等归去,因须煮饭供父也。时忽震雷,但始终未见雨。夜饭后,九时即就寝。

8 月 27 日（七月十三日　丙子）星期三

阴曇兼至,近午有小雨,午后晴,晡时又雨,黄昏后雨渐大,窗外芭蕉受激声与外檐悬注声相和达旦,诚秋霖愁人矣。气温亦忽凉忽燠,难将息也。

晨五时三刻起。八时答书调孚,以见询唐上元时我苏遭兵事,书两纸报之。

午前接漱儿复书,知伊下厂检查跃进工作,约需驻土山湾等处三个月也。蒯氏事已遵指回绝。了解陆氏事则委由其姑漱石任之,果否能来,须俟得复再禀云。

午后二时,乘十路往访农祥。已略好,可平步行,乃于三时半,各乘三轮往北海,由阳泽门入,初拟即在海西岸茶憩,适其地翻修房屋,土木纵横,竟不可以处,遂唤渡至东岸琳光殿,时云起风作,水面微波,及行近双虹榭,雨已至,幸入坐尚有余地,从容啜茗焉。有顷,人渐集,几无隙地可容矣。

五时,雨稍止,即相将度积翠堆云桥出园门。三轮绝迹,久待乃各得一乘,分路归。

余到家已将六时。晚饭后,琴、佩始归,润则仍往宿馆中。滋则于十时后乃返。余已就寝矣。

8 月 28 日（七月十四日　丁丑）星期四

昙阴兼至。午后晴，深夜有雨，黄昏见月，甚朗。气温如昨。

晨五时三刻起。竟日未出，看乡先辈胡绥之先生《许庼学林》中载先师程君仰苏师鄦斋《经义偶钞》叙，深惜书不多传，竟未之见，良用恨然。

午后，清儿来省，盖连日下雨，不能上山工作，故自八大处工地告假来城。即日便须赴工，尚有一星期勾留，以是，滋儿亦须俟伊返城始往接班云。澄儿来晚饭，谈至九时去。余亦就寝。

8 月 29 日（七月十五日　戊寅　中元节）星期五

晨起日出有雨，旋晴，较热。

早五时三刻起。八时看《许庼学林答问》。十一时潏儿来就机缝衣，午饭毕即去。告即将去哈尔滨看昌显云。饭后小睡，三时半起。错孙来，就缝纫机续作补缀，五时三刻完，为余粪除书橱底下积尘，（结絮成球，约升馀。）始辞去。告云须归爨供餐也。

夜饭后，滋儿适归，遂偕同出散步，携元孙与俱。信步至王府大街电业供应处，参观电视收映机，继乘无轨电车到百货大楼购茶叶及饼饵数事。遂走至东长安街，乘十路车返禄米仓，缓步踏月而归。

九时就寝。明月照庭，辗转难寐。

8 月 30 日（七月十六日　己卯）星期六

晴，燠。夜月甚姣好。

　　晨五时三刻起。知滋、佩今夜看电影，须深夜始归。余独坐呆思，闷损煞人，不图老去落寞至于如此，真无有生之乐矣。十时，怅然独出，步行至东安市场，在吉祥购得今明两天日场票。（今日为联谊京剧团郭少衡、董玉苓主演之《吕布与貂蝉》，明日为燕鸣京剧团赵燕侠主演之《穆桂英》。）遂顺道走至王府井南口乘电车径往大栅栏，在新华书店及劝业场等处一逛，折至老正兴午饭。饭后步回车站，复乘电车至王府井，走至百货大楼，略一驻足，乃步往吉祥，坐楼下一排十六号。正值开场，前出为《白水滩》，后为《吕布与貂蝉》。董玉苓前饰貂蝉，后饰白门楼吕布。后反串转胜于前矣。于此得一看法，凡旦角反串小生，多佳者。

　　五时散出，径乘三轮返。抵家错孙在，谓其父亦将来省也。乃属出购热菜以俟之。同时，在桌上见一条，盖滋儿午后归来所留，为余购得今明两晚吉祥票，于是，夜饭时，与芷芬、元错略谈一二。饭后即乘三轮往吉祥。坐楼上特一排六十二号。亦正上演剧为《火烧余洪》及《沙陀国》（北京市戏曲学校学生演出）。孟宪达饰李克用，董梦庚饰程敬思，俱到家，博采极多，上驷也。十一时散，仍乘三轮返。时滋、佩犹未归，余就寝后始听启门，入则已十二时矣。

8 月 31 日（七月十七日　庚辰）星期

　　晴，燠。夜月明。

　　晨五时三刻起。九时乘六路车至东四六条东口下，走往八条访圣陶。谈至十一时，偕至善三人同出，乘电车到王府井，即北京饭店餐厅午饭。饭后，三人步至中山公园来今雨轩茶憩。一时起行，乘电车返王府井，圣陶、至善往美协参观展览会，余则径赴吉祥。入坐楼下一排十二号。剧目为赵燕侠主演之《穆柯寨》，场前加演安晓峰之《闹天宫》。一时半开,四时半散。中间湜儿曾来寻我,取去九月饭费,谓五时即须返校,恐见不及,故寻至一取云云。及余戏散,乘三轮遄返,尚未行,又与叮咛良久,乃遣令入校。

夜饭后,复往吉祥,坐楼上特一排六十三号。七时半开,先为安晓峰之《挑滑车》,继为赵燕侠、徐韵昌、李淑玉、安晓峰、米玉文等合演之《追鱼》。十时三刻散。乘三轮亟归。取汤洗足、拭身,然后就寝,已十一时半。

9 月 1 日（七月十八日　辛巳）星期一

晴,偶昙,向晚微雨。气温与昨略同。

晨五时三刻起。元孙今日初入小学,五时即起来,相叫唤,六时半即偕对门同伴小友相将往禄米仓小学编级受课。十一时放学归。午后不去,盖近年为普及计,中小学都为二部制,小学基本上为半日学校耳。元孙被指为临时班主席,跳跃而归,兴奋甚甚矣。高帽子之不可不戴也。午后小睡,四时始起。

夜饭时,润、滋都归,忽兴发,两人同往王府大街购置电视机,由润儿服务机关出信介绍,但苏联出品红宝石牌及纪录牌皆不肯售与个人,只得购一捷克货,价五百九十元,携归已八时三刻,预计配装添线等等,所费必不赀也。争先购求现代科学享受,亦可谓趋时之尤矣,似此举动生平第一遭耳。

十时就寝,而雨淅沥良久不止。

9 月 2 日（七月十九日　壬午）星期二

阴雨竟日,夕气骤凉,御雨单嫌冷矣。

晨五时三刻起。元孙冒雨入学,兴致勃勃,至可喜。十时,接慧珠电话,谓下午二时半,所中召开全所大会,由其芳作整风小组检查报告,一时半派车来接,并属顺接平伯、淑明云。

午后一时廿分,平伯电话来,谓车已到彼处,询去否?余即以慧珠语告之,属车即过我同行。遂共载出阜成门接淑明,时雨正大而淑明已行,乃径赴中关村本所。晤积贤、冠英、其芳、棣华、友琴诸人。当以所填简历表及自传等件交由冠英。届时开会,由棣华主席,即请其芳作报告,历三小时,各方面都涉及,并知组织亦将更动,中国古代文学组仍合并为一大组,专由冠英任组长,其他各组亦大有分并云。次由科学院社会科学部委员刘导生讲话,至六时散。明日起,将分小组讨论。余请假矣。散会后雨仍未止,仍与平伯同乘返城,顺道送淑明到家。

到家已将七时,润、滋两儿正为电视机配置室内天线等,纷忙栗六。余匆匆夜饭毕,装置亦了,至七时半收视,居然成功,惟须时加调节耳。今日起,开始正式放送,余家竟克首享其盛,非社会主义建设之赐,曷由致此,为之欣感交集。七时半开始,先为歌唱及新闻,八时后为最新苏联影片《失踪的人》,至十时始毕,并知今后每逢星期二四六日四场放送时间均与今日同。

十时半就寝。

9月3日(七月二十日　癸未)星期三

晴,凉,时昙。

晨五时五十分起。八时写信复外文出版社(昨日所中转到来信,约来访问),自出付邮,顺过银城理发,待不多时,即轮到,十一时许回家。接贯之电话,谓本星六所中将去徐水县参观公社,询余去未?即应偕去。据云届时将再联系云。

午饭后小睡片晌。锴孙来省，遂与之同出，挈元孙以行，往游天坛，茶憩于皇穹宇西侧茶棚下，见不少部队在练习步伐行进，盖国庆将近，受阅部队年例调驻于此，勤加训练也。

五时半起行，出北门，乘电车到大栅栏，同赴老正兴晚餐。六时半毕。锴孙骑车归去，余挈元孙乘三轮迤返，时滋儿已归，知清儿已自八大处返，曾通电话，而滋何时去八大处则未有指示云。

九时就寝。佩华亦返，知十日起调人民文学出版社工作矣。琴珠十时后返。润则竟日未归，仍宿馆中。

9 月 4 日（七月廿一日　甲申）星期四

午前昙，午后晴，气凉爽。

晨五时五十分起。看陆定一《教育必须与生产劳动相结合》一文，竟半日力毕之。

清儿离家赴厂前，电告今晚如不开会，将来省我。锴孙昨言今午后仍当来省，至午后三时一刻未见来，想有他事牵住矣。预孙午前来辞行，告即刻携襆被赴北京医学院报到待课也。顺询其母去哈尔滨后有否信来？答尚未接到云。

夜饭后，润、滋俱归。芷芬及锴孙、昌孙、新孙亦皆来，为收电视共赏之，除新闻片外，播送越剧徐玉兰等所摄之《拾玉镯》，十时十分毕，因中间插入重要新闻，政府宣布关于领海的声明也。芷芬等十时前去。佩、琴皆于十时后归。

十时半就寝。

9 月 5 日（七月廿二日　乙酉）星期五

晴，爽。

晨五时三刻起。九时,外文出版社陈次园(中辅)来访,谈《史记选》翻译,介绍出国应否增选若干,爰为增选八篇,以答之。顺谈至十一时,始辞去。

先后接水夫、慧珠电话,谓赴徐水参观定明晨四时三刻,在永定门车站集合,约定由水夫雇车,于今晚三时半后来接同往云。贯之竟无电话来。

夜饭后即睡,三时便起,煮鸡蛋四枚充肠,待至四十分,水夫偕郭钧(新来本所理论组)同车过余,遂共载而行。夜深行人至稀,车得疾驰,四时一刻余即赶到永定门车站。本所同人尚未到也。坐待车室候之。至三刻许,大队涌至,由其芳、棣华、蔡仪领队,编三中队,九小队,余被编一中一小队(中队长邓绍基,小队长曹道衡)。此次出发,全所皆行,惟默存(因外文出版社工作不停),力扬(在家赶文章),平伯(原因不详)不往。五时许,即鱼贯登车,十二分南开,历马家堡、丰台、西道口、长辛店、南岗洼、良乡、窦店、琉璃河、永乐、涿县、松林店、高碑店、定兴、北河店、固城十五站(站站停),至八时一刻余,乃到徐水。王贯之、王积贤已在站台相候(始知贯之无电话来之故),引导前往徐水饭店,憩于招待处,已为六日清晨矣。

9月6日(七月廿三日　丙戌)星期六

晴,热,夜北天有阵闪电甚急,但未致雨。

在招待处少息后,即出动,到食堂进膳。八人一席,五菜(米饭、馒头皆听便)。食后,有一总桶汤,自挹取。(每日两头饭,中间粥,啜粥时,各人两枚馒头,总供盐菜一碟。)饭后稍休,即往附近西北一带参观水泥厂、地毯厂及多处土高炉出铁,处处表见朴素有力,诚不愧苦干、实干矣。傍晚还饭店食堂晚饭(中间一粥余未往)。饭后,就指定宿舍二排十二号为其芳、冠英、介泉、淑明、绥松、之琳、彦生、叔平、蔡仪、燎荧、贾芝、水夫、郭钧、大冈、晓铃、友琴及余等宿处。(后介泉迁往十一号,此外,馀人皆分散住,因参观者众,有事前派人接洽者,亦有事前未接洽而闯然来者,致使招待者为难。余等虽接洽在先,不能不体谅主人,因自动设法挤住。)凡三间,设十一铺,并列成一大炕形,各人安排坐卧,凡十六人,因议定每二铺睡三人(十铺容十五人),馀一铺让余一人用,辞之不获,遂接受然。翘然独异,内愧甚矣。

　　晚八时后返礼堂听徐水县委作介绍报告,讵知,来客太多,礼堂皆住人,临时改在堂北广场举行,近十时始讲话,一一介绍,具有意义。总之,工农兵学商,五位合为一体,千门万户成了一家,已见共产主义社会之雏形矣。听之津津,不觉忘倦,而同行者特别关顾,以为年老不宜久露坐,再三力劝先回休息。乃于十一时许,偕淑明先行返宿舍。越半时,众毕返,遂就卧。须臾,鼾声四起矣。余骤易生处,且集卧多人中,竟不能入睡也。挨至四时,独起如厕,亦竟不能下便也。

9 月 7 日（七月廿四日　丁亥）星期

　　晴,热。

　　晨五时,众皆起。六时就餐。七时半,同乘大轿车开往西乡谢坊参观公社。在大礼堂先听负责人作介绍报告,然后导往儿童公园、幼儿园、幸福院、红专学校、发电所、食堂、浴堂等处参观,到处墙上有新诗,壁画,复见民兵持枪械操演。余在幸福院及儿童公园与老人、儿童合影数帧。回礼堂休憩,正十一时。本约定原车来接,乃久之不至,在堂时遇见范仲沄、刘导生及其他参观团体甚多。余等直待至午后一时三刻,始有车来消息。至二时许,乃得乘车回徐水饭店经赴食堂适为中餐,只有稀粥,余出昨存粥票,并付之,得馒头四枚。顷刻尽其三。食后,即同往城东大寺各庄(旧称大史各庄,今改。)公社参观。由负责人引往田间,看到丰产菜、棉、玉米、稷(小米)等田。随处讲解热诚介绍,其人朴素豪迈,殊令人起敬也。继又参观托儿所,及俱乐部。垂暮始入城,穿行返宿舍。知周总理发布关于台湾海峡地区局势的声明,北京已于昨晚游行示威,坚决拥护此声明,反对美帝侵略。当地今晚亦同样游行。余等作客未便参加,遂于当晚在寓所读报座谈,我室由燎荧朗诵声明及报道,然后展开讨论。至十一时小结,俟返京再组织讨论。息灯就卧。余仍如昨宵,强为偃息而已。

9月8日(七月廿五日 戊子)星期一

晴,热。

晨五时起如厕,居然得解。六时与冠英、晓铃、郭钧闲步附近河堤,七时回食堂候餐。八时一刻,全体离招待处,走向车站,在站台立候保定来车,至九时十二分,登车北发。至十二时廿分,乃到永定门。余与水夫、郭钧仍乘小汽车送归各家。大队人众则大车接回中关村矣。

余到家已一时,遂进午饭。饭后洗足、濯身,易衰衣就榻假寐。又先得畅解,始觉困疲矣。四时起。

夜饭后,得清儿电话,约明晨来省。

润儿午后返省,仍去上班,夜宿馆中。

琴媳归家夜饭,饭后,佩媳、滋儿后先归,滋则由紫竹院工地担土十二小时回,人坍矣,竟不能进食,体力不胜而强为之,亦非其道耳。为之愀然。十时就寝。

9 月 9 日（七月廿六日　己丑）星期二

晴,热。殆所谓秋老虎也。

晨五时三刻起。六时,清儿来省,略谈即行。盖赶赴工厂上班矣。滋儿以困惫不能任重劳,电知滕云请假未往。在家偃息至十一时三刻,陪余乘十路转一路出前门,同饭于老正兴。饭前在中和购得燕鸣剧团二队今明日场票各一纸,余遂于饭后过中和看戏。滋则径归偃卧。

余到中和,坐楼下六排廿八号,入坐时已开演,为张少舫主演之《钓金龟》,继为李鸣燕、安晓峰、徐韵昌之《挑帘》、《裁衣》带《杀嫂》。休息后为米玉文主演之《十字坡》。四时许即散,余乘三轮遄返。

光仪见访,谈片晌即与滋儿叙话,移时乃去。携其子天宇（才四龄）同来。

夜饭后开映电视,今日较清晰,盖已将天线移装室外檐口矣。芷芬来同观。润儿亦归来。时事新闻外,放映新影片《红孩子》,未及十时即完。芷芬去。余等亦各就寝。

9 月 10 日（七月廿七日　庚寅）星期三

晴,热。

晨五时三刻起。八时接平伯明片,以《明史·李三才传》及《纲鉴》、《易知录》所载三才谏矿税疏语异同见询,即作书答之。大旨谓吴氏《易知录》明事本之谷应泰《明史纪事本末》,因张岱

《石匮藏书》编次而成。李疏殆为当时传抄之件,《明史》经始于康熙十八年,雍正二年复诏续葳其事,至乾隆四年乃告成,是绵历时日,迭经多手,且史臣载笔例加润饰,故疏语较《易知录》所载为缓和,宜以张岱录存之件为可信云。十时三刻,自出付邮。

午后仍往中和看戏,十二时即进包子九枚,食毕便行,乘十路转一路往,坐楼下一排七号。先为安晓峰等之《赵家楼》,次为李鸣燕、徐韵昌、李淑玉等之《红娘》。四时即散。仍由原路归。明日为雪村七十生辰,志华来邀往饮酒,夜间清儿又电话相邀,余明日下午须出城开会,如赶得及,自当前往祝嘏也。

十时就睡,以诸儿皆未归,卧听一一归来,至十一时半,滋儿最后乃归也。

9月11日（七月廿八日　辛卯）星期四

晴,热。

晨五时三刻起。八时接漱儿九日来信,谓陆氏仍在太仓故乡,不久出申,当再洽谈云。

午后一时半,所中车来,因乘以过接平伯,出阜成门接淑明,则以家无人应门辞托为告假。余二人遂同驰中关村,在三楼会议室开全体会议。王平凡主席,发动组织民兵及卫生大运动,三时半即分组讨论,还至二楼会议室举行。冠英主席,各讲徐水观感,并结合自所情况抒发意见。五时散,仍偕平伯乘车入城,徐凌云附车至端王府下,余以禄米仓修路,命停驭里口步以归。

七时,挈元孙过雪村晚饮,以其今日七十寿辰也。有顷,滋儿亦至,九时乃返。抵家,润、琴、佩俱已在。并知电视机开至半途忽坏,须觅人修理,始得应用矣。脆弱至此,恐当系幼稚作品耳。十时就寝。

9 月 12 日（七月廿九日　壬辰）星期五

晴,午后时昙,仍热。

晨五时三刻起。写两信,分复澄、漱两儿。近午,志华适来,遂托伊带出投邮。

澄儿午间来饭,饭后即上班去。二时小睡,至四时起。挈元孙出散步,至东单,在中国书店门市部购到《负苞堂集》等三书,乘十路车回禄米仓,徐行归家。

润、滋俱晚初归来,润告已向广播事业局服务部洽过,谓不日可派人来看,再定修整办法云。是又不知何日始能复看此电视耳。为之怅怅。润旋入馆夜作,仍下宿在彼。

九时就寝。

9 月 13 日（八月大建辛酉　癸巳朔）星期六

晴昙兼至,颇闷。午后阴,夜大雨连宵,翌日平明尤剧,檐注终夕如泻。

晨五时三刻起。翻检关涉唐诗诸籍,俾以渐着手。午后三时独出散步。乘十路转一路无轨电车,直抵西郊动物园,看新展出之黑猩猩,牝牡各一,皆稚龄者,跳掷活泼,较猿猴尤灵。其后掌几全类人足矣。闲眺未久,即步至豳风堂西牡丹亭啜茗。移时起行,一览河马馆,时已四时,天渐冥,恐致雨,即出园,仍循原路至朝内大街下,步归于家已沾微雨。

夜,湜儿自校归,知分配工作仍无下落,未几,滋、佩皆归。润、琴亦至,乃共饭。饭后,湜儿电约清儿来谈,清于雨中挈昌、新两孙

来。芷芬亦至,共谈至近十时,乃各辞去,皆沾衣矣。伊等去后,余
与湜儿就寝。

9 月 14 日 (八月初二日　甲午) 星期

晨雨未止,禺中霁,近午放晴,气仍热,夜深始凉。

五时半起。即与湜家大扫除,彻底整理书架及橱顶,腾出书架
五格,俾厝后来续添之书。电视机润儿送去修理,因将原置处所大
为挪迁。滋儿亦将积存不用旧书报加以清理,于是,大家劳动至下
午四时方休。幸澄儿来饭,佐理不少。午后,清儿亦来省,至四时,
始偕澄过其家。余等皆依居民会指示,诣赵家楼门诊所检查身体。
余与润滋两儿、琴媳、两媳同往,结果都好。余仅知血压为九十至
一百八十而已,欣然偕归。

六时即晚饭,饭后湜儿返校去。文权、小同先后至,八时半即
去。振甫来访,谈半小时,亦去。余乃就寝,倦累甚矣。

9 月 15 日 (八月初三日　乙未) 星期一

晴,和。

晨五时三刻起。八时接漱儿十三日来信(余十二去信尚未
到),谓陆姓已回沪,将接住其家,盘桓熟悉再送来京云。当即复令
照办,自出投邮。顺至东安市场买信纸信封,无当意者,遂转百货
大楼选得之。走至东长安街乘十路车归。知有上海来客电话,约
将来访,但未悉何人。(老妪不解事,不能询的真。)心殊悬悬。饭
后雪村来电话,知为云彬云。少顷即来访余。二时许,云彬即来,
知在中华书局工作,已配住房,在东堂子胡同五十五号,因长谈至
四时,同渠过其家,晤其夫人及女公子蕴庄。五时半辞归。

夜九时就寝。润留馆宿,滋十时乃归。

9 月 16 日（八月初四日　丙申）星期二

晴,凉。夜雨。

晨五时三刻起。偶抽架得去年五一节在苏州卧龙街旧书肆所购张正芳《民歌集》,随手翻览,满纸阴阳果报,而务在劝抑贫困者安命修省,是皆资产阶级愚民自固之宣传工具耳。当时震于标称民歌,虽出重值亦取之,一则怀念乡邦,留备它日之纪念;一则既号民歌,必其含有民间呼声,宜为天籁至艺也。孰知荒陋违时,至于斯极。吾亦自堕其中而不自觉为之,追叹不止,因题识书专,用旌吾过,兼戒后人。

九时半,平伯见过,商明日赴所开会同行事,兼推敲其近作《定陵诗》,移晷乃去。余以距饭时已不远,只索摊震渊作书巢图卷以待之。

午后四时,慧珠电话来,告明日之会已暂停,何时举行将临时通知云。于是平伯亦来电知会此事。五时许,乃乾见过,长谈,六时半乃去。

接陆氏素珍来书,谓杨妈有信,属通问云,似未与潄儿先洽也。姑俟潄有续信再复之。

滋儿晚归,谓明日或须携被往住团校种试验田。润则仍宿馆未还。

九时就卧。

9 月 17 日（八月初五日　丁酉）星期三

晴,凉。始御毛裤。

晨五时三刻起。八时,清儿来省,盖厂中今日无电,与星期对调,惟下午仍往劳动也。九时半,辞去。午后自出购物,在南小街一转即回,与元孙俱往。

夜饭后,滋儿即归,以时尚早,与之同出散步。乘十路车径往西单一逛。西单市场久不至此,景象又增新矣。返顾东安市场,觉落后多多,大概东安有百货大楼比势,而西单却与百货商店结连,两两对照,自感荣衰不同耳。九时仍走至西单,乘十路回禄米仓,缓步归家,即就寝。润儿、琴媳、佩媳皆陆续返。

下午接慧珠电话,谓明晨八时半在北京展览馆广场集合,同参观全国工业交通展览会。八时有车来接云。

9月18日(八月初六日　戊戌)星期四

晴,爽。

晨五时三刻起。八时车来,即乘以行。出阜成门过接淑明,同诣展览会。广场遇贯之、晓铃、应人、芸生诸人。有顷,所中同人乘大车至,介泉、季康、健吾诸人亦来,合计五十人,排队俟至九时半,入场参观,历地质馆、煤炭馆、电力馆、森工馆、轻工馆、食品部份、石油机械设备、铁路机车车辆及新出汽车、原子能馆、轻工馆、纺织馆、冶金馆、机械馆、石油馆。听讲解员指说若干处,时已十二时一刻,(原定十二时为止,各自谋归,下午仍上班。)乃与介泉、贯之就商场广东食堂午饭。饭后,介泉往科学路建筑工程部前建筑展览馆原址参观建筑工程馆、邮电馆、交通馆、铁道馆。余与贯之则乘一路无轨电车东行,贯之在府右街北口下,往北京图书馆公干。余则径回朝内大街南小街口下,徐步以归。到家已二时许,感疲乏矣。乃就榻假寐。至四时乃起。

接电业服务部朱同志电话,知电视机已修好,属往取。

夜饭后,润、滋皆归,乃令同往一看。清儿知此机已修好,亦携昌昌、新新来玩。讵知待至八时,润、滋空手而返,谓修后试放,仍瑕疵良多,因属重修,俟两日后再往取云。并知送去属修者至夥,凭单取货者竟至排队。按此种机械发行未久,请修已多,可见与余同运者不鲜也。其尚在幼稚时期乎?为此,余已深悔多事矣。

九时半,清等归去。十时,余就寝。

9 月 18 日（八月初六日　戊戌）星期四

多云,气温如昨。

晨五时三刻起,七时接漱儿十七日复信,知已与陆氏洽过,请去函招邀,俾可由乘船伴送来京云。当即复书陆氏,属漱儿转去,仍令漱儿酌情办理。十时携信自出投邮。信步乘十路到王府井南口,循行而北直达市场北端之稻香春,竟无当意之熟肴可购。盖橱窗空洞十盘九露也。(即浦五房亦然。)不知何以萧侭至是耳。

在市场书摊购到中华新版《花庵词选》,却不算白跑一趟也。

接所中电话,明日整天讨论总路线问题,八时即放车来接云。

午后三时平伯见过,谈移时去,约明日同谐所中开会。

夜饭后九时即寝。

9 月 20 日（八月初八日　庚子）星期六

阴转多云,晚晴。气温如前昨,无大变动。

晨五时三刻起。七时三刻,得平伯电话,谓车已到伊处,属即到小雅宝口相候。(以禄米仓修路埋管道,不便行。)余即步以往,小立两分钟,车乃至,遂附以出城,八时廿分,即到中关村,参加大组讨论总路线问题。下午尚续开。余与平伯仍于十二时散会后乘车返城，偕往南河沿政协文化俱乐部午饭。饭后，同乘十路车各归。

小睡两时，三时起。挈元孙步往米市大街红星影院看新闻电影。四时开，先为新闻片，系山西、山东炼铁及人民公社成立情形；次为正片《地下宫殿》，即发掘明定陵情况。五彩摄制，生动可观，在余又重历旧游之境，印象更深刻。完后，加映徐水公社情形，复令我回忆更新的经历，尤感亲切。五时散出，乘三轮归。

夜饭后，润儿往取电视机，滋儿适自工地劳作返。重具膳。云彬来访。

电视机取归试放，仍有故障，只得明日再去重修，真平添一包袱矣。云彬谈至近十时，假书四册去。十时就寝。

9 月 21 日（八月初九　辛丑）星期

昙晴兼作，气转燠。

晨五时三刻起。为电视机修装事，润、滋历乱纷纭，余不耐其烦，十时即独出，乘三轮往北长街访乃乾。坐未久，润儿有电话来陈宅，告叶先生约我往谈。遂拨电，径与圣陶约，属来陈宅相晤。十一时许，圣陶果至，三人乃畅谈甚欢。遂饭于陈家。

午后，陈济川来访乃乾，三时余与圣陶、乃乾同出散步，济川去。余三人信步过北海闲逛，至春雨林塘，满拟一看国画展览，乃正在筹备，谢绝参观。即路侧铁椅小憩至五时，乃乾归去。余与圣陶同出北海后门，先送圣上电车，然后乘三轮独归。

到家，澄儿、芷芬俱在，乃共饭。饭后试电视，仍未臻妥善，即闭机待修。只索闲谈。澄告业熊奉调往贵阳，今晚即由沈返京云。

有顷,文权、清儿及元镇、元鉴、建昌、建新诸孙俱来。九时皆去。十时就寝。

接升基电话,云其父已归,询其母在否? 其实澄早往车站相候,已相左矣。

9 月 22 日（八月初十日　壬寅）星期一

多云,有时阴,闷燠更甚于昨,下午曾有雷阵,微雨洒尘而已。

晨五时三刻起,八时后,翻览架书。

午饭后小睡,至三时,黄婿业熊来省,畅谈别绪,知冶金部将在贵阳设立设计院,大批调员前往充实之。故伊奉调前去,大约国庆后即须成行云。夜饭后,八时半去。

琴珠归来晚饭,润以明晨五时须下乡劳作,夜饭后亦归休。滋以参加团中央召开报告会,佩以响应号召苦战两周,都于十一时后乃归也。十时就寝。

9 月 23 日（八月十一日　癸卯　秋分）星期二

昙晴互施,气燠不舒。

晨五时三刻起,曾于四时起,唤润儿,俾遄赴东郊工次作义务劳动也。午前,翻检架书,藉资注释唐诗。午后滋儿归取衣,盖今晚须往天安门西侧义务劳动,拆扩广场也。

接所中通知,本星五将集体去天津参观亩产十万斤水稻田,当电话与所中总务组联系,属为报名参加。现在具体时间尚未定,大约再有电话来洽耳。

傍晚润儿自东郊工地归,因共夜饭。饭后开映电视,仍不清晰,但音色甚佳,一小时后又微闻哗叭之声,不敢再使,即闭之。如此转多一累，颇感烦恼矣。

八时后，琴媳归。十一时许，佩媳归。余已就卧。至滋儿之归，竟入睡，未之闻。

9 月 24 日（八月十二日　甲辰）星期三

昙阴兼作，仍燠。

晨五时三刻起。知滋儿十二时乃回，浑身泥灰，入浴而后就寝。云今日续往与否，未之知也。

八时前，诸儿毕出，元孙亦上学去，如常例。九时，湜儿自校归，谓分配工作仍未揭晓，而突击字典则已完成，故今日得假归休息也。

午后三时，偕湜儿出，乘十路到朝内大街下，走至隆福寺西街文奎堂书坊看书本展览。其实无甚佳本，不过借此求售耳。余购得《鸿雪因缘图记》及《经学源流考》两书，属送归取钱而出。过隆福寺一转，即行。走至东四南大街中国书店一看，购得《杜诗镜铨》一函而归。乘三轮行，湜则往王府井买物后，一小时乃返。

夜饭后，润、滋俱返，湜偕滋出，移时始回。琴、佩俱晏归。

十时就寝，与湜同榻。

9 月 25 日（八月十三日　乙巳）星期四

晴，有时昙，仍不凉。

晨五时三刻起。九时，湜儿往大明配眼镜，盖年来目力又逊，原有光度不够矣。文奎堂友张寿彭送书来，知寿彭与陈济川为同门师兄弟云。

连接所中电话，告明晨四时有车来接，并属过接平伯、水夫同赴永定门车站取齐也。因与俞、叶两家通电洽过。

午后二时，湜儿辞家赴校，不识分配工作究得揭晓否？滋儿今日又去紫竹苑翻田，余待之归后，同夜饭。适晓先来访，遂共小饮。饭后看电视未果愿，晓亦去，看电影矣。

润儿傍晚归，夜饭后往红星看《地下宫殿》，九时半归。琴媳亦返。以元孙发热，夫妇二人同陪至赵家楼门诊部求诊。谓恐系猩红热云。殊以为虑。十时就寝。

9 月 26 日（八月十四日　丙午）星期五

晴，热。

二时即醒，三时起。盥漱整治，四时车犹未至，遂开砚作昨日日记，灯下早作，仅有之事也。电话询首都汽车公司，知已先往接水夫、平伯矣。有顷，平伯电话来，谓车已到，即来南小街小雅宝口相候。余即提包扶杖而出，天犹漆黑，淡月照地而已。到里口，立二分钟，车始到，即登车同驰，出永定门抵车站，未及五时也。在站遇贾芝，又有顷，所中大队到，乃排队出月台，过天桥，坐入去津火车中。与冠英、介泉、平伯同坐，六时十五分开，天亦明矣。此班为慢车，站站停靠，至九时乃抵天津东站。下车后，贯之已先在接候。包定公共汽车一辆，同发大沽新港参观。车行一时四十分始到，以时紧，匆匆在新港码头巡行一周，折至港务局礼堂小憩。仍乘原车回津。先过船舶修配厂参观，已能自造三千吨位之船矣。坞中正在修理一大船壳，盖打捞前日寇沉船景山丸加以修治应用也。在其会议室中饮水，啖干粮充膳。一时离厂，车过新立村试验田参观十万斤水稻田，承招待茶憩，并领往实地参观典型田，已超过十万斤，明后日即收割。馀田在万斤、五千斤、三千斤不等，而试配新品种亦不少,秔穤皆备,而竟有以芦花粉配种作试验者,并知此社已成立人民公社,据负责人言,明年如再往参观,必可在新建楼房礼堂接待。今日权宜席棚,当早拆除云。豪迈之概令人振奋已。三时离村,四时驶回东站,领队人宣布散开自由活动,五时齐集待发。于是,一时星散,各求所需矣。余与冠英、平伯一观西侧百货商店,即穿出对门之穆桂英包子铺进点。一切操作肆应皆为女同志。登楼觅坐,饮啤酒,啖包、饺,共二十馀件,遇蔚林、路坎、积贤、肖梅等皆在。五时到站,仍整队入车厢,余与晓铃、素贞、迪若同坐。五时三刻开,为特别快车,除北站略停二分钟外,直达北京前门。车中乘务员及同机车长皆系女同志,态度和蔼,大类护士。询知亦为穆桂英快车。穆桂英之称竟于无意中两遇之。诚亦奇缘矣。七时三十五分即到前门车站。贯之送余上小汽车,与水夫、贾芝同乘各返。余先在小雅宝西口下,步行而归。

家中已饭过,余再设餐,与润儿对饮鲜啤闲谈。食已,取汤濯身,洗足,易衷衣就寝,已九时余矣。十时许,滋儿始归。琴媳已早归。佩媳至十一时始返。余已入睡矣。是夕睡颇酣。

9 月 27 日 (八月十五日　丁未　中秋节) 星期六

阴雨拦朝,檐溜时滴,近午雨止,午后收霁。傍晚隐隐露日光。气遂转凉。

晨五时三刻起。七时,接素珍信,知前信已转到,部署稍定,即可来京云。惟须聊壮行色,则不得不望润耳。

偶检文奎堂送来之《鸿雪因缘图记》,有缺计页图幅十馀纸,爰其精刻亦惟有把残守缺矣。

和记主人日前来告,已合并于东安市场源兴,并以彼处电话相告。今日天凉，又值中秋，忽动把杯之念，遂拨电属送新绍三斤来，今后又将恢复日饮半斤矣。不然，将何以自慰乎？

今日节日，诸儿皆无会，傍晚润、滋、琴、佩皆归共饭。湜儿亦自校返，难得之至。夜饭后，晓先、雪英、文权、清儿、建昌、建新、小逸俱来看电视，居然放映尚晰，至九时又吱吱作声，遂止。晓先、文权等都去，余亦就寝。湜儿则十一时后始睡，仍与余同榻。是夕，皆御较厚之被矣。夜深月皎。

9 月 28 日（八月十六日　戊申）星期

晴，爽。微风拂拂，有秋凉之感矣。

晨五时三刻起。八时半，与润、滋、湜三儿同挈宜孙出游，盖大家都无公事相牵，诚希有之遇，不得不乘此良会作出游之想耳。先乘十路到南樱桃园，转五路到陶然亭，赁一舟，容与湖中一小时。遂南走至永定门车站，转乘电车北返，在蒋家胡同口下，已十一时半，即诣老正兴馆，登楼午饭。祖孙三代，欢饮饱餐，然后行。穿大栅栏、廊房头条、劝业场至火车站，乘丙级小汽车而归。

到家文权、业熊、澄儿俱在，正与佩华共饭也。饭后，文权即行。至三时许，熊、澄亦行。

元孙扁桃腺发烧已三日，昨日未往诊，热又高，今日卧床未起，上午既不能随余等同游，下午仍往门诊部打针，至怜之。湜儿下午二时半辞家返校。只能静候分配耳。

五时，熊、澄复自芷芬所来，谓晚间芷芬亦来也。傍晚，芷芬至，因共饮聚餐焉。夜饭后，看电视，至九时仍以吱吱作声而罢。芷、熊、澄皆去。

十时就寝。

琴珠之妹慧英及其婿滕明道挈女来访琴珠,傍晚来,八时去。即在润房就餐也。

夜月好。

9月29日(八月十七日　己酉)星期一

晴,凉。

晨五时三刻起。天差明耳。

元孙已退凉,惟下午仍须打针也。八时写信,复漱儿,仍并复素珍,汇款三百元去,以其一作川资,以其二润行色。十时,亲出付邮。途遇蕴庄及云裳。寄信后,信步出东总布城豁口,沿护城河外大道而北,由大雅宝东城豁口入,徐行归家已十一时。

午后倦甚,思欲假寐,而门铃时作,多误来问讯者,遂只能断续打盹而已。

夜独坐小饮,闷损已甚。饭毕,始见滋儿归。九时就寝。佩华十时归。润、琴之归则竟未之闻矣。想当在深夜耳。

9月30日(八月十八日　庚戌)星期二

晴,凉。

晨五时三刻起。余每晨四时许即醒,起如厕,复拥被至五时半,开听中央人民广播电台广播新闻毕,亟披衣起床。夏初至此,成常例矣。其实,天甫明,家人皆未起也。今后恐又将开灯穿衣耳。

元孙已痊,只索令在家少休,俟好透再上学,不辞过宠之非难矣。十一时接清儿电话,知伊今日归休假,并告业熊在其家,邀余过彼同饭。余惮于周旋,未允所请。午饭甫毕,湜儿自校归,再具餐焉。

下午二时,湜往清家会业熊。四时半,农祥见过,谓近日忙甚,且住房待拆,将迁居于东四十条豁口外云。谈至五时许,即去。宜孙着凉作吐,余电告润、琴。傍晚皆归。滋亦旋至。因共饭。湜则在清所饭而后归。

夜收电视不甚晰,半小时后即关机。十时就寝。湜来睡时已十一时半。

10 月 1 日（八月十九日　辛亥　国庆节）星期三

晴,爽,有风。

晨五时起溲,六时乃披衣起。九时,晓先见过。接雪村电话,谓云彬在彼,盍来同叙。余赴之。晓则返去矣。余晤云彬、雪村长谈。清儿乃具餐留午饮。饮后,宋夫人及蕴庄、伯宁来章家,湜儿亦来接余。下午二时,云彬一家及余与湜儿各归。

润儿下午装置电视天线,垂黑始罢。明日将赓为之也。

夜饭后,润儿、琴媳挈元、宜两孙出看焰火。佩媳及湜儿、许妈往红星看《地下宫殿》。李妈亦出外看热闹。只余与滋儿在家耳。因开电视机,一看天安门夜景,惜焰火多而实际场面极少,且仍不清晰,半小时未及,又吱吱作声矣。九时半即寝。湜儿归后,仍与余同卧。

10 月 2 日（八月二十日　壬子）星期四

晴,爽。

晨五时三刻起。八时后,清儿挈建昌、建新来省,为业熊明日即须成行,约今午共出聚餐也。十一时许,昌预、昌硕来,而业熊、澄儿竟不至，殊令人焦急，爰命许妈煮饭，佩媳出购热肴，草草同餐。

午后，熊、澄仍不见来，展转电话招接，始于三时后与澄儿接通，知熊上午就医，下午购车票，少停当来小雅宝云。遂属即挈孩来家。

四时后，业熊至。五时许，澄儿挈升增至，而预、硕都已有事去矣。乃电话知照老正兴留一房间，滋、湜骑车先发，余偕清、澄、熊及元、昌、新、增同行。先乘十路至天安门，车中及站上俱挤甚，余即携元、新二孙乘三轮行。到老正兴得一号房，经理徐姓，招呼甚周，坐定，熊、清、澄等亦至。有顷，佩华及润、琴亦到。大小凡十二人。聚餐至七时三刻罢，分头各行。余偕清、昌、新、元走至火车站乘小汽车归。至家则芷芬在，润、滋、琴、佩亦归，湜儿则径返北大去矣。

开电视机试之，果较昨好，因天线已于上午由润、滋改装过，但半小时后仍有吱吱声，不敢续使耳。

九时半，芷、清等去。润、滋、琴、佩等为陆姓事各陈意见，此事于情于势各有想法，自当郑重将事也。十一时就寝。

10 月 3 日（八月廿一日　癸丑）星期五

晴，凉。

晨六时一刻起。迟半小时矣。

八时后，看李健《金石篆刻研究》，于印人派别印材演变皆简扼明白，而专章介绍金石篆刻参考书籍尤可独成一专门目录，不可以其为风尘中物（日伪盘踞时代所出）而遂忽视之。

下午磕睡片晌。元孙以小病辍学数日，今日午后入校补课。

其老师唤往督导之,四时乃归。

夜饭后,润、滋都归。顺林来访,渠兄弟接谈,余以明晨六时后即须赴所参加开会,九时即睡。

10 月 4 日(八月廿二日　甲寅)星期六

晴昙兼施,凉爽。

晨四时即起,六时半,所中派车来接,过接淑明,直赴中关村已七时五分。亟与所中人接头,知编入民兵者整队入场,年高者凭券入场。于是,余与淑明、介泉、友琴在二楼会议室休息谈话,至八时乃同行入场。场在社会前楼南新辟之大操场上,临时布置礼台,并布席观礼若干座。余即就坐于第一排东头第一位。八时半开始举行中国科学院国庆节献礼祝捷大会,并宣告本院民兵师成立。献礼项目至夥,自然科学方面之新成就多有超过国际水平者。最后由张劲夫副院长讲话,十一时半结束。庄严隆重,至为振奋。余散出后仍步至本所,乘车偕淑明返城。

到家,湜儿在。盖分配尚未发布,无事白等,所以返还家中少休也。因与共饭。饭后,元孙无课,余与湜儿乃挈之出游,走至朝阳门,乘一路无轨电车往故宫,登神武门楼参观定陵发掘展览。前在电影中所见者,俱得取证于实物,颇助了解。移时下城楼,偕往景山一游。先登倚望楼一巡,然后循新辟磴道,径造万春亭,殊陡峭,凭栏休坐久之,乃由山后磴道下,直达寿皇殿前。又坐息片晌,绕东山麓,仍转至倚望楼前出门,乘无轨电车返朝内大街南小街,缓步而归。

夜饭后,湜儿出看苏联阿塞拜疆歌舞团访问演出于中山公园音乐堂。滋、佩未归晚饭。琴媳明晨即须往南口劳动工作。润遂帮同料理行李。余开电视机未果显形，只索停罢。九时后即寝。十一时，湜返，与余同卧。

10月5日（八月廿三日　乙卯）星期

晴，爽。

晨六时起。七时半，与湜偕往大同酒家啜茗并进早点。九时走还。十一时，业熊来，知改期十一成行矣。十二时许，澄儿亦至，遂同饭。琴珠则八时已束装，径趋工次矣。饭后，清儿来省，诸儿毕集于余续弦问题，展开讨论，愈以情势不能两全，解决矛盾自宜郑重考虑云。

四时后，余偕清、澄、润、湜四儿及业熊、元孙、建昌等同出散步，信行至建国门看新辟大道，即沿南面人行道缓步而西，达于东单，遂入公园憩息。至六时许，巡视东单菜场，仍循大街步行回家，同进晚餐。

夜饭后，文权、芷芬、元鉴皆来，遂由润、滋开电视同观，九时半，机又发声，即闭之。澄、熊、芷、清、鉴、昌等皆去。余亦与湜就寝。

10月6日（八月廿四日　丙辰）星期一

阴转晴，气温较昨为略高。

晨六时起。七时后，接漱儿四日来复信，详陈见到陆氏接谈情况，亦殷殷以郑重考虑为言，足征关心綦切，众谋愈同也。

今日下午所中有会，余已请假。一时半，平伯来电话，谓车已到，询去否？余告之俾独往。

湜儿早饭后返校，亦不过静候分配工作耳。其实，无所事事也。不识阿拉伯语专业之毕业生何以难于安排如是？午后，欲睡未果，听歌及看《花庵词选》而已。四时半，颉刚见过。有顷，湜儿亦归，盖仍无所事事，空荡无聊也。

夜饭后，接慧珠电话，谓明日全日有会，询出席否？余应之。湜过访文权，明日权即下乡劳动，须半月方归也。

九时就寝。湜十一时始睡。

10 月 7 日（八月廿五日　丁巳）星期二

昙晴兼至，较暖。

晨五时三刻起。六时半车来，即乘以出阜成门，过接淑明，同赴中关村。八时半，开大组会，讨论补课总结中各项问题。毛星主席，十二时散，冠英陪余在食堂用饭。饭后，回所小憩，二时续开。同事提意见者甚多，余以不接头之故，无从发言，饱听人言，亦足以增益见闻矣。五时散，仍偕平伯（平伯下午出席，淑明下午请假）乘所中赁车入城。明日整天须开会，批判西谛著作云。

湜儿告余，上海方面伊与润已去信，属郑重，多反映意见，亦大佳事也。夜饭后，湜往天桥看《天鹅湖》舞。余与滋开电视，前后各开半小时耳。九时半就寝。

湜儿十一时偕其同学归，住南屋。

10 月 8 日（八月廿六日　戊午）星期三

晴，暖，时昙，夜深有雷雨。

晨五时三刻起。湜儿偕同学早起即返校。余待所车，七时半不至，径向首都汽车公司电唤一车来，已将八时，滋儿以参观工业交通展览会，附以行。先后过接平伯、淑明。至展览馆前，滋儿下。

比车抵中关村已八时一刻,径上三楼会议室。西谛、其芳、棣华、冠英、平凡、介泉、大冈等诸人俱集,入座即开会。冠英发言,请西谛就学术观点自我批判,滔滔历三小时,抵午乃毕。订择期再召开会,由大家提意见,想有一番热烈辩论也。

十一时五十分,余与平伯、淑明附西谛车入城。淑明于动物园前下,余三人驰入西直门,过宝善寺街十六号,西谛新居巡视一周而行。盖将自黄化门街指迁于此,下周即须搬入也。其地院落甚广,颇有林木、泉石之胜,当系前清巨宅,惟稍破旧,修葺难复耳。出门后,仍附车至地安门下,余与平伯乃北走至鼓楼前马凯湖南食堂午餐。啖鳝片及豆腐,至佳。

饭后二人复乘电车往北海后门,循北岸至五龙亭,乘渡船到漪澜堂,由阅古楼南首登山,茶憩于揽翠轩闲谈。平伯幼时肄业平江中学时事,因录示当时所作一诗于辛亥避地沪埂,及壬子年初回苏后就学让王庙(即平江中学所在地)时事颇悉,亦引起余辛壬之交之回忆爰移录之。

九月吴门传风鹤,一夕仓皇奔沪渎。

离乱何曾若惯谙,马龙车水徒惊局。

僦居错与燕莺俦,家家亭午调丝竹。

层楼烟树又新桥,经岁居夷边废读。

料理归装傩鼓动,无恙庭柯还续梦。

暮史朝经旧例捐,东鞮西寄新知重。

驼铃深巷挟书游,让王古庙群儿哄。

谈至四时起行,出园南门,共乘一路无轨电车东归。余先于南小街口下,徜徉而归。

接素珍第三信,知二十日左右可来。(余亦于晨间去信与漱儿表示我个人态度。)云附来照片两小帧。

夜饭后，与滋、佩谈，九时就寝。

10 月 9 日（八月廿七日　己未　寒露）星期四

晴，暖，朝有雾，夜半有雷雨。

晨六时起。准备对西谛提意见，拟写发言提纲。午饭后，湜儿返，谓分配事仍无下落。

夜看电视《天鹅湖》，一小时后又毕剥作声，只得废然而止。

十时就寝，与湜同卧。

10 月 10 日（八月廿八日　庚申）星期五

晨雨初止，旋露日光，继作濛雨，午后乃杲。气仍燠，恐雨难遂戢耳。

五时三刻起。七时三刻雇车方至，乃与湜同乘，出阜成门接淑明，同往中关村。湜先下归北大。

西谛已在，参加人数大增于前日，北大、师大俱有学生来会。将开会，西谛为对外文化联络局连电促去，余不愿失去面诤，遂未发言，且已报名发言者达七八人，亦无从插喙矣。余观诸发言者先后不绝，大类执爱书讯囚亦雅不欲趁热云。十二时结束，下星一上午八时半再开会。余即与淑明、贾芝乘所中雇车分送各归。

到家已将一时，与元孙同饭，适滋、佩归来，二时前上班去，知皆须深夜始归也。

下午倦甚，磕睡片晌，夜独坐小饮，殊感苦寂，八时半即睡。睡后滋儿先归，继而琴媳亦归。盖在工次染痢发烧，故遣送返家云。其后，润儿及佩媳究于何时归，竟未之知也。

10 月 11 日（八月廿九日　辛酉）星期六

初阴，旋晴，复阴且雨。午后又霁，夜仍雨。燠凉无准，真酿病天也。

晨六时起。街道发动必须贴红纸门联，遂裁纸书贴之。接陆氏上海信，谓正拟下乡，被指为地主成分，动员回乡。一时不能来京云云。是其政治面貌根本不能相容，毫无游移，即修书与漱儿，指示就近解决，并将伊前后四信寄与参考。十一时，业熊来云，今晚九时动身去贵阳，因留共饭。饭后即去。

午前曾独往王府井，在科学出版社门市部购得余季豫《四库提要辨证》。归途遇彬然，立谈有顷。

润、琴、滋、佩饭后偶都在家，与漱函皆看之，即交佩华携出付邮。并书告濬儿，哈尔滨一书亦付之。傍晚，湜儿归，仍未有分配工作明文，留校无事，只索归省云。夜接所中张慧珠电话，询下星一开会参加否？余托请假不去矣。晚饭后，看电视，仍以机病作哗哗声而罢。

九时即睡。湜儿与余同卧。陆氏事亦已告之。

10 月 12 日（八月三十日　壬戌）星期

阴雨连绵，气仍闷燠，夜雨彻宵。

晨六时起。湜同班生李君有电话告湜，谓购得今日早场芭蕾舞剧《天鹅湖》票子三张，在天桥剧场，由文化部舞蹈学校公演，诸儿怂恿同往一观。余以冒雨而行，雅不欲。经再三劝请，乃于九时，雨中偕湜同往。先乘十路至御河桥，转电车达天桥。一下车，争取退票者三五成群围询乘客，到剧场门口尤甚。如此轰动，诚不

可解。立雨中候李生。有顷，见到，遂相将入场。余与湜为第六排
一二两号，李生为第八排第一号。惜皆偏处一边，只能窥到右首半
场耳。十时开，中间休息两次，十二时一刻乃毕。

三人散出，正值大雨，而电车站候者林立，其他车辆亦眇不可
得，遂决意冒雨北行，踉跄至前门大街，就老正兴谋午餐，登楼已客
满，设法插入雅座中草草求饱，已将下午一时矣。食后，李生返校，
余父子走车站乘电车回青年会，步行而归。小同在，知午前即
来也。

三时后，云彬见过，长谈抵暮乃去。清儿挈建昌来省，先云彬
去。夜饭后，又开电视半小时，即作声，废然而止，小同归去。湜亦
赶返校中。恐明晨有事召及耳。

九时就寝，枕上听雨，真秋声矣。

10 月 13 日（九月　小建壬戌　癸亥朔）星期一

阴雨，骤凉。

晨六时一刻起。接平伯电话，询出城开会否，余以已告慧
珠对。

读余季豫《四库提要辨证》，不觉移日，辨核精详，使纪氏重起
九原，亦将揖为净友也。顾其叙录所言，谦抑备至，竟谓易地以处，
纪必优为辨证，己必不能为《提要》。老辈风流足愧今之攘臂辄议
人非者矣。

傍晚接湜儿电话，仍未有分配工作消息，甚为焦急。现已十月
中旬，不知学校方面何以如此迟迟也？夜饭后，九时即寝。风渐
作，气又加凉，或有转晴之望乎？

澄儿来夜饭，饭后九时去。

10 月 14 日（九月初二日　甲子）星期二

晴，西北风紧，感冷矣。

晨六时起加衣。看《涌幢小品》，颇有助于明代史实。十时，绍华见过，谈中华书局方点印《廿四史》事，十一时半乃辞去。

午写信寄道衡，属代向冠英请假，本周内不拟出城开会矣。一因咳急痰多，一因不任久坐也。

夜饭后，八时看电视，九时歇，以仍作哗哗声也。此机非彻底修理，恐终成废物耳。殊为懊恼。九时半就寝。

10 月 15 日（九月初三日　乙丑）星期三

晴，冷。

晨六时起。七时，接漱儿十三日复信，剖析事理甚有致，且看润等如何作答矣。余即写复漱儿，就此事经过详为阐述，刻既意外挫折，其它亦不必再谈。十时后自出付邮。顺附十路车至天安门，登人民英雄纪念碑石台，一望四周房屋多拆除，惟余高大巍楼亦七穿八孔矣。盖扩大广场为既定计划。报载今夜四时须用爆破法平治之，故及其未然一往看之耳。时已十一时，乃扬长出中华、正阳两门，径赴老正兴，饱啖焖肉面及炒鳝丝，惟一人独食，终觉不惯也。

十二时，食毕离馆。一人信行至大栅栏路口，有售中和票者，购得今日日场青年京剧团演出票，为楼下第一排十八号，居中最佳座也。遂走粮食店中和戏院。途遇寿白，立谈片响，知渠以病休养，现尚在家未上班也。

一时，中和开戏，先为卢俊芳、虞俊声、张永泉之《拾玉镯》，次为李元春、李韵秋等之《天波府》。四时三刻始散。走至前门大街,乘三轮以归。

琴珠告我,湜华有电话来,谓已被派往外文出版社工作,立即报到,不及归来细谈云。虽未能亲接电话更多了解,然较以前之延搁,已不胜大慰矣。

滋儿归家夜饭,知在印刷厂参加炼钢,饭后少坐,便令就寝。余独坐至九时半,亦就卧。润儿十时乃归。

10 月 16 日（九月初四日　丙寅）星期四

阴霾竟日,有寒森之象。

晨六时起。佩华七时前赶往天安门参加拆卸搬运土石工作,闻滋儿上午仍炼钢,下午亦须前去天安门帮卸也。十二时,乃乾来,适元孙亦放学归,遂同往森隆午饭。无甚可吃,而阅时甚长,比吃好已将二时矣。三人偕行至科学出版社门市部,各购书一部,乃乾乘三轮归去。余与元孙则一逛百货大楼,然后乘三轮返家。

元孙以学校命令出外搜检废铁,阅一小时乃归。时至今日,真人人动员矣。待滋儿归饭至七时未来,乃先饭。饭毕乃至。

饭后,芷芬来。有顷,晓先、雪英偕来,同看电视,适服务部派人来看(佩华约请来修者),谓作声无多碍,此事正在谋解决中。天线装置尚合适云云。因而放胆延长至近小时。九时半,芷等去。余独坐续看半小时乃就寝。

10 月 17 日（九月初五日　丁卯）星期五

晴,和。

晨六时起。滋儿昨晚劳累归,竟发热,九时始起,遂未上班。

十时后,余偕滋出散步,信行至南小街,乘十路至东单,徐步出崇文门,顺在国际友人服务部购得蛋糕、面包数事(他处买不到),挟以南,复乘电车往天坛,茶于皇穹宇西侧茶蓬内。空气澄鲜,殊畅呼吸,坐至十二时起行,步出西天门,乘电车到大栅栏,登老正兴饭焉。所啖白鸡、小鳜鱼与糖醋山芋耳。盖所供甚鲜,不能肆应也。食毕,已将二时,乃下楼谋归。行至火车站,有出租汽车兜揽者,与滋各纳币二角搭载的至百货大楼,略一徘徊,即穿市场而北,在书摊购得《山带阁注楚辞》等数种,仍由金鱼胡同等地缓步以归。到家已三时半。

夜饭后,与滋闲谈,八时半即就卧。

10 月 18 日 (九月初六日　戊辰) 星期六

晴,和。

晨六时起。闷损特甚,看书亦不入。午饭后翻然思出,一散心胸。乃独出,乘十路转一路无轨电车,往西郊动物园。坐牡丹亭前茶棚中,一小时起行。略看羚羊馆陈列之黑猩猩及穿行狮虎山而出,仍乘电车返南小街,徐步以归。

接湜儿电话,谓已派在外文印刷厂学阿文排字,今夜如不加班,可归省,但既又来电话,谓决定加班,不能出,须俟无加班日下班后来家细谈云。夜饭时,空望一阵,殊怅。幸滋、佩俱归饭。饭后且同看电视一小时也。九时半就寝。

润儿以彻夜炼钢未归家。

10 月 19 日 (九月初七日　己巳) 星期

晴,和,日不烈,无风。

　　晨五时三刻起。七时偕滋儿出,同作香山之游。先乘十路到东单,转三路无轨电车直达动物园,再转三十二路车到颐和园,又转卅三路车乃抵香山。时已九时半,循径入静宜园,沿南路上山,经双清别墅,无茶水供应,略坐即行。历香山寺、宏光寺,登森玉笏,越谷而北,复登西山晴雪碑座,看红叶,惜尚未醉霜,略逊秾艳耳。仍坐碑旁松下一枯桩上。去年润儿偕余同坐处也。十二时下,径赴玉华山庄谋午餐。讵以游人不多,辍供已久,只得购面包等充饥。坐至下午一时半起行,循路北去,经昭庙、琉璃塔,俱未入,径游见心斋。斋新开放,修葺焕然,入门转过山石,即见一泓澄碧长廊绕之,大类杭州之玉泉,而轩敞过之。穿廊登台,下视则巍然楼屋,步出却为平地,结构精妙,在南中亦少见,诚佳境矣。留连不忍遽去。适欲便,旋遂如园西北隅厕所,父子皆得大解,极畅。离斋北去,过眼镜湖,正在拆修,不得度梁。遂绕湖之西,出静宜园北门,此门新辟。出门即碧云寺之山门,意外奇遇也。乃入寺,先参罗汉堂,茶憩于大殿前庭中,至三时半,复登金刚宝座,远眺久之。其地斑蝥极多,群飞如蝇,又多坠地被践,如泥浆,亦他处稀见者。及拾级下,即循北首水泉院渐降而出山门。走至山麓汽车站,已四时矣。少立便得登车,至颐和园后,卅二路车特挤,遂改乘卅一路车,循八大学院大道入新街口豁口,径抵西四,复走至西安门,乃得乘一路无轨电车东返南小街,再徐步归家,已将六时矣。佩华、湜儿俱甫归,知湜今晚不加班,故来省也。

　　夜饭后,清儿亦来,乃出潄儿十五日来信,属清、润、滋、湜同观,询其切实意见,俾润径复潄。乃纷论未决,徒滋不快,极为恨恨。

　　十一时就寝。与湜同卧。

10 月 20 日（九月初八日　庚午）星期一

阴昙兼作，较暖。

晨五时半听广播，知十七日由北京开往莫斯科之图一〇四号飞机在苏境中途失事，全机炸毁，乘客全部牺牲，谛听报名，则西谛赫然首列（充政府文化访问团长赴阿富汗国及阿联等处访问），周身突如触电，须发为震，难过极矣。

七时半，所中车来，乃乘以过接平伯，车中以西谛事告之，同深悲悼。八时十分，抵文研所，遇冠英、棣华，皆为谛遇难相愕。其芳、棣华先驱车往唁其家属，余等开会后再往。冠英遂召集余及平伯、晓铃、叔平、道衡、友琴、绍基、念贻、妙中、白鸿开组会，讨论工作安排及《文学遗产》是否停刊事、关于唐诗选工作，友琴亦为他事所牵，恐全在余一人肩任矣。会未半，其芳电话来，谓余等不必前往郑宅，因宅中混乱，未宜再加刺戟云。十时半散。余与平伯即乘车径归。比及家，道衡又来电话，言其芳属谛事尚瞒蔽其老太太，万勿往唁云云。

在所遇萧玫，告余积贤已下放丰润农村，伊亦将于明日前往。到家知藏云曾来看我，欲同往郑宅，慰谛母。余午饭后即往答访，告之故，并偕同往八条访圣陶，相对唏嘘，亦皆主暂不往郑宅，免更触悲绪。谈至五时，辞归，乘三轮行。

湜儿晨七时即去外文印刷厂上班，知其下班后仍住在百万庄外文社宿舍。上午，接漱儿十八日来信，复余前此两信，谓陆氏事遵示办理，俟妥理后再禀。

夜饭时，澄儿来。滋儿亦归，遂与元孙四人同饭。饭后，芷芬、云彬皆来，谈至九时半去。十时就寝。

中夜大雷电,雨雹打窗,势甚急,润儿以在馆炼钢,尚未归,殊念之。未几,朦胧入梦,究未知归否也?

10 月 21 日（九月初九日　辛未　重九节）星期二

阴雨。

晨六时一刻起。知润儿昨夜归甚迟,已今晨一时半矣。据云所见雹子大如栗云。早饭后,默坐寡欢,百念俱枯,勉事摊书,期有所解,卒不可得,欲草西谛悼词,更茫茫惚惚如堕云雾。九时,曾开晴,旋又阴合,其后时旸时暗,向晚见晴。夜有月。

写信复漱儿,自出寄之。午后三时半,挈元孙出散步,由南小街方巾巷出新辟之建国门大道,迤逦而西,达于东单,在中国书店门市部略一转,购得新排印之谢朝征《白香词谱笺》。此书《四部备要》中本收之,因不知谁人借去,久缺成憾,遂拾补云尔。北行至上海小吃店,颇欲略进点心,乃备货奇缺,仅生煎包子,亦须坐候一小时,拂然而去,仍挈元孙徒步归家。

到家接平伯简,抄示挽西谛一联,颇切道。最近两面实与同感,且同遭此境也。亟录之,藉志吾悲。

　　两杯清茗列坐并长筵会后分襟悲永别
　　一角小园同车曾蹔赏风前挥涕望重云

夜饭后,滋归,因同看电视,伊为清儿招去谈话,余看至八时即停。九时就寝。润十时归。滋、琴、佩何时归,已不知之矣。

10 月 22 日（九月初十　壬申）星期三

晴,较和。

晨六时起。八时后,草拟悼念西谛文,心酸气涌,不忍回忆。

至下午五时,仅得千馀言,实已写不下去矣。只得搁笔,且待明日。

　傍晚,湜儿归自印刷厂,盖明日为厂礼拜(以用电调节,星四作星期)而适无开会等事,故得归省耳,因同饭。饭后,滋儿亦归,遂令偕同行濬儿所一探文权南口劳动已竣事,赋归否?并一询濬哈尔滨有信否?越时返,报文权恰自工地归,甚好,濬则廿七日亦将返京矣。至慰。

　九时就寝,与湜同卧。

10 月 23 日(九月十一日　癸酉)星期四

　晴,和,

　晨六时起。八时,湜儿以休假出购物,余续草悼西谛文。十一时接刚主电话,来看我,只得停笔。有顷,刚主至。文权、小同亦来。谈至十二时,刚主去。又有顷,农祥来,遂共饭。

　饭后,文权父子去。湜亦往外文印刷厂为同事教阿文。余则偕农祥出,乘十路转八路,径到体育馆下,一访幸福大楼农祥新居。精构甚精巧,南窗外即见法塔,盖新落成之新式建筑也。坐久之,仍同出,一逛龙潭。其地四周植树,湖波潋滟,迥然三年前偕湜同过之旧况矣。将来辟为公园,胜概决不在陶然亭下。伫赏久之,乃与同过体育馆路,乘电车往天坛北门,憩于祈年门。至五时许,同出北门,乘电车回东单,余则在王府井南口下,扬长北行,先过百货大楼一逛,再入市场,就五芳斋晚餐,啖炒面一盆而已。旋过丰盛公,思饮核桃酥,以无货告,乃改啜莲子粥。至七时许,步入吉祥,看中国京剧三团演出。票为上午湜儿买来,坐位为楼上特一排六十及六十二号。越一刻开幕,湜儿亦已赶至。遂同观焉。先为张玉禅、赵炳啸等之《朱仙镇》,继为叶盛章、周金莲、冯玉增、孟昭元、茹绍荃等之《打面缸》。休息后为李宗义、夏韵龙之《除三害》，最后为李慧芳、徐和才、冯玉增之《贵妃醉酒》。十时四十分始散。父子归家就寝已十二时许矣。

10 月 24 日（九月十二日　甲戌　霜降）星期五

晴,和。

晨六时一刻起。八时后续写悼郑文完,凡二千馀言,十一时缮毕,即书寄冠英,并请假不出席后日会议。所中亦先已有电话来矣。

午饭后,偕湜儿出散步,先乘十路车到六部口下,一看新建邮电大楼,规模甚宏,西首有休息室,备顾客起坐,门前广场周莳花卉,西长安街唯一美厦也。略一徘徊,即走至西单商场一逛,西单东侧至近商场处正在拆屋,一年以后,亦将涌现不少大楼耳。

三时许出商场,沿西边道而南,在文苑斋旧书店聊一驻足,书价都贵,且无当意者,即行。湜儿送余回西单,复乘十路东归。伊则径返外文印刷厂,今晚起,当夜班一星期,须十一时后下班再返百万庄宿舍也。

傍晚,晓先来,谓甫自炼钢场来,滋儿昨日出门后,未见归来,屡电询问,初无人接,继谓"都去炼钢了,何时能回,说不定"。今日候其归饭,直至夜七时乃来,谓在颐和园后青龙桥山上开运红土,辅助社中炼钢。三十六时后乃得还,并知亦秀、必陶、振甫等皆与斯役云。因共夜饭。饭后,伯恩来慰问滋,坐谈有顷去。去未几,晓先亦去。余属滋即速安睡,余亦于九时后就寝。

润晚饭后归取衣被,十时仍入馆工作,又须突击赶夜云。大约又要外宿若干日矣。

10 月 25 日（九月十三日　乙亥）星期六

晴，冷，有风。夜月甚好。

晨六时一刻起。写信与空了、小箴，慰唁西谛遭难，说明未能往谒其家之故，属为婉达君箴。十时后，润儿适归视，即交其投送。

午接湜儿电话，谓昨夜夜班归宿舍仍有电车，今天十时方起，现在厂中教阿文，下午五时始接班，有兴可出散闷，将于一时廿分在前门广场相候云。滋儿今日在家休息，上午九时乃起。午饭后，遂偕之同赴湜约。一时四十分遇见，乃同乘电车到和平门出城，走至琉璃厂荣宝斋，购得故宫所印张择端《清明上河图》卷片。路遇路坎，立谈片刻而别。

三人信步南行，竟走到陶然亭，茶于慈悲院西轩。四时，湜先行返厂接班。余与滋再坐至近五时乃出，乘五路西行，到南樱桃园转十路车径回禄米仓，走归于家。

夜饭后，文权、芷芬来省，看电视，九时皆去。余亦就寝。

10 月 26 日（九月十四日　丙子）星期

晴，略有风，气却大冷，老弱已见有御裘者。夜月甚清皎。

晨六时起。滋儿依时到班赶炼钢任务，乃以缺铁作罢。社中布告照常例假，故九时即归来，因推知清儿亦必然，乃电话约伊来饭。十时后，清挈建新来。润、琴、佩仍上班去（琴下午返）。

午饭后，余偕清、滋挈元、新两孙同出，先走至朝阳门乘一路无轨电车，直放西郊动物园，先看羚羊馆之黑猩猩，继看长颈鹿（共三头，颇有趣）、河马。仍茶憩于牡丹亭前池畔。四时起行，一巡狮虎山、猴楼、熊猫馆而出。仍乘一路无轨电车东归。清则径归矣。

夜饭后,滋、佩出购物,余与润、元等看电视。九时即就寝。其时,滋、佩犹未归也。

昨日接予同信,今日接漱儿信,俱未及复。

10 月 27 日（九月十五日　丁丑）星期一

晴,冷。

晨六时起。写信复漱儿。十一时,湜儿归,谓今日起改上夜班,须自晚九时上,翌晨九时下。刻自百万庄宿舍睡醒归来云（昨夜一时半下班,乘无轨电车回宿舍）。因属出寄漱信。有顷,即归。潘儿亦至,盖昨晚已自哈尔滨安返北京。询悉显孙一家都好。遂同饭。

饭后,潘归去。湜就睡。余乃写复予同信,为悼念西谛事竟哽咽难着笔,直至四时始草草完事。五时,湜起,因与同出寄信,乘便散步。归家已上灯矣。

夜饭前,接澄儿电话,今晚因学习不来饭,顺告业熊已到贵阳,暂住榨油街党校冶炼设计院云。

夜八时,湜儿辞余出,径赴外文出版社印刷厂上工。余亦于九时前就寝。匆匆又一日矣。

10 月 28 日（九月十六日　戊寅）星期二

晴,冷。

晨六时起。湜儿九时返,即睡。外文出版社陈次园十时来访,就《史记选》译俄文事有所商略。长谈至十一时四十分乃去,以重版《史记选》赠之。

十二时,澄儿来,因唤湜儿起共饭。饭后,澄去上班,湜仍睡。

余则往八条访圣陶,因卅一日首都剧场将举行此次出国遇难同志追悼会,特与一商谈也。至则圣陶正预备写其悼振铎七言十六韵,余为帮拉纸幅,此情此景已十馀年无此状(往昔常常如此),不图为西谛挽言而再作此事,情实难堪。余仓猝无以表意,且亦拙于诗词,只得托其家工友老高为购一大花圈,用颉刚、乃乾及余名属于明日同送会场,以颉、乾皆有电话见托也。圣陶写毕,已四时,伊父子俱须赴体育馆欢迎回国志愿军,即驾车行。余附乘至小雅宝口走归。湜儿亦已起矣。

夜饭后,滋儿归,与湜儿送我往天桥剧场看马连良主演之《四进士》。盖昨日湜为我预购之票。坐位在楼下第二排居中第十六号,余兴致阑珊,殊惮晚行,经再三怂恿,遂重违其请,滋送上十路车,湜则伴送到剧场门口始别去。伊亦即到厂接夜班矣。余入场已演至毛朋出巡及柳林写状矣。直演至公堂披红为止,已十一时半,马连良饰宋士杰,周和桐饰顾读,茹富华饰田伦,马胜龙饰毛朋,李世济饰杨素贞,马富禄饰万氏,皆可记者。散戏出,仅值两三轮车,俱嫌远,不肯载,乃走电车站候车,挨至第三辆始挤上,坐至青年会下,竟无一三轮可遇,幸月色甚佳,即由无量大人胡同等处踏月而归。到家已十二时,悄焉启钥而入,小坐即睡。凄凉甚矣。

10 月 29 日 (九月十七日　己卯) 星期三

晴,有风,筜篲作声,大呈冬象矣。

晨六时半起。连日来神思恍惚,痰喘剧增,且时感头痛,至为不适,无已,摊《清明上河图》排比印片展看之。又看西谛所作《清明上河图的研究》(文物出版社之附册),睹物思人,益增唏嘘,勉至终卷,已近午矣。

湜儿昨晚夜班,余属其今日径返宿舍畅睡,免积倦成弊。午间未归,想已如属矣。

午后,接乃乾电话,约在中山公园一谈。余乘十路以赴之。挤甚,竟未得坐,到园径走来今雨轩,晤焉。谈西谛身后事,谓藏书将售归公家。徐森玉云然也。三时后,偕过乃乾家,又谈至近五时,乃辞归。三轮少见,走至南长街始得乘,索价至五角矣。到家已晚色漫天。接湜儿电话,告今日已睡足,现在厂中稍休,九时仍上夜班,明晨归来休息云。

夜饭后,润、滋两儿及琴、佩两媳皆未归。至无聊,八时半即就卧,九时后始闻滋归,其馀之人何时返,皆未之知。

10 月 30 日（九月十八日　庚辰）星期四

晴,稍暖。

晨六时起。晨接漱儿廿八日来书,劝余赴沪度冬。

九时,湜儿下夜班归,据告昨天睡尚足,今不甚困,请侍出一散闷怀。余昨夜偶一失手,将下颚义齿跌成一细罅,幸原按有铁丝钩连,尚未裂开,亦想仍诣家庭牙医社一为修补,因偕同步往东安市场,先找田济川,关门加锁,只得望望然去之。且暂阁再说。别过百货大楼一逛,无所可买,即去之。时已十一时,因走三条鑫记南饭馆谋午餐。缺货太多,仅具素羹白饭耳。遂未坐,走还东安市场,乘四路无轨电车,到前门,走往老正兴,登楼适见芷芬,遂同座。菜肴亦多缺,啖肉面尚佳也。

饭后,芷芬上班去,余偕湜步行入正阳门,直经中华门、人民英雄纪念碑、天安门、端门、午门,诣故宫。先往文华殿观隋唐五代宋元名迹,停留一小时余乃出,北循箭亭看石鼓,径诣奉先殿,参看雕塑馆。周览而后出,在景运门侧小卖部略坐饮茶,即循乾清门东永巷直出御花园,穿过神武门,在景山前乘一路无轨电车,至朝阳门内南小街口下,仍徐步以归。到家已将五时矣。

傍晚,潜儿来共饭。饭后,文权、小同、清儿皆来(清赶于饭前到,尚未回家),因共谈,且看电视至九时后乃去。余与湜儿亦就寝。明日湜又回复日班矣。

10 月 31 日(九月十九日　辛巳)星期五

晴,和。

晨六时起。七时,湜去上班。七时三刻,余走诣王府大街,首都剧场,八时二十五分乃达。沿路无三轮可唤,因而步往矣。到门首,其芳、棣华、季康、晓铃诸人已先在,又候至八时半,文研所同人乃驱车至,遂相将入,登楼移椅就坐,共同参加郑振铎、蔡树藩等十六位同志追悼大会。遥见西谛遗像,依然昂首天外,英姿飒爽,不禁悲从中来,酸楚难任。九时开始,由张致祥宣告开会,即见陈毅、郭沫若、沈雁冰、张奚若四人登台,在灵前献花圈,致默哀。继由张奚若致悼词。次沈雁冰报告郑振铎事略,曾永泉报告蔡树藩事略,楚图南报告马适安等十四位事略,历一小时。由张致祥宣告结束,正十时也。在场遇友琴(昨日曾来访余,未晤,今乃面至歉忱,并告带来人民文学出版社所拟唐诗选计划,当为展看后送还。)、平凡、介泉、道衡、雪明等。散出时遇乃乾,遂与介泉、乃乾同行,先往隆福寺人民市场一逛,即在饮食摊进小点。旋步出寺门,复在灶温饭馆午饭,亦诸多缺供,仅食打卤面而已。

饭后,三人同往东四头条一看历史研究一、二两所房屋,盖文研所即日搬入城,与该两所并迁于建国门海军大厦,腾出两所作文研所家属宿舍也。遂由二条穿出三条,徐步往八条访圣陶。长谈近四时,乃乾辞去。至五时,圣陶偕介泉及余乘电车至灯市口,复走椿树胡同康乐餐馆谋晚饭。至则正屋已定去,只得在南屋坐下,亦为点无多应,勉唤炒芥菜、烧鱼块等数事,略佐小饮。忽满子赶至,谓苏联教育部长在莫斯餐厅宴客,必欲圣陶去,圣陶遂行。余与介泉对酌而陆续来两批并桌者,足见家食维艰,多思就外得馆餐者。讵知都不得满意耶。

七时许散出,同走至东安市场,介泉乘三路车出城,余乃乘三轮东归。到家三儿俱已在,蔡甥顺林亦在,仍扰扰至九时后乃各就寝。翌晨六时半,湜须赶至厂中,同载往南口山中劳动也。

11 月 1 日[①] (戊戌岁九月　小建壬戌　癸亥朔二十日　壬午) **星期六**

晴,和。

晨五时唤起湜儿,促即骑车赴厂,俾同趋南口工次。昨日由佩媳取到预约之缩印《百纳本廿四史》中第一批书,四史四巨册,今日摩挲翻纸后,登入藏簿,首册冠以西谛之序。触目钩悲,大为不怡。

今日为湜儿二十四岁初度之辰,而许妈上街买菜竟无鲜肉可得,晚间吃面未有应景之物。余于下午三时,自往东安门大街浦五房买到熟肴三事持归,备下面之用。夜六时,独酌,澄儿来省,因共饭。以面充餐,滋、佩在外晚饭,饭后乃归。九时,待湜未至,澄即去。滋、佩归来之前,濬、清都来,至是偕去。

---

①底本为:"一九五八年十一月一日至五九年一月廿五日日记"。原注:"鸿庵旧主容翁。"

近十时,湜始归,盖六时始于南口工次下工,乘车返厂,然后言归耳。时许妈已就睡,滋为煮面享之。亦可谓辛苦得食矣。

十时,余就寝,湜食后稍休,亦就卧。

傍晚接云彬电话,谓到京后明日始获星期休假,颇思出游,盍同出一谋游息乎?余应之,约明晨过访其家,再商游地。

11 月 2 日（九月廿一日　癸未）星期

晴,和。晨有薄雾。

晨六时半起。七时,湜即出门,赶赴工厂上班。八时,余乃走访云彬,同游八大处。走至东单,附三路车到西直门,转四十七路车,待刻馀,始得乘。比抵四平台,已十时五十分。先往秘魔崖,以挖土修治水利,旧路已迷失,展转溪谷间良久,无由登,只得退出,改往灵光寺茶憩,出面包代餐。餐已,在鱼池及归来庵等处一转,即行。见寺后正在大兴工事,阑不得入,询之人,知为兴修佛牙塔,盖鱼池之东,旧有舍利塔已毁,近因整治发见佛牙,遂别建一宏伟之塔,以安奉此牙耳。此举影响东南亚信佛诸国甚大,当事者之远见可佩也。旋过三山芦到大悲寺,即寺门木牌坊之侧坐息久之。已将三时,遂下山径赴四平台,适四十七路车停站将开,乃相将登,挤甚,勉得插坐耳。回程颇速,三时半已到动物园,遂与云彬入园浏览,历熊猫馆、羚羊馆、长颈鹿馆、犀牛馆、河马馆。小坐豳风堂,再历狮虎山而出。候一路无轨电车至十馀分,乃得上。同至南小街下,徐步至禄米仓口握别各归。

到家瀋、清、澄、润、滋、琴、佩、元孙、宜孙都在,芷芬、文权、小同、昌预、建新、升增亦来,盖来吃湜儿生日面者。有顷,湜儿亦归,遂团坐共饭。饭后,建昌来,同看电视,至九时馀,瀋等皆归去。

余与湜亦就寝。

11 月 3 日（九月廿二日　甲申）星期一

阴,冷。

晨六时起。七时,湜儿去上班,属常住宿舍,假期乃归,俾免口议。八时后,写信两封,一寄复漱儿,告不拟赴沪度冬之故。一致冠英,对人民文学出版社所拟唐诗选选目表示意见,请切商其芳参核此目,速予决定。余意同样工作,殊不必重沓竞作,仍蹈往昔《史记选》之覆辙。考虑结果,惟有三途(一,我放弃,任彼独干;二,彼放弃,我所仍照原计划进行;三,彼此协商合作。)若必欲各树一帜,大唱双包案,则斯之以为不可也。

午饭后一时四十五分,徐步往建国门内一探文研所搬来否?盖卅一日介泉告余即迁,并设星一或可在彼展开办公也。余出门由羊圈出万宝盖胡同、宝珠子胡同,到东总布胡同,再转南入贡院西街,直达建国门原海军大厦。见木器纷陈,大类搬家之象,询诸守门者,知已迁来,即问讯至西偏大楼,先遇见金秉达,导余寻见张慧珠及曹道衡,遂将致冠英函托之。(寄漱者已在途投邮。)因巡历一周,地方宽大,实较中关村为远胜,虽杂物凌乱,一时难于就理(尤以图书为应艰巨),但预计不出一月,必将焕然,大为欣慰矣。有顷,晤王芸生、肖玫、王平凡、高逸群、张伯山等,小坐饮水逾时。唐棣华、范叔平、陈友琴皆来,并知午前,冠英亦已来过云。近四时,余先辞归。试走东街,遇三轮,乃乘以归。计步行单程需半小时,三轮则十五分耳。从此大近矣。

夜饭后,九时即就睡。有小雨,殊不适。

11月4日（九月廿三日　乙酉）星期二

阴,冷,间有小雨。

晨六时半起。竟日在阴森气氛中,闷损,只得强翻架书,聊写跋语为遣。夜饭时,润儿归取衣被,今夜三时开拔,往南口劳动,须三天乃返。因留与共饭。饭后,滋儿归,知明日亦须往工厂搪砌炼铁炉云。旋与润、滋、元、宜看电视。八时半即止。

九时,琴媳归,润即携被去。余亦就卧。佩媳及许妈(今日回家一看)何时始返,竟未之闻。

11月5日（九月廿四日　丙戌）星期三

阴,冷,时一见日而已。

晨六时半起。九时半出,乘十路车至王府井南口下,地尚湿,循东边道过新华书店,购得陈登原《国史旧闻》一册。复过百货大楼一转,购得糖果半斤,乃入东安市场,适逢停电,摊头店家都燃洋蜡取明,幽黑殆同夜晚矣。在吉祥购得今明两晚戏票各一。今晚为燕鸣剧团演出之《救风尘》(位在楼上特一排六十二号),明晚为北京京剧团演出之《雪杯圆》(位在楼上特一排六十四号)。再过稻香春购得罐头鱼两听、羊羔一块,乃乘三轮归,已十一时矣。

午后看《国史旧闻》,其例先立标题,辑集旧闻,间下案语,以示己见。颇效《绎史》之体,而略简之。有独见处,亦有曲解处。现出第一分册,自古代至隋,不识究出几册耳。

五时半晚饭,潜儿来省。六时半,余往吉祥看戏,潜亦归去。余乘三轮往市场,从容到吉祥,登楼入座,不五分钟开幕矣。先为安晓峰、徐世宸等之《黑风洞》,半时即休息。继为赵燕侠、李鸣燕、李淑玉、徐韵昌、郭元祥等合演之《救风尘》,即关汉卿原作《赵盼儿仗义救风尘》改编者。燕侠饰盼儿、鸣燕饰宋引章,及诸配角皆佳。十时即散。仍乘三轮返,到家滋儿亦甫自石景山工地归,尚未入睡也。湜儿亦未见归来,想明日休假,又须加班矣。

十一时许就寝。

11 月 6 日（九月廿五日　丁亥）星期四

晴,冷,晓有薄雾。

晨六时半起。发架检书。十时三刻,冠英见过,以唐诗选目初辑各篇七册交余,谓其芳已看过,属就有圈定者先着手注释,以后尚拟续增将来再说,并附有友琴笔录其芳意见一纸,可备查。又云,唐诗选工作为我所既定计划,人民文学出版社愿另作一套,我可不问,且时限亦未必相同也云云。扰扰经年之选目,至是始得定局。今后可以日常工作矣。亦一快耳。

午间余偕冠英出,乘三轮诣东四大同酒家饭。无甚可吃,而坐待殊久,至一时乃草草食毕。送冠英登一路无轨电车出城,余乃徐步而东,信行由演乐胡同出南小街,复乘三轮往北总布胡同中华书局,应邀参加讨论标点《史记》诸问题。二时开会,金灿然主席,到叶圣陶、顾颉刚、聂崇岐、贺次君、姚绍华、宋云彬、曾次亮、章雪村、傅彬然、陈乃乾诸人,尚有未识姓名者二人,想系局中同事耳。云彬提出问题至夥,其实多历来聚讼难决者,片言解纷,殆不可能,胶扰至五时半,大体得一通则而已。散会后,余与颉刚附圣陶车行至小雅宝口下,颉刚偕余过我家,坐谈至六时一刻去。

夜饭后,本拟往看马连良戏,以感倦惮于再出,而湜儿适以下午休假归,乃命持票往看之。澄儿来同饭。饭后与滋、琴、澄、佩、元、宜同看电视,正怀仁堂预祝苏联十月革命四十一年庆典也。九时,澄去。有顷,润儿自南口工次返。滋儿明晨三时即须出发往八大处劳动,润未归即已睡。

余十时就寝。湜儿旋归,未及十一时也,遂同卧。

11 月 7 日（九月廿六日　戊子）星期五

晴,较昨前略暖。

晨六时一刻起。四时醒来,滋儿已出门走赴出版社集合共发八大处矣。余偶遗忘付本月电话费,竟无人问,今晨偶忆及,即属湜儿往邮局付讫。

午后二时,偕湜儿挈元孙乘十路车到天安门,步入端门、午门一游故宫。仅涉足慈宁花园及慈宁宫陶瓷馆、养心殿,顺由储秀宫出御花园,欲觅一歇足饮茶地,竟无着,四时许即出神武门,乘一路无轨电车回南小街,仍步归于家。累极矣。近来腰脚迥不如前,其速衰之兆乎?

夜饭后,滋儿自工地归,谓在福田公墓迤北至卧佛寺公路旁,掘坑种树,垂黑始罢。余意殆与开辟植物园有连,盖新定北京植物园面积甚广,包括西山一带,而以卧佛寺为中心也。

八时,湜儿赴厂上夜班。滋儿与余皆以疲乏早睡。琴媳已归,而润儿与佩媳尚未返也。

11 月 8 日（九月廿七日　己丑　立冬)星期六

晴,有南风,午后转阴,向晚甚冷。

晨六时起。八时后,开始注唐诗,午前仅完王无功《野望》及《赠程处士》两诗。午后续注上官仪《入朝洛堤步月》一首。至四时未毕。初谓注释不致太吃力，入手之后方讶大不然。盖注诗与为散文作注大不侔也。

四时半，滋儿归。五时廿分，湜儿归，因同出夜饭，（家中连日买不到肉，鱼虾绝迹月余矣。）思欲稍餍馋吻。走至森隆，登三楼，得一座，亦仅得砂锅白菜、全家福及一拼盘耳。陪品亦大不如前。肉类殆同星凤，聊资点缀而已。但久坐等候，勉为果腹已大幸矣。曾遇水夫偕友来觅座，久之不得，废然而去也。

食后，在市场书摊购得朱谦之《老子校释》及新印《少室山房笔丛》、《十二律昆腔谱》等。复过百货大楼一逛，至八时许，湜乘电车赴工厂上夜班。余与滋则步往大华看八时十分场电影。坐第三排二十、廿一号。映片为苏联优秀选作名《乌里扬诺夫一家》，写列宁童年时代家庭生活。主角为其母亲，慈祥坚毅，颇感动人。十时散，仍父子偕步而归。少坐就寝，已将十一时。

傍晚接幽若苏州来信，谓染疾，恐将不起。无依无靠，至可悲恻。

11 月 9 日（九月廿八日　庚寅）星期

阴转晴，气尚和。

晨六时半起。八时半，湜儿夜班归来，即令就卧安睡。十时写信两封，一复幽若，先慰其心。一寄笙伯、漱儿，将幽若信附去，属先设法送钱应用，并属万一若出事，身后所用，我亦出一分。即在存沪款中动支。此事翼之与笙伯当多负责，不识彼等究动中否也？

午饭后，与滋儿同出，带旧皮袍及新添各料往已经接洽之林姓缝工（在南小街羊尾巴胡同西口北首）处量身改制布面皮大衣。耽阁近一小时，约期十二月十五日取（一般约期均须两个月，现经商量缩短)。然后在外交部街东口附十路车到东单,转三路无轨电车,诣北海,在双虹榭一看菊花展览。品种无多,较之去年在海西岸特辟七室陈列者远不逮矣。在琳光殿前小坐啜茗,至四时起行。见近旁有小卖点心者,高揭春卷之名,乃就询焉,讵知适已售完,(货太少,求太多)只得废然而行(近日类此者层出不穷),循道宁斋、漪澜堂前长廊绕至琼岛东侧,迤逦出园。无轨电车及公共汽车站皆阵列长蛇,势须立风中久待始可上,遂与滋各乘三轮返。

到家已五时,湜儿方起身盥洗(午饭例不得食)。六时许,即夜饭,七时半,湜又匆匆赴厂接上夜班矣。

八时后,潨、权带建新来看电视。九时许,志华来接新,潨、权亦去。十时就卧。

下午本有曲社同期可听,以惮于久坐,未果往。

11 月 10 日 (九月廿九日　辛卯) 星期一

晴,和。

晨六时一刻起。八时半,湜儿自工次夜班归,即就睡。上午,余续注上官仪《入朝洛堤步月》毕。午饭后,不知缘何,疲倦渴睡连连,且心跳特甚,竟偃卧沙发久之。

四时,湜儿起半时后,余偕湜携元孙同出散步,出大雅宝城豁口,遵雅宝路抵日坛。纵步坛北公园,绕至坛南公园,出园前大惯道,光华路西行,转北入日坛路(南北纵行),复由雅宝路循原路而还(以上路名俱新定之名),已冥黑。

六时夜饭。七时半,湜儿入厂上夜班。润、滋、佩皆未归也(琴则归饭者)。八时后,滋归。九时后,润归。余已就寝。未几,闻佩亦归矣。

枕上听广播,十时后乃入睡。

11 月 11 日（十月大建癸亥　壬辰朔）星期二

晴,冷。

晨六时起。八时三刻,湜归睡。余注释唐韦承庆《南中咏雁》诗,及张九龄《望月怀远》诗,抵午而毕。

接乃乾电话,谓日前开会,返后冒风,不得出,今有事相商,盍过彼一谈。午饭。因乘三轮过访之。仍谈整理"廿四史"计划及他书断句等数事。座遇阿英（钱杏村）,久耳其名,迄未一见,与谈移时而别（彼先行）。余坐至四时半,辞归。仍乘三轮行,到家,湜已起矣。

五时许,颉刚见过,长谈至六时乃去。夜饭后,八时许,湜儿上夜班去。滋儿六时半归,即出赴团中央听报告。润儿八时廿分归。琴媳八时半归。余九时就寝。滋旋归。佩则何时归休,已不之闻。

11 月 12 日（十月初二日　癸巳）星期三

阴,禺中有雨,向午见雪。（午后雨雪间作,气乃大冷。入夜,雪止,可望转好矣。）

晨六时半起。八时,注释唐诗,至午毕张九龄《赋得自君之出矣》一首,宋之问《陆浑山庄》一首。湜儿九时半始回家就睡。盖工作忙,延长工时也。午后雨雪,气遂陡冷,室内炉火尚未安装（叫不到工匠）,已觉手足无措。去年覆辙必将重蹈也。添衣枯坐而已。

四时,湜起,相与闲谈。六时夜饭。饭后佩媳先归。琴媳亦旋返。七时三刻,湜又去接夜班。九时,余就寝。有顷,润儿归,知滋今夜有学习讨论,未及其归,已入睡,竟未闻其何时返也。

11 月 13 日（十月初三日　甲午）星期四

多云转晴,感冷。

晨六时半起。

湜儿九时自厂中下夜班归,明日转日班,故今日得休假也。十时,偕湜同出,徐步往东安市场,在五洲书店买到苏演存（甲荣）旧著《中国沿革地理图》及中华新印之《草堂诗馀》、《历代诗话》等。十一时走往东安门大街春元楼午饭。饭后,复西入东华门,在文华殿参观书法展览,自十二时五十分,至下午近二时乃出（晋至清名迹获见不少）,穿行三殿,入乾清门,又历三殿,到御花园,仍无茶座。只得出神武门,径赴北海,登揽翠轩茶憩。遇西谛之子尔康（小名培培）独坐踽踽,遂就坐细询一切,知全部书籍已捐献北京图书馆,正陆续检点分批运送,其家决暂不搬动,将另觅房屋,与萨空了同住云。

四时半起,先行离园,乘一路无轨电车东归。仍于南小街北口走返于家。

到家知慧珠有电话通知,明日上午八时半,全所有会。未几道衡见过,知其家已搬来东四头条矣。承冠英命,仍以人民文学出版社唐诗选计划属另提具体意见云。谈至六时辞去。

夜饭后,润、滋、琴、佩陆续归。九时,与湜就寝。

11 月 14 日（十月初四日　乙未）星期五

晴,向晚微阴,有风,仍冷,屋背早见冰。

晨六时起。七时许,湜儿即赴厂上班。又转日班矣。约下星期三再归省也。

七时五十分，独步赴海军大楼文研所开会，途遇佳生，与偕人。余步入西楼，遇道衡、绍基等，遂登三楼在会议室听毛星转达周总理关于学习毛主席所作《帝国主义是纸老虎》文件的报告。十二时散，与介泉同离院，伊乘公共汽车去市场，余则乘三轮归。

到家适许妈煤晕，李妈大着忙，扰扰久之，始吹醒，扶上床去。午饭后，润、滋偶归视，恰逢此事，即电佩华归来，（润、滋俱有公事，立即离家。）伴往赵家楼门诊部诊治。回家卧息，至傍晚乃起如常，亦云幸矣。

今日为润儿三十三岁初度之辰，潜、澄皆于晚间来吃面，滋、佩、湜皆以牵于工作及开会，未能回家吃夜饭，故都于晨餐时以面先进焉。夜饭时，文权赶来，得共饮。饮后，随谈至九时，澄先去，滋、佩亦归。有顷，权、潜去。余乃就寝。

11 月 15 日（十月初五日　丙申）星期六

晴，冷。无风。

晨六时半起。八时修改宋诗《陆浑山庄》注，并续注宋《题大庾岭小驿》一首，抵午始毕。

饭后闷甚，独出散步，信行至禄米仓西口乘十路车往南樱桃园，转五路车到陶然亭。步入，登慈悲院西轩茶憩已三时，茶客至稀，静极。冥坐至四时起行，迤逦由香冢东侧穿出东门，一路残阳疏林，荒瑟中带鸦群横掠而过，脚下落叶半已成茵，践之沙沙作声，愈感寂静。出东门后，沿先农坛根而南，走至游泳场前乘电车过永定门而北，直驰至米市大街无量大人胡同口下，无三轮可雇，只索走还。抵家已掌灯，实仅五时一刻也。晷促可知。

六时，润、滋皆归。有顷，佩媳亦归。遂共夜饭。饭后，滋儿明晨四时即须会清儿同往八大处劳作，出购干粮。琴媳亦返，知明晨亦须往南口劳作也。余开电视观之。为《白雪公主》动画片，颇好，迨哗哗作声，此片已终，乃闭机就寝。

11 月 16 日（十月初六日　丁酉）星期

晴，寒。

三时，滋儿即起，有声，遥见灯光自室中出，四时启门行矣。至五时，琴媳亦踵出，时天犹漆黑也。戴月披星，犯露蒙霜，真崭新之锻炼矣。余为转侧难安。六时，亦不得不霍然而起。

前日接君宙书，属向圣陶达意，今日星期，上午九时，乘三轮赴八条访圣陶，晤谈，并以君宙函示之，留与午饮。饮后，偕赴蟾宫看苏联影片《共产党员》，其孙女小妹从。三时半散出，余以后急，别圣陶先行。乘三轮遄返大解。润儿适为余安装火炉毕，伊今日仍上班，午间抽空为之，事毕仍上班去。抵暮乃归。

傍晚，湜儿归言，昨日连上日夜班，今晨一时后始归息。今日休假，睡至下午方起归省。明日仍赶上日班也。澄儿携培孙来省。入夜，滋儿亦自八大处工地返，遂共夜餐。餐后，琴媳亦归自南口工地。惟佩媳得例假在家耳。

八时，看电视。九时一刻，澄、培辞去。余与湜亦就寝。

11 月 17 日（十月初七日　戊戌）星期一

晴，冷。

晨六时一刻起。湜儿七时即出，冲寒上班。八时后，续注唐诗，至下午四时半方罢，毕宋之问《渡汉江》一首，王勃《杜少府之任蜀州》一首,杜审言《赋得妾薄命》一首。六时夜饭,饭后等待诸儿至八时半,皆不见回来,无聊之甚,只得就寝。

十时后,琴、滋、佩归来,盖在蟾宫看电影《共产党员》。又有顷,润亦归,则在馆集体学习也。

11 月 18 日（十月初八日　己亥）星期二

晴,冷。

晨六时一刻起。八时后,注杜审言《和晋陵陆丞早春游望》,仅仅七条,抵午乃毕。推敲体会甚于自作,注诗真不易也。接蕴庄电话,谓其父以腰疾未能上班,在家已一星期矣,有《史记》疑义数事,欲与余一商云。

午后二时半,步往东堂子胡同访云彬。遂共商《史记》标点若干事,抵五时半乃已。垂黑矣。亟走归,视两孙因进晚餐。

夜饭后,佩媳、湜儿、滋儿、琴媳先后返,知湜已首次取得工资（月给廿九元,完全照徒工待遇）不免情绪波动,滋力劝之,俾来努力趁此锻炼自己的生活。九时三刻,遂与湜就寝。十时后,润儿始归。

11 月 19 日（十月初九日　庚子）星期三

晴,冷。

晨六时半起。八时,注崔融《关山月》一首,十时毕。

十时半独出,先过云彬一言,盖昨约今日下午再访之,恐其盼望,故过彼一言,匆匆即行。以心绪惘惘,不能宁坐也。离宋家后,信步至东安市场,在吉祥购得今夜戏票（楼下一排三号）,复乘四路无轨电车到前门,时正十一时,乃走往老正兴谋午餐。兼欲一疗馋吻也(家中既买不菜)。讵配货亦至希,仅叫到肉丝炒蛋耳(且价极昂),草草终食而已,更添不快。出馆后向大栅栏一逛,在中和又购到日戏票(楼下二排七号),即入憩候演。一时,日戏开,为青年京剧团演出。先为张松林、尹永扬、郑敏恒之《郑州庙拿谢虎》,次为李韵秋、侯荣湘、张永泉等之《大英杰烈》。四时半散,乘电车至青年会步归。

夜饭后又出,走至禄米仓,遇湜儿下班归,嘱在家先歇,余乃往吉祥看夜戏。一路无车,竟走到吉祥,亦为青年京剧团演出。入座已七时一刻,头场《收关胜》已将毕矣,(杨鸣孝饰关胜,哈金增饰李俊。)次为李元春之《景阳冈》,次为李韵秋、郑敏恒之《拦马过关》,次为虞俊芳等之《大登殿》,最后为李元春、于世文等之《雁荡山》。十时半散,谢幕时演员皆下台与观众握手道谢。新行之玩意也。

戏毕出院,乘三轮返。湜儿尚未睡,谓明日改夜班,日间可以陪余云。十一时就寝。

11 月 20 日(十月初十　辛丑)星期四

晴,较和。

晨六时半起。明日为珏人诞辰,且下元方过,而湜儿又有暇相陪,乃于八时借出,乘十路到东单,转三路到西直门,又换四十七路往八大处,在射击场下,走赴福田珏人墓次,默祷久之,仍回射击场候回头车,乘以返城。十一时半到西郊公园,即下车就市场广东食堂午餐。居然吃到糖醋鱼片及咖喱肉丁豆腐汤(鱼及豆腐久已尝不到),饱餐后,乘三路无轨电车到百货大楼,湜购毛巾及牙膏,旋同走东长安街乘十路归。

到家后急连泄三次,不知何故? 芷芬昨自南口工地归,今日得休息,故来省问余,适余等去福田未之晤,午后又来,余外归乃见之。谈有顷,潏儿亦至,遂共夜饭。饭后谈至八时,潏儿、芷芬各自归去。湜儿亦赶往外文厂上夜工矣。润、滋居然都在家,遂开电视看之。九时后止,各归寝。

11 月 21 日(十月十一日 壬寅)星期五

晴,有风,较昨冷。

晨六时半起。七时五十分出,赴建国门文研所分组学习。走至赵家楼西口,乘三轮去(价仍二角)。到所尚早,先遇叔平,继遇冠英。至八时半,在唐副所长室开会,到毛星、冠英、晓铃、绍基、绥松、卓如、妙中、翔鹤、贾芝及余十人。十一时散,乘三轮归。

湜儿九时半归卧,余回家时犹未入睡,因属即安眠。遂睡至下午五时乃起。下午四时,潏儿来,因共夜饭。饭后晓先、文权、清儿先后来,盘桓至八时,晓先去,湜儿亦赴厂接班。九时后,潏、清皆去。余亦就寝。

11 月 22 日(十月十二日 癸卯)星期六

晴,冷如昨。

晨六时即起,灯下穿衣。

八时,接漱儿、君宙信。九时后湜儿返家就卧。适余坐椅歪裂,伊为余修好后方睡,已十时矣。湜睡后,余注陈子昂《春夜别友人》一首,至午毕。

下午写复君宙信。一时半,佩媳归,为余买得今晚吉祥新华京剧团夜戏票一纸(楼上特一排六二号),并请于五时半后去东安市场与滋同进晚餐云。二时后,读《汉书叙传》。宜孙近能说话,常来绕膝,寻问兼索果饵,却亦一乐。

三时半,云彬来访,又续商《武帝本纪》、《夏本纪》、《殷本纪》、《周本纪》分段问题,至五时乃毕。未及谈它事即去。

五时,湜儿起。有顷,与同出,走至东安市场会滋、佩,同在湖南馆子奇珍阁夜饭,尚满意。七时食毕,滋、佩逛百货大楼,湜去上夜班,余乃赴吉祥看戏。坐定便开幕矣。剧目为全部《蝴蝶杯》,自游龟山起,至杯证团圆止。由徐东明、徐东来、关韵华、商四亮、钱鸣业、田喜秀、赵玉民等扮演,甚卖力,而无戏单印卖,好在余都识别各演员,亦无须此一纸耳。十时半散,乘三轮归。润、琴、佩等尚未入睡也。

十一时就寝。

11 月 23 日（十月十三日　甲辰　小雪）星期

晴,冷。始笼火。

晨六时半起。七时后,湜儿即归,盖生活早完,得早放耳。未几,晓先来访,因与闲谈。湜九时就卧。十时一刻,晓先去。今日诸儿两媳皆得休假在家,甚为稀有。润儿仍于八时前赴外公干。昨晚接上海傅耕莘书,托转商圣陶,求售藏书。又从人民文学出版社转来东莞袁洪铭函,通候乞书。

午饭时,润儿归,遂唤起湜儿同饭。饭后,余父子四人谋出游,适云彬来,乃同行,并挈元孙自随。先乘十路到南樱桃园,转五路达陶然亭,茶于慈悲院西轩。坐至四时半起行,循西岸出边门而北,过龙泉寺、猪营、观音院、官菜园、上街等处,迤逦由绳匠胡同出菜市口,登美味斋菜饭馆之楼谋晚餐。上下皆已客满,立人丛中久候,方得一二座,展转商调,我六人始得合一席。菜品转较老正兴、奇珍阁为多。居然吃到大白蹄,近日难得之品矣。各得醋饱。七时食毕,即在门前乘四路无轨电车北行。湜儿在宣武门下,径返厂,预备上工。余等直抵东安市场下,徐步东归。送云彬返东堂子胡同,然后走归家中。

九时后就寝。

11 月 24 日（十月十四日　乙巳）星期一

晴,午后阴,颇冷,似有雪意。晚晴见月。

晨六时起,灯下穿衣也。炉火已熄,救之复燃。七时半,湜归卧。十时许,云彬见过,就商《史记》标点事,抵午去。十二时半,唤湜起。元孙亦自校归,遂同饭。饭后,湜出理发。余独坐暝息久之。旋看《唐音癸签》。

傍晚濮文彬之女秀丽来访,询知小文近况,伊不忘父执,特来访候,难得之至。谈移时辞去。留伊晚饭,坚辞未果。夜饭时,小同来谒。

湜儿七时赴厂接班。八时半,滋儿返。九时,琴媳返。十时许,润儿、佩媳先后返。余九时看视炉火后就寝。

翌晨四时起溲解,复睡。五时半例听广播新闻,六时后入睡。

11 月 25 日（十月十五日　丙午）星期二

晴,较昨和。

晨六时三刻起。八时,湜儿归卧。余读报及看本市新出《前线》半月刊,至十时乃罢。写信两封,一复耕莘,告容晤圣陶后再说;一复漱儿,一切依伊办理。

午后闷坐磕睡。三时半,乃乾见过,商影印《永乐大典》及《册府元龟》,因以耕莘售书事相托,渠应允可以脱手,甚以为慰。又询以袁洪铭识否?据云既无介绍,根攀还以不复为妥。足征老到。谈至五时一刻,辞归。

湜儿四时半起,夜饭后,七时即去上班。滋儿六时半即归。八时,同看电视。九时就寝。

琴媳今晨六时即出,往天安门劳动,晚七时归。明后日须连续为此。润儿八时后归。佩媳九时后归。

11 月 26 日（十月十六日　丁未）星期三

晴,寒。

晨五时半即起,为收音机忽坏,听不着广播新闻,只索灯下穿衣起,视隔宿炉火也。七时后,看默存《宋诗选注》。(以近有人批判为白旗,特细看有何不妥说法也。)静庐欲为中华辑印清人笔记丛刊,及近人笔记丛刊。前日书来见询有何意见,今日作书复之,意谓笔记体裁猥杂,泥沙俱下,披沙固可见宝,珍闻亦为涂说所乱,如整部编入,衰成丛书,仍不出往昔文明书局印售《说库》及《笔记小说大观》之窠臼。今既揭橥史料,取便于治近百年史者之参考,则必当慎加甄择,汰粕存精。庶乎其可不识能见采否耳。

下午为中华送来托审之稿件(谢慧文《水经注水地考》),翻阅一卷,知为摘句补笺性质,无上下文连贯,似不能单行成书者。明日当签注此意还之。

夜饭时,澄儿来,滋儿亦返,遂与澄、滋、湜及元孙共饭。饭后谈至八时,澄儿归去。湜仍赶上夜班去。

九时就寝。十时,润儿归,为余视炉火。

11 月 27 日（十月十七日　戊申）星期四

晴,寒。

晨六时一刻起。九时,湜儿归卧。十时,澹儿来省,旋去。十二时后,复来,已饭矣。余以粮票购米已尽,只剩面粉,午间裹馄饨代餐。

润儿归来,为余挟收音机出修,既而返报,须十二月九日始可取。余适将谢稿审读意见写毕,便以交其携还中华书局。复静庐函,今早已交润先带去矣。

看《历史研究》最近期,批判陈登原《国史旧闻》至为犀利,陈固无词可遁也。

下午二时,澹归去。看吴旦生《历代诗话》。夜饭后,润、滋俱归,湜七时半即去上班。八时后,看电视,九时就寝。

11 月 28 日（十月十八日　己酉）星期五

晴,寒。有雾。

晨六时一刻起。七时三刻,走赴文研所开会,至则尚无人到,余坐以待之。既而,冠英、道衡、叔平、晓铃、绥松、象钟、毛星、淑明、卓如、肖玫等陆续至。八时四十分乃展开漫谈,休息时遇介泉、之琳。十二时散出,遇介然、刚主、厚宣,匆匆立谈片晌耳。往返无车,仆仆行,到家已十二时半,湜儿已就卧。余草草午饭,甚懊。滋儿以咳嗽气短,今日休息在家。

下午三时半,清儿挈新新来省,亦以作夜班故,未几即去。须于六时前赶上夜班云。

夜饭后,湜儿即去赶夜班。余与滋儿略谈至八时半,就寝。

佩、琴、润则于九时后乃陆续返。

11 月 29 日（十月十九日　庚戌）星期六

晴，寒，有风。

晨五时三刻即起。以元孙忽焉早起，前来叫唤也。八时写信，再寄耕莘，以昨晚接乃乾信，为之估价谓可售千四五百金。因即将此信及原书单寄还沪上。属自定去取也。待湜儿归，至十时未见，遂自出寄信。顺搭十路车到王府井南口下，走过新华书店，买得《洗冤集录》一册。继往百货大楼及稻香春等处一转，冀有小菜可略购，乃所如辄空，一无所获，废然行。仍在五洲书局购得《韩非集释》、《唐戏弄》、《史记书录》等。挟以趋金鱼胡同，冀乘三轮，不见一辆，乃南行复至百货大楼前，停有三辆，俱不欲去小雅宝。近日三轮工人之刁狡倍于往常，非但索价奇昂，且亦择地趋避，揆以服务态度直当沦之零下矣。仍勉走还王府井南口，搭十路车返禄米仓。到家已十一时三刻，湜儿已就卧在床矣。十二时半午饭。以无菜肴，食花卷啜粥而已。

下午二时半，慧珠见过，转到人民文学出版社函一件，拆视之，文学研究所发稿费。盖悼念铎兄一文之稿酬二十元也。因悼友而获稿费真辛辣难任之至。三时半，云彬见过，又商榷《史记》秦本纪、秦始皇本纪、项羽本纪三篇标点分段诸问题。至五时乃去。

五时半，湜儿起，六时夜饭。余与湜对食。滋、佩在外未归。元孙亦就东屋食也。七时半，湜去上夜班。润、琴先已归。至是，滋、佩亦返。

看电视，苏联片《漫长的路》。九时就寝。

11 月 30 日（十月二十日　辛亥）星期

晴，较和。

晨六时一刻起。八时三刻，湜儿归卧。十时，偕滋儿出，步至青年会乘电车往前门，再走至肉市广和，购得今日日戏票一纸（楼上第一排十九号），为青年京剧团演出。余父子即过老正兴谋午餐。时仅十时三刻，楼上下俱已挤满，少候始得与人拼桌。供品仍稀，寥寥数种而已。吃到小黄鱼两尾（价一元）已为大幸。供品愈少，食客愈多，足征市菜难买，群趋饭馆求啖耳。

余等食毕，犹未及十二时，来者纷至，堂内立而待者益加。匆匆下楼，不知各得如愿以偿否？偕滋过劝业场憩于四楼休息室。至十二时四十分，滋送余至广和，伊即归去。余登楼入座，十分后开幕。先为李韵秋、侯荣湘等之《能仁寺》，继为李元春、李树明、杨秀菁、于占鳌等之《十一郎》。自白水滩起，至通天犀劫法场止，甚卖力。四时四十分散。乘三轮遄返。知澄儿曾来饭。湜儿尚未醒也。

六时夜饭。饭后芷芬来省。七时三刻，湜儿去上班。九时，芷芬去。余亦就寝。

12 月 1 日（十月廿一日　壬子）星期一

晴，煦，如春。傍晚有微风。

晨六时半起。七时，湜儿归，明日换日班，今晚可休息云。即令就卧。有顷，清儿亦自夜班下来，过我一省，旋归休。又有顷，潸儿来。

九时，农祥来。有顷，云彬来商句读若干处。十一时去。时湜儿已起,遂偕同农祥及濬、湜出,先乘十路到东单,拟在益康食堂进午餐,堂内外俱已挤满,只得望望然而去。再乘三路无轨电车,径赴西郊动物园,仍诣广东食堂一视,则牌悬休息,仅得于其东首茶点部落坐,食炒面、包子及啜粥耳。食后,同入动物园,茶于豳风堂前。余与农祥对饮闲谈,两儿则四出参观,至四时出园,与农祥别。伊乘三路,余等乘一路无轨电车到南小街下,步归于家。

夜饭后,濬归去。至八时半,余与湜亦就寝。

12月2日(十月廿二日 癸丑)星期二

晴,时曇。气仍不太寒。

晨六时起。七时许,湜儿即去上班。今起改日班,当住入宿舍矣。九时,清儿来,为买到鲢鱼一尾,近日诚足视为奇珍矣。十时,乃乾见过,闲谈。清即去,下午仍须上班也。

午间留乃乾共饭。饭后又谈至二时乃去。下午四时,滋儿归。盖参观展览会后未再去馆,即折还也。余午后注陈子昂《登幽州台歌》一首,并写信复翼之(昨有信来告住院割痔)。

接慧珠、道衡先后电话,告今晚七时半,在所中讨论《纸老虎》文件。余以夜行不便却之。滋儿与余同夜饭。澄儿亦适至。饭后乃同看电视。八时半,澄去。余亦就寝。

九时后,接所中邓绍基电话,告明晨八时半有会,约前往参加,允之。

12月3日(十月廿三日 甲寅)星期三

晴,气温如昨。

晨六时一刻起。八时出门,步往建国门文研所,参加开会。四十分始开,由冠英主席。漫谈"务虚"。到毛星、念贻、晓铃、道衡、白鸿、象钟、妙中、翔鹤、叔平。十二时散,仍步归。

午后磕睡片响。看《历代诗话》及《少室山房笔丛》。夜饭后,琴先归。润九时归。八时半,余已就寝。闻滋、佩陆续归已十时许矣。

12 月 4 日 (十月廿四日 乙卯) 星期四

晴,温如昨。

晨六时一刻起。拂拭几案,八时后注释骆宾王《在狱闻蝉》并序注之,至下午四时始毕。凡得廿四条耳。思索门楗甚费时也。

下午许妈请假回家,余与滋儿约五时半后同会东四牌楼大同酒家谋晚餐。五时十分,余独往。公共汽车甚挤,三轮亦遇不到,只索缓步而行。到大同已万家灯火矣。入门一望,座皆满,遂登楼觅得梯口一座。有顷,滋儿至,乃同啖米饭及面,并得吃到扣肉碗仔翅云。六时二十分食毕。一逛人民市场,忽忆报载今晚京剧四团在演乐胡同工人俱乐部演出,乃偕滋步回,过俱乐部一看。时已七时,票尚买得到(七排廿五号),滋儿先归,余独入观之。姜铁麟、张龙华等之《十字坡》正开演,继为吴素秋、李德彬等之《苏小妹》。角色与前有变动,张荣善、张曼君、汪鸣辰俱不见(是日无戏单),代者有人尚不差。十时四十分散。仍步行归。

湜儿在家已先睡。盖明日厂中放卫星,七时半即须到厂,恐宿舍无人唤醒,致失眠,故来家冀索唤之耳。

十一时后余亦就寝。

12 月 5 日 (十月廿五日 丙辰) 星期五

晴,煦如前昨。

　　晨五时唤湜儿起，六时许即赶厂上班去。余六时起。八时独行，出门步往建国门文研所参加学习讨论会。由路坎传达学部委员布置学习方法。九时半即告终结。余亦遂归。遇介泉，立谈数语即别。十时十分便到家。整理学习资料，不觉亭午矣。

　　午后电话致圣陶，久无人接，遂于三时许乘三轮往探之。至则阍人谓已驾车他出，馀人亦多出门，止留保姆一人在家云云。只得退出，信步西出八条，走钱粮胡同，穿隆福寺，由猪市大街转东四南大街，直至无量大人胡同始东拐，复折南小街回小雅宝。此一大圈，殆有十里，到家已将五时矣。

　　元孙午后饭罢即出，谓奉老师命，去校为能力较差之同学补课。五时半犹未见归。饬李妈往同学家寻之，越半时乃返，盖校中亦早已掌灯云。如此做法，究安妥否？只有存疑耳。元孙归后，乃同晚餐。

　　饭后云彬见过，闲谈。湜儿亦归。盖放卫星工作向晚即完了，无他事，转得早放下班也。八时后，云彬去。九时，余偕湜儿就寝。

12 月 6 日（十月廿六日　丁巳）星期六

　　晴，时阴。不甚冷而微润。

　　晨六时起。七时，湜儿出上班。八时后，余注张说《幽州夜饮》诗，抵午毕。饭后即出，步往文研所，应通知取齐前往和平门外师范大学参观教育与劳动生产相结合的展览会。途遇冠英，同入所门。时方十二时五十分。询之领队者汪蔚林，知并无确车，须分批乘公共汽车前往。余在道衡、雪明办公室小憩后，同出候车。因挤不上，只得独乘三轮先发。到和平门外，冠英亦至，乃下车同诣师大。在门口遇晓铃,知须在门前集合,始得入,遂立待良久,各人到齐后已二时许,乃整队入。入门后自由参观说明各自归去。余见门揭地方三馆字,而入门后见有陕西、山东、山西、河南、河北、福建、浙江、四川、贵州、宁夏、北京、上海等十二馆。福建馆且在场中设台演木偶戏(余未立看)。余涉历一过,在上海、浙江、贵州三馆耽阁较久,因讲解员特别殷勤,设座指讲,极感动,故四时半出。无三轮,走进和平门乘四路无轨电车到王府井,转十路公共汽车,归家已五时十分矣。

夜饭后,芷芬来,清儿、澄儿来。湜儿亦于八时归饭。九时后,芷、清、澄皆去。余亦与湜同就寝。滋、佩 在外晚饭,八时乃返。

12 月 7 日(十月廿七日　戊午　大雪)星期

破晓雨,禺中始霁。午后乃晴,仍时昙,气仍不凛也。

晨六时促湜儿起行,余亦随起。苦雨懊人,殊不适。升坝、升垲来省,盘桓竟日。夜饭后,看电视半小时去。

余午饭后与滋儿走往百货大楼(以车挤无法上),选购绒布及为买棉毛裤、线袜等,佩华骑车先往,共会参商决定之。出百货大楼,佩以事先去,余与滋穿市场,顺在书摊买得《钱注杜诗》等三种。然后乘三轮同归。

夜饭后,湜儿归,又重具餐。

八时半就寝。十时,湜儿亦寝。

12 月 8 日(十月廿八日　己未)星期一

晴,有风,室外陡寒。

晨六时起。七时,湜儿上班去。九时,云彬见过,就商《史记·

高祖本纪》至《孝武本纪》句读标点问题,抵午乃去。余亦过南屋午饭矣。

下午看胡应麟《诗薮》,六时夜饭。滋、佩八时半归。润夜饭时归,再出上课(抽空取回修好之收音机),十时半始归。余待湜儿至十时始就寝。越廿分钟,湜乃归。

接淑儿省候信,知各地皆忙迫无已时也。据云,与漱同在一地,半年未见矣。

12月9日(十月廿九日　庚申)星期二

晴,无风,较昨暖。

晨六时起。湜儿今日转夜班,须下午五时去。因此晨七时半乃起。九时,云彬来,又商《史记》标点分段诸事,十时半乃去。余本拟与湜往王府井一逛,坐是遂废。十二时半午饭矣。午后二时,与湜出,走至王府井,先在和平画厅参观荣宝斋木刻水印展览会(兼用求售),并无新品展出,一巡便出。转到南邻美术服务社,入览较前有进步矣。略一巡视,即转对门东安市场各书摊一逛。竟无可欲者,遂乘三路无轨电车往北海,茶于白塔之北揽翠轩,遥望一片波漾,绝无水影。四时起行。湜先送余上一路无轨电车回南小街。伊再转车入厂接夜班(五时至翌晨一时云)。余到南小街下,仍缓步走归于家。

潘儿曾来省,未晤,许妈云晚间将再来。但夜饭后至九时未见来。余乃就寝。

滋儿八时半归,取到余新制之布大衣,试着尚合适(前日已取到不大合适,重令修改,今又取以来)。润儿十时始归。琴、佩之归更晚,竟未之闻也。

12 月 10 日（十月三十日　辛酉）星期三

晴,温,不类冬令。

晨六时起。元孙亦起,灯下切面包(昨在北海所买,食品店竟无之)共食之。七时一刻,元孙挟书上学矣。八时半,湜儿归。余注唐诗。十二时,与湜共啖馄饨当餐。食后,湜就卧偃息,余续注诗。四时,唤湜起,即赶去上夜班。余仍注诗,至五时乃歇,凡注张说《送梁六自洞庭山作》、沈佺期《古意呈补阙乔知之》、贺知章《回乡偶书》第一首三首耳。已眼花头晕矣。刚搁笔而颉刚见过,盖自民进全会方开毕,特来一松耳。谈至近六时辞去,未得畅也。

夜饭后,滋儿先归。九时,余就寝。十时后,润儿归,琴、佩之归仍未之闻,想更晚耳。

12 月 11 日（十一月　小建甲子　壬戌朔）星期四

晴,气温仍如前昨。

晨六时起。六时半湜儿叩门归,少息即令就卧。八时后,注唐诗,至午毕王湾《次北固山下》及张旭《桃花溪》各一首。十二时,湜儿起共饭。饭后湜往访潴,阅时乃还。三时五十分,去厂拟就浴后接上夜班云。

夜饭后,闲坐片晌,陪两孙看电视。八时半就寝。滋儿夜饭时即归。润儿于余就寝后归。两媳则仍未知何时始归也。

12 月 12 日（十一月初二日　癸亥）星期五

阴转晴,气较冷矣。

晨六时起。七时五十分,湜儿归卧。八时,余步往文研所,在二楼会议室开会。八时半,听毛星传达党中央武汉会议关于毛主席专任党主席的决议草案。旋展开讨论,十时半散。仍徐步归家。

滋儿昨晚患腹痛,今日休息在家。下午去医疗单位门诊部访中医处方,煎服不知有验否。湜儿亦以积劳欠睡兼受风寒,今日往南小街诊疗所诊视。夜班未去,即电话知照其沈师父请假。

余午后二时往访圣陶,长谈至四时半辞归。去时乘十路车,归途则乘三轮矣。

夜饭后,潘、清、新俱来省,九时去。余乃濯身洗足,易衰衣与湜儿同寝。

是夕琴先归,润、佩则十时后乃还。

12 月 13 日（十一月初三日　甲子）星期六

阴,偶晴。气温较低。

晨六时起。湜十一时始起,下午三时半去上班。余竟日无聊,百念猬集,尤集中于湜儿之前途。滋儿腹痛仍未痊,今日到赵家楼门诊部看西医。据谓肠胃炎,亦在家休息。夜饭后,步往王府大街六十四号文联大楼,参加昆曲研习社彩排晚会。走至灯市东口,始得三轮（仍索二角）而行。到场坐第三排,与圣陶、满子并座。遇见熟人甚多。独未见潘、权等。八时开幕,为《拜月记》、《走雨》、《踏伞》、《招商》、《拜月》四出。后加古乐合奏及《红旗插到海东角》大合唱。末有《人民公社好》活报剧。十时五分散。附圣陶车至禄米仓西口下,徐步归家。润尚未睡,略谈,即各就寝。

12 月 14 日（十一月初四日　乙丑）星期

昙转晴。

晨六时起。六时半,湜儿即归,进早餐后就卧。余闲翻架书,偶见平伯尊人阶青先生遗著《诗境浅说》(从前开明出版),风伤至甚,封面已脱下,遂调胶觅纸粘补之。

午间,湜起,因同饭。饭后,与滋、佩、湜出散闷,乘十路到南樱桃园,转五路到陶然亭。在慈悲院西轩茶憩,至四时,湜先行返厂上夜班。又过半时,余三人亦起行,仍循原路归家,已昏黑矣,足征近日暑短之至。

夜饭后看电视,秦剧。八时半即关住就寝。

12 月 15 日(十一月初五日　丙寅)星期一

阴转晴,复转阴,背阴处甚冷。

晨六时起。未几,湜儿即归,自煮粥,食后就卧。直至下午三时半乃起。余七时后注张若虚《春江花月夜》,抵午始毕。犹未能全惬我意也。注诗诚不易哉!

夜饭前,滋儿归,遂与滋、湜、元孙同饭。饭后近八时,湜去厂上班。八时半就寝。元孙以感冒,今日休息。

12 月 16 日(十一月初六日　丁卯)星期二

阴转晴气候仍失正。

晨六时起,久坐始曙。湜儿八时归,即令就卧。余注唐诗,至午仅完孙逖《宿云门寺阁》及崔国辅《采莲曲》各一首耳。十二时唤湜起共饭。今日湜得休息,明起改上日班也。

午后农祥来访,湜出购书,四时许,农祥辞去。湜亦归来。

夜,润、滋俱归早,遂同小饮。元孙侍焉。晚间与三儿两孙同看电视,至近十时始各就寝。

12 月 17 日（十一月初七日　戊辰）星期三

阴,寒,下雪。

晨六时起。湜儿五时三刻即起,六时出门上班去矣。八时后,室内始可伏案写字,乃赓为注释工作,至午后二时,毕王维《春夜竹亭赠钱少府归蓝田》及《观别者》各一首。

润儿患重感冒,下午在家休息。三时半,清儿来省（以厂中停电调休）,闲谈至近暮乃去。夜饭后,滋先归,湜则近九时乃归,盖下班就浴后,为润在王府井购唱片也。九时半就寝。

今日之雪,堕地即化,午后始稍积起,但时断时续,深夜无即停矣。

12 月 18 日（十一月初八日　己巳）星期四

阴沉,午前曾献昼,气不加寒,仍恐复见雨雪也。

晨六时与湜俱起。七时前,湜去上班。八时后,续注王摩诘诗,至午毕《渭川田家》一首。

润感冒未痊,十时半赴门诊部复诊。直至午后二时乃还,因挨次候诊故,仍处方服中药,不识今晚熟睡后得告霍然否?

下午默坐打盹,觉形寒,不知亦将染及感冒否? 夜六时半,湜始归。余已饭过,幸锅中存有热饭及热汤,乃再开饭。滋儿亦归。知明日将破晓即出,到社中取齐后,往西山劳动一日也。看电视一时许,九时就寝。

宜孙半夜哭醒,又感冒发热云。

午后写信复黄婿业熊。写信致调孚,复告新编词选的意见。

12 月 19 日（十一月初九日　庚午）星期五

阴转晴,路冻,有风,乃寒。

晨五时即唤滋醒。五时半,听广播,知中共八届中央委员会第六次全体会议在本月十日通过的关于人民公社若干问题的决议,定六时半由中央电台播送全文。余即起。先后看滋、湜出门后,准备收听,适报纸送到,全文具载,乃展报开机听报告员徐越一一朗诵,直至七时五十分,始毕其词。余即挟以出门,赴所开会,以无三轮,仍缓步前往。在二楼,何其芳办公室内开会,晤毛星、冠英、晓铃、平伯、妙中、淑明、象钟、家槐、念贻等(仍有三四人未悉姓名)。八时半开会,即讨论此一决议,全文由妙中、象钟、晓铃轮流读报后,展开漫谈。十二时十分散,约下星一上午八时半续行讨论。余以无车可雇,仍走还。日出地滑,颇艰于行也。

午后写信复漱、淑两儿,详告家中一切。五时乃毕。已掌灯矣。

六时半,滋儿自工次归,担土一永日,两肩任压已渐感负得起云。七时,湜儿下班归。因共夜饭。琴、润、佩八时后陆续归。九时与湜就寝。明日湜厂又须放卫星,六时半前要赶到也。

12 月 20 日（十一月初十日　辛未）星期六

晴,寒不甚烈。

晨五时半唤湜起。六时,湜赴厂,余亦起。灯下注摩诘《西施咏》,直至近午乃毕之,仍未能全惬也。

午后无聊甚,独出散步。先乘十路到王府井,走至市场,无物可购,往吉祥欲购戏票,今明晚皆无佳座矣,只索走还。

夜闷坐独饭。元孙患牙床肿,宜孙却复元矣。七时半,湜儿归,又具饭。潜、清、澄三儿先后来省,九时,清去。九时半,潜、澄亦去。余与湜乃就寝。

12 月 21 日 (十一月十一日　壬申) 星期

晴,寒。

晨六时起。七时,湜儿去上班。润儿挈元孙去东单三条医院诊牙疾。开刀出脓,按药而已。十一时乃返,据云痛可即止。肿须三数日始消。星三复诊也。

午饭后与润儿偕出,乘十路至新开路下,走至中国书店古典门市部,购得精装薄纸印《续通鉴》四册,《宋人轶事汇编》二册,《杂剧三集》一册。又在东单寄售商店购得原拓《三希堂帖》四箱三十二夹板,都存放待取。复南行至崇文门国际友人服务部一看,排队人多至数行,而水果摊陈物有限,不知何时始能分到些许耳,即掉头而回。先雇三轮乘之,并命润亦雇三轮,带两家所存书同归。余车先到家。有顷,润车亦至。

坐定,知云彬曾来访,未晤。

夜与润、滋、佩、元孙等同饭。先由滋儿去浦五房买到熟肴三四事,聊资过节应景之用。盖今夜俗所谓冬至夜饭也。近八时,湜儿始归,再具餐焉。

饭后,云彬及其子婿伯宁来访。有顷,放电视看之。九时,振甫见过,遂共谈。又越半时云等乃同去。余洗足濯身,易衷衣就寝。湜仍同榻。

12 月 22 日 (十一月十二日　癸酉　冬至) 星期一

晴,有云,仍寒。

晨六时起。七时,湜儿赴厂上班。八时,余步往文研所,在二楼阅览室开会,讨论公社问题,至十二时散,约明日上午八时半再续开。今日下午二时,青年团中央有学习动员报告,余以累未往。以上午来回两度步行,颇感劳顿也(途遇三轮,回云不去)。午后闲翻架书。

志华为我买到火鸡一只,极肥大,价十元八角七分。将得大嚼一顿矣。深见其情。六时夜饭,滋、湜皆归。有顷,润、琴亦归。九时就寝,佩尚未归也。

12 月 23 日(十一月十三日　甲戌)星期二

晴朗,无风,寒不甚烈。佳候也。

晨六时半起。七时,湜儿去上班。八时,余出仍步往所中续开讨论会,仍由毛星主席。就社会主义过渡到共产主义推究其义,至十时半散。约共精读文件,定期各提问题,再深讨论之。出所门见一三轮,招以手,索价三角,回至二角半,坚不肯行,且态度极恶劣,明明居奇硬抬市价,深不愿就成其恶,只索纵步走归。

午后倦甚,打盹一时许,醒来阑珊益甚,竟枯坐不能展一页书也。奈何!

夜断电,六时后,晓先见过,看余在烛光下进餐。滋儿亦归。至八时,润归,电光亦恢复。潏儿来省,谈至九时,晓先、潏儿先后去。余亦就寝。湜儿近八时乃归饭,十时始卧。

12 月 24 日(十一月十四日　乙亥)星期三

阴沉,偶露晴光,气不甚寒。

晨七时起,即促湜起赴厂,竟未及盥洗也。元孙八时后。润儿

挈去拔牙,十时归。腐龈已钤去,但甚痛,即属休息在家,近午血始
止,饭后乃复常。

余八时后,注摩诘诗,至下午五时始毕《夷门歌》及《陇头吟》
两首。

滋儿七时归,余方饭。饭后八时半,湜儿方归,已饭矣。九时
就寝。润儿、琴媳亦先后归。佩媳何时始返未之闻。

12 月 25 日（十一月十五日　丙子）星期四

雾转晴,多云。气温仍如前昨。

晨六时起。湜儿以又需在工作上放卫星,余起时已出门赴厂
矣。元孙有浮热,头痛,未能起行,在家未入学。八时,续注唐诗王
摩诘《老将行》,直至下午四时,仅得十三条,未过半也。已头晕不
胜再坐,乃戛然而止。

六时夜饭。饭毕,湜儿归,再具食食之。滋儿六时三刻归。

八时看电视,润、佩、琴先后返。九时半就寝。湜儿十时寝。

12 月 26 日（十一月十六日　丁丑）星期五

多云转晴,有风,较寒。

晨六时起。六时半,湜儿去上班。七时,犹掌灯,余灯下续注
《老将行》,移时始明,至十一时始毕。全首续得十条耳。

午饭后,一时二十分出,徐步走往建国门文研所,直上三楼会
议室参加座谈会。二时开会,由王平凡主席,先后由唐棣华、何其
芳报告外出参观访问情况,经历河南、陕西、四川、湖北等省,带回
观感及访问中得到的若干关于业务的问题。至五时半始散,已上
灯矣。会上晤介泉,知尚未搬入城,仍须亟亟赶回海甸也。离所回

家,与冠英同行至东总布胡同、宝珠子胡同口而别。余摸索到家,
已六时矣。滋儿饭毕归来。湜儿亦接踵而返。乃共夜饭。

饭后八时半即寝。湜十时始寝。盖明日伊厂放假。

12 月 27 日(十一月十七日　戊寅)星期六

晴,寒,北风甚紧。

晨六时起。湜儿今日休假,上午在家开唱片,十一时三刻即
饭。饭后往厂参加活动,当夜厂中有梅兰芳戏可看云。余上午呆
坐,略翻出版管理局图书馆所编一九五七年全国总书目。

接漱儿廿五日复信,知淑儿尚未晤及,信则已转去云。下午三
时,农祥来访,邀往其家晚饭。因同出,先乘十路到东单,转八路径
达体育馆东首,即至其家。谈至六时半,圣陶、至善、满子、永和、亦
秀同车到,遂共饮。饮后复谈至十时十分乃行。附圣陶车至小雅
宝西口下,走归。少坐便寝。

十一时十分,湜儿亦看戏完毕归家就卧。

12 月 28 日(十一月十八日　己卯)星期

晴阴间作,风不大,仍寒。

晨六时起。七时湜上厂去。八时半,偕润出,思有所买,缘市
上食品奇绌,非寻觅排队竟无所得也。乃出门后沿南小街至朝内
市场一带,仅遇到橘子,购得斤许。继至隆福寺人民市场,亦无所
得,遂循猪市街而西,转王府大街八面槽至东安市场,到处见排队
人众而店柜空虚,不能应付。余等亦只得望望然而去。再走王府
井到东单头条新华食品店一看,只有盒装礼品大蛋糕及大西瓜,举
不足应当前之需,只得空行十里,废然乘十路公共汽车归禄米仓,

大踏步而返。

午后清儿、建昌来省,长谈至四时,澄儿亦至。六时,浞儿亦
返。遂共夜饭。饭后,潸儿、文权、芷芬都来省问,共谈至九时半,
各归去。余亦与浞就寝。

12 月 29 日（十一月十九日　庚辰）星期一

雾转晴,较和。

晨六时起。浞今日转换夜班,日间空暇,乃于七时后偕同外
出,走至米市大街上海小吃店挤坐排队吃到生煎包子、咸豆浆等。
其它各物皆答曰无。食后,缓步至新华食品店,以为今日非星期,
而时又早(八时半),当可购得点心也,乃到彼一看,排队如龙,而
柜中空无物。据闻,须立待若干时,始有物捧出,但亦不能预测何
品耳。且物少人多,究能遍及与否,殊不可,又何苦久久呆立为。
遂行,仍乘十路归家。今仍如昨,一笑而已。

九时后,浞儿出理发。余读摩诘诗,冀得其意便作注。午饭后
三时,浞即出,拟到厂就浴后便接夜班也。

余饱看故宫影印之《宋人百花图》及马远《画水图》十二帧。
《百花图》本为长卷,今改印分段成片,计亦四十六幅也。

所中送到科学院新年联欢晚会京剧券一枚,大除夕在赵登禹
路政协大礼堂演出,坐位为第七排卅三号。届时当得一观也。

夜饭后,看佩华就缝衣机缀补,兼与滋儿谈家常。九时半
就寝。

12 月 30 日（十一月二十日　辛巳）星期二

阴,偶见雪花。午后转晴,微有风,遂增寒。

晨六时半起。七时半,湜儿归卧,谓今午十二时半须参加厂中民兵训练,十一时必须唤起进饭云。余反复熟看已经拟选之摩诘诗若干首,期玩索其意,俾善自释之。

午饭后,湜去。家中两孙绕膝,两妪出购物。据云新年在迩,市物略宽,可以购储些许,备过年之用云。以是,安顿两孙,只索出箧展《三希堂帖》欣赏之。于元明人书特留连一番也。

夜饭后,待元孙归,元孙校中组织晚会,五时即往,直至八时后始归。

看电视不久,即闭机就寝。

湜儿今夜夜班后或许连上日班,则须明晚七时始能归休也。

12 月 31 日(十一月廿一日　壬午)星期三

晴,寒。

晨六时起。七时半,注摩诘《洛阳女儿行》,至午仅及其半。

午饭后一时半独出,赴所学习,到所就何其芳办公室开,余编入第一组,本组成员为何其芳、余冠英(正副组长)、俞平伯及吴晓玲、陈友琴、白鸿七人。今日平伯未到,友琴在周口店未归,仅五人参加学习。先学习中共八届六中全会关于人民公社若干问题的决议,至五时谈完二节,即散。今后每逢星三、星六下午皆须如此也。在会得所内通讯,知院办联欢昨夜已举行(因三十日余误忆为大除夕,致磋过)。散归已黑,诸儿皆归,遂共饭。居然全家吃年夜饭矣。

夜饭后,湜儿往省清儿家,十时许方归。余与家人看电视,知十一时廿分有侯宝林、郭启儒相声及迎新舞会,十时前,诸人皆就卧,余俟湜归再开电视欣赏相声及舞会,直至十二时报钟迎到一九五九年元旦,乃偕湜就寝。